两希文明哲学经典译丛

包利民 章雪富 主编

论灵魂及其起源

[古罗马] 奥古斯丁　著

石敏敏　译

Philosophical Classics of Hellenistic-Roman Times

中国社会科学出版社

图书在版编目（CIP）数据

论灵魂及其起源 ／（古罗马）奥古斯丁著；石敏敏译 . —北京：
中国社会科学出版社，2017. 8（2022.6重印）
　　（两希文明哲学经典译丛 ／ 包利民 章雪富主编）
　　ISBN 978‐7‐5161‐7820‐1

　　Ⅰ.①论…　Ⅱ.①奥…　②石…　Ⅲ.①基督教—教义—研究
②神学—研究　Ⅳ.①B972

中国版本图书馆 CIP 数据核字（2006）第 057580 号

出 版 人	赵剑英
责任编辑	凌金良　陈　彪
责任校对	石春梅
责任印制	张雪娇

出　　　版	中国社会科学出版社
社　　　址	北京鼓楼西大街甲 158 号
邮　　　编	100720
网　　　址	http://www.csspw.cn
发 行 部	010‐84083685
门 市 部	010‐84029450
经　　　销	新华书店及其他书店

印刷装订	环球东方（北京）印务有限公司
版　　　次	2017 年 8 月第 1 版
印　　　次	2022 年 6 月第 3 次印刷

开　　　本	650×960　1/16
印　　　张	22.25
插　　　页	2
字　　　数	310 千字
定　　　价	65.00 元

凡购买中国社会科学出版社图书，如有质量问题请与本社营销中心联系调换
电话:010‐84083683

2016年再版序

我们对哲学的认识无论如何都与希腊存在着关联。如果说人类的学问某种程度上都始于哲学的探讨，那么也可以说，在某种程度上我们都是希腊的学徒。这当然不是说希腊文明比其他文明更具优越性和优先性，而只是说人类长时间以来都得益于哲学这种运思方式和求知之道，希腊人则为基于纯粹理性的求知方式奠定了基本典范，并且这种基于好奇的知识探索已经成为不同时代人们的主要存在方式。

希腊哲学的光荣主要是与苏格拉底、柏拉图和亚里士多德联系在一起。这套译丛则试图走得更远，让希腊哲学的光荣与更多的哲学家——伊壁鸠鲁、西塞罗、塞涅卡、爱比克泰德、斐洛、尼撒的格列高利、普卢克洛、波爱修、奥古斯丁等名字联系在一起。在编年史上，他们中的许多人已经是罗马人，有些人在信仰上已经是基督徒，但他们依然在某种程度上，或者说他们著作的主要部分仍然是在续写希腊哲学的光荣。他们把思辨的艰深诠释为生活的实践，把思想的力量转化为信仰的勇气，把城邦理念演绎为世界公民。他们扩展了希腊思想的可能，诠释着人类文明与希腊文明的关系。

这套丛书被冠以"两希文明哲学经典译丛"之名，还旨在显示希腊文明与希伯来文明的冲突相生。希腊化时期的希腊和罗马时代的希腊已经不再是城邦时代的希腊，文明的多元格局为哲学的运思和思想的道路提供了更广阔的视域，希腊化罗马时代的思想家致力于更具个体性、时间性、历史性和实践性的哲学探索，更倾心于在一个世俗的世界塑造一种盼望的降临，在一个国家的时代奠定一种世界公民的身份。在这个时代并且在后续的世代，哲学不再只是一个民族的事业，更是人类知识探索的始终志业；哲学家们在为古代哲学安魂的时候开启了现代世界的图景，在历史的延续中瞻望终末的来临，在两希文明的张力中看见人类更深更远的未来。

十年之后修订再版这套丛书，寄托更深！

是为序！

包利民　章雪富

2016 年 5 月

2004 年译丛总序

西方文明有一个别致的称呼，叫作"两希文明"。顾名思义是说，西方文明有两个根源，由两种具有相当张力的不同"亚文化"联合组成，一个是希腊—罗马文化，另一个是希伯来—基督教文化。国人在地球缩小、各大文明相遇的今天，日益生出了认识西方文明本质的浓厚兴趣。这种兴趣不再停在表层，不再满意于泛泛而论，而是渴望深入其根子，亲临其泉源，回溯其原典。

我们译介的哲学经典处于更为狭义意义上的"两希文明时代"——即这两大文明在历史上首次并列存在、相遇、互相叩问、相互交融的时代。这是一个跨度相当大的历史时代，大约涵括公元前 3 世纪到公元 5 世纪的八百年左右的时期。对于"两希"的每一方，这都是一个极为具有特色的时期，它们都第一次大规模地走出自己的原生地，影响别的文化。首先，这个时期史称"希腊化"时期；在亚历山大大帝东征的余威之下，希腊文化超出了自己的城邦地域，大规模地东渐教化。世界各地的好学青年纷纷负笈雅典，朝拜这一世界文化之都。另一方面，在这番辉煌之下，却又掩盖着别样的痛楚；古典的社会架构和思想的范式都在经历着巨变；城邦共和体系面临瓦解，曾经安于公民德性生活范式的人感到脚下不稳，感到精神无所归依。于是，"非主流"型的、非政治的、"纯粹的"哲学家纷纷兴起，企图为个体的心灵宁静寻找新的依据。希腊哲学的各条主要路线都在此时总结和集大成：普罗提诺汇总了柏拉图和亚里士多德路线，伊壁鸠鲁/卢克来修汇总了自然哲学路线，怀疑论汇总了整个希腊哲学中否定性的一面。同时，这些学派还开出了与古典哲学范式相当不同的、但是同样具有重要特色的新的哲学。有人称之为"伦理学取向"和"宗教取向"的哲学，我们称之为"哲学治疗"的哲学。这些标签都提示了：这是一个在巨变之下，人们特别关心人们自己的幸福、宁静、命运、个性、自由等等的时代。一个时代应该有一个时代的哲学。那个时代的哲学会不会让处于类似时代中的今人感到更多的共鸣呢？

另一方面，东方的另一个"希"——希伯来文化——也在悄然兴起，逐渐向西方推进。犹太人在亚历山大里亚等城市定居经商，带去独特的文化。后来从犹太文化中分离出来的基督教文化更是日益向希腊—罗马文化的地域慢慢西移，以至于学者们争论这个时代究竟是希腊文化的东渐、还是东方宗教文化的西渐？希伯来—基督教文化与希腊文化是特质极为不同的两种文化，当它们终于相遇之后，会出现极为有趣的相互试探、相互排斥、相互吸引，以致逐渐部分相融的种种景观。可想而知，这样的时期在历史上比较罕见。一旦出现，则场面壮观激烈，火花四溅，学人精神为之一振，纷纷激扬文字、评点对方，捍卫自己，从而两种文化传统突然出现鲜明的自我意识。从这样的时期的文本入手探究西方文明的特征，是否是一条难得的路径？

还有，从西方经典哲学的译介看，对于希腊—罗马和希伯来—基督教经典的译介，国内已经有不少学者做了可观的工作；但是，对于"两希文明交汇时期"经典的翻译，尚缺乏系统工程。这一时期在希腊哲学的三大阶段——前苏格拉底哲学、古典哲学、晚期哲学——中属于第三大阶段。第一阶段与第二阶段分别都已经有了较为系统的译介，但是第三阶段的译介还很不系统。浙江大学外国哲学研究所的两希哲学的研究与译介传统是严群先生和陈村富先生所开创的，长期以来一直追求沉潜严谨、专精深入的学风。我们这次的译丛就是集中选取希腊哲学第三阶段的所有著名哲学流派的著作：伊壁鸠鲁派、怀疑派、斯多亚派、新柏拉图主义、新共和主义（西塞罗、普鲁塔克）等，希望向学界提供一个尽量完整的图景。同时，由于这个时期哲学的共同关心聚焦在"幸福"和"心灵宁静"的追求上，我们的翻译也将侧重介绍伦理性—治疗性的哲学思想；我们相信哲人们对人生苦难和治疗的各种深刻反思会引起超出学术界的更为广泛的思考和关注。另一方面，这一时期在希伯来—基督教传统中属于"早期教父"阶段。犹太人与基督徒是怎么看待神与人、幸福与命运的？他们又是怎么看待希腊人的？耶路撒冷和雅典有什么干系？两种文明孰高孰低？两种哲学难道只有冲突，没有内在对话和融合的可能？后来的种种演变是否当时就已经露现了一些端倪？这些都是相当有意思的学术问题和相当急迫的现实问题（对于当时的社会和人）。为此，我们选取了奥古斯丁、斐洛和尼撒的格列高利等人的著作，这些大哲的特点是"跨时代人才"，他们不仅"学贯两希"，而且"身处两希"，体验到的张力真切而强烈；他们的思考必然有后来者所无法重复的特色和原创性，值得关注。

这些，就是我们译介"两希文明"哲学经典的宗旨。

另外，还需要说明两点：一是本丛书中各书的注释，凡特别注明"中译者注"的，为该书中译者所加，其余乃是对原文注释的翻译；二是本译丛也属于教育部哲学社会科学创新基地浙江大学基督教与跨文化研究中心项目成果。我们希望以后能推出更多的翻译，以弥补这一时期思想经典译介之不足。

包利民　章雪富
2004 年 8 月

目　录

中译本导言

一 研究奥古斯丁的背景

当代研究奥古斯丁（Augustine）的学者左便拿（Hubertus R. Drobner）指出：许多世纪以来，从中世纪到如今，奥古斯丁在西方基督宗教中仍是最重要且研究者最多的作者，仅次于圣经作者保罗。[①]至今为止，估计研究奥古斯丁的书目有五万篇，并且每年以 300—500 篇的速度增长。[②] 奥古斯丁的重要性何在？当代天主教神学家汉斯·昆（Hans Küng）的看法很值得参考。汉斯·昆在其著作《基督教大思想家》[③] 中讨论了七位重要的神学家，其中之一即为奥古斯丁。基本上，汉斯·昆是从基督宗教思想典范（paradigm）转移的角度来选取七位神学家，从而展示出基督信仰本身所具有的活泼生命力与对应处境的适应性的。奥古斯丁是一个新典范的开启者，在他的神学中我们看见的是基督教的典范转变，从早期教会/希腊化典范转向拉丁/中世纪典范。[④] 基督

---

① Hubertus R. Drobner, "Studying Augustine: An Overview of Recent Research", in *Augustine and His Critics*, ed. Robert Dodars & George Lawless (London & New York: Routledge, 2000), p. 18.

② Drobner, "Studying Augustine", p. 19.

③ 汉斯·昆：《基督教大思想家》，包利民译，香港：汉语基督教文化研究所 1995 年版。

④ 汉斯·昆：《基督教大思想家》，第 68 页。

教思想史家冈察雷斯（Justo González）亦有相类似的表述：

> 奥古斯丁标志着一个时代的结束和另一个时代的开始。他是最后一位古代基督教作家，又是中世纪神学的先驱者。古代神学的主要流派汇合在他身上。从他身上发展起来的不仅是中世纪的经院主义，而且还有 16 世纪的新教神学。[①]

因此，要了解西方基督宗教的思想，奥古斯丁是一个不能随便忽略过去的人物。若从文化的角度来看，奥古斯丁虽然并非第一位糅合希腊哲学与犹太—基督信仰的教父，但其成就却是巨大和深远的，影响继之而来的西方文化和哲学的发展，使得犹太—基督信仰成为西方文化和哲学中不能割离出来的元素。奥古斯丁不但是中世纪哲学中的巨人，持续影响至现代哲学如笛卡儿（Decartes），特别是马勒伯朗士（Malebranche）的思想，而且影响了当代的宗教哲学如彭定加（Alvin Plantinga）和亚当斯（Marilyn M. Adams）的思想。换句话说，透过奥古斯丁，希腊哲学，特别是新柏拉图主义，得以进入早期及继后的中世纪哲学，并且在不同的论题上影响着现代哲学的发展，如信念与权威、知识与光照、意志、人类历史的发展等。[②]

傅伟勋对奥古斯丁在神学史及哲学史上的地位有极高的评价：

> ……耶教哲学的初度奠基，应归功于中世纪第一位哲学家圣奥古斯丁（St. Augustine，354—430）。在圣奥古斯丁以前的教父时

[①] 胡斯都·L. 冈察雷斯：《基督教思想史》，陈泽民等译，金陵协和神学院 2002 年版，第 360 页。

[②] 从哲学的角度介绍奥古斯丁可参见 Michael Mendelson, "Saint Augustine", in *Stanford Encyclopedia of Philosophy*，网址：http://plato. stanford. edu/entries/augustine/。2004 年 1 月 5 日登上。

期，也曾产生过不少著名的神学家，……有的暗中摸索，企图借用古希腊形而上学思想建立耶教本身的哲学体系；有的执守耶教天启本位的信仰立场，极力抨击混淆希腊哲学与耶教教义的思想"叛徒"。然而通过理性之光澄清耶教教义的要求一直潜在着，酝酿着，终于到了圣奥古斯丁，才有正式的理论胎动与滋长。①

专就奥古斯丁在哲学史上所占有的地位而言，他在整个中世纪哲学思想之中享有无上的权威，尤其由于奥氏的存在，柏拉图哲学曾在 12 世纪以前始终一枝独秀。至于接受亚里士多德形而上学而构筑亚式神学体系的圣多玛斯亦曾深受奥氏思想的熏陶。德国哲学家欧依肯（R. Eucken）甚至认为奥氏思想较诸黑格尔或西莱尔马赫（Schleiermacher）等人更具近代气氛。其余如马丁·路德的创立新教，以及笛卡儿"方法的怀疑"等等，无一不受奥古斯丁的思想洗礼。②

奥古斯丁于西方文化，无论是神学还是哲学思想上，一言以蔽之，即如德国著名哲学家雅斯培（Karl Jasper）所言："奥古斯丁处于西方基督思想中新旧传统交接之际，为新传统之创建者，其影响是非常大的。由于奥古斯丁，无数的哲学家乃能醒悟而了解到一种新的、原创性的思想。"③

这篇序言目的在于介绍奥古斯丁的两本著作《论基督教教义》（*On Christian Doctrine*）和《论灵魂及其起源》（*On the Soul and Its Origin*）。

---

① 傅伟勋：《西洋哲学史》第七版，台北：三民书局1984年版，第179—180页。

② 同上书，第182页。

③ Karl Jasper, *The Great Philosophers*: *The Foundations*, ed. Hannah Arendt, trans. Ralph Manheim（New York：Harcourt, Brace & World, 1962），p. 226. 中译引自卡尔·雅斯培《奥古斯丁》，赖显邦译，台北：自华书店1986年版，第147页。

笔者并非研究奥古斯丁的专家，但因为汉语学界对其研究不多，① 也就不避浅陋，执笔为文，尝试串联编译相关资料，铺陈奥古斯丁的生平、著作和思想，并引用当代专家学者的研究成果，阐释本文集所收两篇著作的思想要领，以帮助读者进入文章之中，明白这一神学巨人的心思意念。盼望在不久的将来，汉语学界有更多学者投身于翻译和研究奥古斯丁的行列之中，出版更高水平的学术作品，嘉惠神学界及哲学界，亦让人深入体会西方文化的发展自有其活水源头，并能在批判的吸收底下贡献于今日的东西方世界。

二　奥古斯丁生平②

奥古斯丁全名为奥勒留·奥古斯丁（Aurelius Augustine），其简要的生平如下：

- 公元 354 年 11 月 13 日：生于北非的塔加斯特城（Tagaste），父亲为柏提斯留士（Patrieius），母亲为蒙尼嘉（Monnica）。
- 公元 360 年代及 370 年代：在马都拉（Madauros）及迦太基（Carthage）受教育，在塔加斯特教学，然后再往迦太基。在迦

---

① 有关汉语学界对奥古斯丁的翻译与研究，参见王晓朝《中译本导言》，载奥古斯丁《上帝之城》上册，王晓朝译（香港：道风书社 2003 年版），xxviii 页及 xxxvii 页。新近的研究尚有：梁寿华：《爱的联合——奥古斯丁基于三一神论之圣灵工作观》，收《圣灵工作的神学课题》，陈若愚主编，香港：中国神学研究院 1996 年版，第 149—181 页。周伟驰：《记忆与光照——奥古斯丁神哲学研究》北京：社会科学文献出版社 2001 年版。吴建华：《奥古斯丁》，收《信仰与理性——古代基督教教父思想家评传》，王晓朝主编，东方出版社 2001 年版，第 266—304 页。吴建华：《自由意志、原罪与上帝的恩典——论裴拉鸠之争及其影响》，收入《宗教与文化——早期基督教与教父哲学研究》，陈村富主编，东方出版社 2001 年版，第 211—233 页。

② 本部分以奥当纽（J. J. O'Donnell）的 "Augustine of Hippo" 为文本撰写，文章见于奥古斯丁网页 http：//ccat. sas. upenn. edu/jod/augustine. html，二〇〇四年一月六日登上。亦参其 "Augustine the African"，同一网页。中文简短介绍奥古斯丁生平的可参新近的吴建华《奥古斯丁》，第 266—280 页；王晓朝：《中译本导言》，第 xxi—xxv 页。奥当纽为奥古斯丁研究专家，著有 Augustine（Twayne Pub.，1985），专研《忏悔录》，注释《忏悔录》共三卷（1992）。

太基时父亲离世，并娶妻，生有一子。

- 公元 384 年：前往罗马发展其教学事业，同年到米兰（Milan）。

- 公元 386—387 年：放弃教学生涯，出版第一批但仍然存留的文学作品，受洗，决定返回非洲，公元 388 年回到家乡。其母蒙尼嘉中途于意大利离世。

- 公元 388—391 年：于塔加斯特过着文学及哲学沉思的生活，儿子离世。

- 公元 391 年：被迫担任希坡（Hippo）教会的长老（*Presbyter*，类似于教士的职位）。

- 公元 395—396 年：被按立为希坡的主教。

- 公元 397 年：写作《忏悔录》（*Confessions*）。

- 公元 411 年：最后公开击败多纳图主义（Donatism）；开始撰写《上帝之城》（*City of God*），并展开同佩拉纠（Pelagian）的论争。

- 公元 430 年 8 月 28 日：于希坡离世。

奥古斯丁于公元 354 年 11 月 13 日在塔加斯特［现为阿尔及利亚（Algelia）的苏克—阿赫腊斯（Souk-Ahras）］出生。这是一个罗马人聚居的城市，处于河谷之中，离海岸不过 40 英里。奥古斯丁的父母是罗马社会中受尊重的阶层，不用工作，但有时也会经济短绌。这个家庭为了让聪明的儿子受到最佳的教育，必要时不惜借贷。奥古斯丁至少有一个兄弟和一个姊妹，但好像只有他受到教育。他先在塔加斯特学习，然后进附近的马都拉大学城，最后他到罗马在非洲的大城迦太基完成学业。

奥古斯丁首先在塔加斯特家中有限度地教学，然后前往迦太基以教师为职业。他教授修辞学、基本科学，让罗马有教养的人能够获取知识的满足。在迦太基这段时期，他写了一本哲学小书，希望能展示他的才华以助发展事业，不幸这书已经遗失。28 岁那年，奥古斯丁不满于如此平凡的日子，离开非洲前往罗马寻求更大的成就。他首先得在罗马教书，等待机会被委任前往米兰当国家修辞学教授。米兰，常为当时帝皇的行宫，实际上成了西罗马帝国的首都，因此，这是一处发展事业的最佳地方。奥古斯丁期望以他的才能至少应该可以当上一个省的统治官员。可是，奥古斯丁在米兰的事业却不顺利。两年后，他辞去教席，过了一段心灵寻索以及怠惰的日子，返回家乡塔加斯特。在家乡的日子里，奥古斯丁替家族管理财产，教养情人为他所生的儿子，并继续他昔日的文学及哲学沉思。由于他的儿子青年时即离世，所以他没有责任把家中的财产转交给任何人，于是他全然放弃家财，于 36 岁时找到自我，成为沿海城市希坡的初级神职人员，但表面上好像是被迫违背了自己的意愿。

这个转变并不突然。奥古斯丁很早就已经不断在认识基督宗教，而他在米兰事业的失败只是进一步强化了他的宗教感。从那时开始，他的所有著作都由他的忠诚所推动，向一种正统而又理性理解的形式发展。事实上，他在北非的同道对他那杰出独特的姿态和风格是较难接受的，奥古斯丁选择加入政府承认的官方基督宗教——那是由帝皇谕准，却被最热心和最多分支的非洲教会所辱骂的。奥古斯丁的文学修养与聪明智慧让他有能力建构他对基督宗教的识见，远远超离他那些同时代的非洲同工。他独特的恩赐使他可以写出高度理论的著作，满足那些最有识见的读者，但他同时又可以使用火热和狂烈的言语宣讲圣道，让受教育不多的听众钦羡不已。

公元 391 年，奥古斯丁在希坡当上"长老"，然后在 395 年或 396 年成为主教，直至 430 年 8 月 28 日离世为止。希坡是一个贸易城市，没有迦太基或罗马的财富和文化，而奥古斯丁也不是常常待在这里。多年来，他每年都花几个月到迦太基，处理教会事务；在迦太基的环境和氛围中，奥古斯丁的特殊才干更能得到发挥，并更受欢迎，这远胜于希坡。

奥古斯丁身处的文化让他学习修辞的技艺——透过言说而显明自

我的能力，从而把言说者跟其他人分别开来，并鼓动群众追随他的观点。奥古斯丁所受的训练正好与他天生的才能相互一致。修辞雄辩的风格在他一生的教会事业中展露无遗。他从来不惧争论，常在教内拉开战幔。在他隐居乡间及在希坡的早年日子，奥古斯丁不断写书攻击摩尼教（Manichee）。摩尼教是基督宗教的一个教派，奥古斯丁少年后期曾参加这个教派，但十年后即离开。其后的二十年，即公元390年至410年，他都致力于让他自己所了解的基督教成为非洲最盛行的基督教。当非洲本土的基督传统陷入跟大公教会分离、出现多纳图主义（Donatism）的时候，奥古斯丁和他在官方教会主要的同工迦太基的奥云利乌斯（Aurelius）主教，立即透过写作来打一场绝不留情的战争，并争取教会领袖的支持，向罗马政府小心谨慎地上诉。公元411年，统治皇帝差派官方代表前往迦太基平息纷争。三日的公开辩论吸引了双方数以百计的主教，结果官方教会取得胜利，法律上禁止多纳图主义，表明奥古斯丁一方占领上风。

奥古斯丁接近六十岁时，他发现自己仍然要面对最后一场极为重要的挑战。当奥古斯丁得悉一个游行布道者佩拉纠（Pelagius）的教导时，对其中所蕴含的意义甚为愤怒。奥古斯丁愈来愈热切地反对佩拉纠的教导，甚至有些不一定为佩拉纠支持的意念，他也一并讨论、批判。那时其他教会中的人对此反应较为小心，感到困惑，但奥古斯丁却坚持战斗，甚至在整个420年代针对那些不太像敌对者的人发动批判。直至死前，奥古斯丁仍在策划全面大型的战斗，攻击这一最后并最有修养的敌人。

奥古斯丁多年来都一直小心经营他作家的名声，其声名遍及非洲及以外的地方。他谨慎计算要与什么人通信，使得他在高卢（Gaul）、西班牙、意大利，以及近东一带的地方广为人知，而他的著作亦在非洲及其以外的地方被传阅。奥古斯丁晚年编订了一本他著作的目录，附以战斗性的辩护文字，阻止对他著作中不协调一致的地方进行攻击。他敌人不少，许多人都热衷于攻击他，但他却能保有他们对他的尊重，这是因为奥古斯丁的著作满有能力及果效。

无论从哪一种标准来看，奥古斯丁的死都是失败的死。他年轻时无法想象罗马帝国的和平盛世（*pax Romana*）会消失，但在他晚年，他自己以及希坡的市民被入侵敌人的混杂军队所围攻。这些敌人已经越过直布罗陀海峡（the Straits of Gibraltar），横扫非洲，他们被当时的同代人称为汪尔达人（Vandals），是一群结合了"蛮族"（barbarians）和其他冒险寻找乐土的人的敌人。希坡在奥古斯丁死后不久即失陷，迦太基随后亦失守。这些汪尔达人对基督信条有特殊的看法，他们持守的是一套有别于奥古斯丁及当时非洲教会的基督信仰。汪尔达人统治非洲一个世纪，直至罗马政府派遣军队从君士坦丁堡进逼，推翻他们的统治。可是奥古斯丁的神学遗产却跟他的离世一起在他的家乡彻底地消失。6 世纪时，在君士坦丁堡的保护下，正统基督教曾经一度复兴，但进入 7 世纪就因着伊斯兰的入侵而永久从北非消失了其影响，直至 19 世纪因着法国殖民的缘故而带来稀薄的基督教化的色彩，可是现在也正处于迅速消失中。

三 奥古斯丁自述①

上述有关奥古斯丁生平的故事在许多地方看来跟过往所听闻的有些不同。奥古斯丁年轻时的生活广为人知，他最著名的《忏悔录》以极强的说服力述说了他早年的生活，使得许多传记学者难以抵受诱惑，去把当中讲述的故事整合到自己的传记写作中。可是，《忏悔录》的故事、述说是带有复杂微妙的目的在内的，在内容事件上它高度选择，在结构上它是神学的。整本书的目的最终是要自我证成（self-justification）和自我创造（self-crea-

---

① 本部分亦是以奥当纽的 "Augustine of Hippo" 为文本。奥当纽在这里提醒我们奥古斯丁的《忏悔录》于了解其生平所具有的价值和限制，对寻常以《忏悔录》为奥古斯丁早期生平的记述这一看法做出有力的批评，这是研究奥古斯丁生平不可不注意的。

tion）。这本书在奥古斯丁在世时即相当成功，此后也一直支配着后人对奥古斯丁的了解，从他自己或明或暗的言辞意念来定义他的一生。

奥古斯丁对自己生命的基本宣称是：他的所有经历都跟他宗教上归信那高度个体形式的基督宗教有关。他把这归信的经历定在米兰的日子，并由此来解释他接着而来的事业。但与他同时代的人却感到很奇怪：他为何要突出这一特别的时刻，因为他一生中并非像他所想象的经常提及这事件。我们知道那个时代的人，没有一个读了《忏悔录》就能被当中对从年轻放荡转向克制成熟的叙事所说服。奥古斯丁总是一个好孩子，有责任感和自制。无论是奥古斯丁或是现代的传记作者都没有完全掌握他性格的精髓。他在《忏悔录》这一心理自传中所缺漏的东西，并不那么容易能让现代读者追寻得到真正的奥古斯丁。很奇怪，20世纪常见的对奥古斯丁弗洛伊德式的阅读（Freudian readings），与奥古斯丁竟然不谋而合，同样强调选择以情感最高点的角度来叙述，以致把自己的故事进行了饰选。

奥古斯丁的宗教历史仍然有可观察的事实，生育他的母亲是受洗的基督徒，父亲则在病榻中受洗，那时奥古斯丁还是少年。父母二人在生时并不特别敬虔，但母亲蒙尼嘉在寡居的日子里愈来愈显得虔诚。奥古斯丁还是小孩子时就被教会登记、预备受洗，在他生命中许多不同时刻他都考虑过受洗，却因为谨慎而一再推迟。在他那时代婴儿受洗还没有盛行，故此通常会延迟受洗，直至死前一刻，以清洗一生的罪债。奥古斯丁对基督宗教经卷好奇又不经意的阅读，补充了他的古典教育。但他跟着又参加摩尼教，这是一个热心积极和秘密的教派；奥古斯丁十分享受他们的相聚和辩论（他非常热心参与），有差不多十年之久。他在摩尼教当中得到荫庇，并借用他们以争取政治影响力，即使后来他宣称在思想上已脱离摩尼教，但他仍然跟他们保持联系。奥古斯丁在米兰找到自我时就放弃了摩尼教。奥古斯丁在米兰找到正统信仰。那时，安波罗修（Ambrose）在米兰为皇帝御前的正信战士而广为人识。公元387年奥古斯丁接受安波罗修的洗礼，他把母亲的信仰跟他父亲的文化素养和实践结合起来，塑造他自己的基督宗教。奥古斯丁某种程度受到安波罗修影响（但受到安波罗修影响的人很少会走上同一方向），他把基督宗教视为与古代克己的哲学家对立而要取而代之。他阅读柏拉图的著作，从中了解其教导，并由此而认定基督宗教如果要有前途，只有对信徒要求更高：不单教会要圣洁无瑕疵，一般信众也当禁欲。奥古斯丁曾经与不同的女子共同生活，现在则要求自己为了宗教的缘故而禁欲节制。奥古斯丁从城市的诱惑中退隐了一个颇长的冬天，就接受了安波罗修的施洗，然后离开米兰追求个人单身的隐修生活，足有五年之久。成为基督宗教的圣职人员却是奥古斯丁不曾预见的。他说他并不想担任圣职，这是很可信的。但当他出任希坡的主教时，他选择了述说一个充满戏剧性的故事，他的生命有起与跌、犯罪与悔改、孤寂与恩典。奥古斯丁讲述这样的一个故事，正值他的诚信出了疑问，他的多纳图派敌人认为他离开非洲令他醉心的摩尼教，然后又回来温柔地宣称已在官方教会中受洗，是十分奇怪的举动；因此，他讲述他的故事目的是向他的追随者作出保证，并清除了他的敌人对他所作的攻击。

如果《忏悔录》从来不存在，我们就无须臆测故事。我们需要学习聆听《忏悔录》，但切勿让其自我之取向的叙事蒙蔽眼睛，以致不能崭新地阅读奥古斯丁的一生。

四　奥古斯丁的著述[①]

奥古斯丁的著作超过五百万言，其中有两本影响力持久不衰，但命运却不一样。《上帝之城》在奥古斯丁在世或死后的整个中世纪都广被

---

① 本部分仍然以奥当纽的 "Augustine of Hippo" 为本。奥古斯丁著作的中译情况请参见王晓朝〈中译本导言〉，第 xxviii 页。另奥当纽的 "Augustine：Selected Bibliography" 以分期的方式列出奥古斯丁的著作，同一网址。

阅读,现在仍然因其对历史的理解而深深吸引现代人的注意,但若缺乏历史意识与修养则不可能读懂。《忏悔录》在中世纪开始时并无那么多人阅读,但从 12 世纪开始却持续不断地被人解读为一个人在大能上帝的临在下如何看待自己的生动写照。

(一)《忏悔录》

虽然自传叙事占了前九卷的篇幅(全书不过十三卷),但自传并非全书的主要目的。对奥古斯丁来说,"忏悔"是一个包容的用语,是一种宗教上带有权威的言说:赞美上帝、责备自我、认信信仰。奥古斯丁写此书时是公元 397 年,四十出头,他以一个中年男性的身份来叙述他生命的历程和意义,文理丰富。在这本书中,许多地方都看到一种过去的情况与现今身处主教权位的两相对照。例如他的叙事以孩童时期开始,但结束时却长篇大论地从教会的角度讨论创世记的故事。这是一种渐进的叙事,从一个人的生命开始到整个人类社群的开始。

对罪与拯救的叙事最吸引读者的注意。若要在当中寻找一个罪魁的犯罪回忆则无可避免会失望而回,不过会为作者所关心的失败细节而迷惑。然而,相对于对罪的描述来说,拯救的叙事更有意义。温文但又手腕老练的安波罗修主教以其有力的理性讲道赢得了奥古斯丁归信基督宗教,他使得奥古斯丁能够把他从小浸淫且透彻掌握的古典的理性和社会文化,跟基督宗教的灵性教导融洽地结合起来。之所以能够把两者连贯起来,全在于安波罗修的解经跟奥古斯丁的吸收均以柏拉图的哲学为中介。当然,他们都是透过晚近古代的新柏拉图哲学来吸收柏拉图哲学的。奥古斯丁一方面聆听安波罗修的教导,另一方面又阅读普罗提诺(Plotinus)和波菲利(Porphry)极为艰深的作品(拉丁翻译本),从而在当中掌握一幅关于人类灵魂堕落和上升的理性图画,他发现这在安波罗修所解释的圣经中可以得到证实。

然而,对奥古斯丁来说,宗教从来都不仅仅只是理性的事情。《忏悔录》卷七所叙述的完全是一种满足理性的悔改，可是，极不平凡的卷八却把奥古斯丁带领走到那必要的一步。奥古斯丁在没有把自己肉身的情欲炼净到一极端的地步之前，绝不会让自己接受洗礼，领受礼仪上的洁净。对于他来说，洗礼要求弃绝性的一切表现。《忏悔录》的叙事表明，奥古斯丁他那弃绝的意志之所以形成，乃在于阅读保罗书信，以及那在米兰小花园的决定性情景——在那里，奥古斯丁听闻一小孩的声音好像要他拿起圣经阅读——结果，奥古斯丁在保罗的《罗马书》中找到印证的说话，他需要离弃世界那种追逐女色的生活方式。

《忏悔录》其余部分主要是作为主教对自己处境的默想。如不断研习圣经及追求神圣智慧造成无可避免的不完全，作为主教的奥古斯丁如何不断跟他的不完全和平共处等。整本作品完全被圣经的语言浸透，充满艺术技巧，吸引人不断重复阅读，其说服力和生动性从来没有减少。

（二）《上帝之城》（*City of God*）

奥古斯丁完成《忏悔录》十五年后，又完结了长时间与多纳图派的争议，却尚未进入对佩拉纠主义的批判当中，这时整个罗马世界被外敌军队入侵意大利的消息震动着，他被政府邀请撰写《上帝之城》。一群乌合之众的军队在将领阿拉里（Alaric）的领导下早已不断向罗马帝国寻求好处，不时对人口稠密和繁荣兴盛的地区发动强烈的袭击。阿拉里的先祖是日耳曼人，因此得到信任领导一群"蛮族"。他们最后在410年攻陷并占领了罗马城，几天后撤营离开，前往意大利南部。这事件的军事意义并不大，不过是因罗马政府的混乱，愈来愈多其他的军队自己占有一个行省，而这支军队则四处游击，最后还得再花上十年时间才在西班牙和法国南部安顿下来。可是，从外人看来，罗马城的沦陷却有象征意义：这是自高卢人于公元前390年攻陷罗马城以来第一次发生的事件。这事件冲击着地中海一带有识见的人对世俗世界的信心。391年皇帝菲奥多士索斯（Theodosius）就发出过反对"异教主义"的决定性颁令，如今不到二十年，就已经出现声音，认为或许罗马帝国选择了错误的神灵，或许新的基督徒的神灵不如他们想象中那么有能力，或许旧的神灵可以更好地保护他们的同胞。

很难说这些看法的流传有多广、有多严峻，这时候的异教主义仍然混乱一片，但基督宗教的执政政府仍然屹立不倒。奥古斯丁在许多抱怨的怀疑当中看见一个千载难逢的机会，这是他渴求已久的，他马上为上帝跟世界一起对抗异教徒的行事方式辩护。随后的十五年，他细心地构思、建筑一套宏伟的论证，勾画出一个新的方式去了解人类的社会，确立上帝之城以对抗人类之城。罗马要让出其位置给天上的耶路撒冷，罗马城被洗劫表明在属灵上她并不重要，只有天上的耶路撒冷才是所有基督信徒的真正的家、身份的根源。人类之城注定要混乱，而智慧者会持有天上城市的通行证，在这个世界不过是客旅，所渴想的乃是回到天家。

本书由二十二卷组成。前十卷拒斥那些"异教"群体所宣称的神圣力量，其后的十二卷重述圣经关于人类的故事，从创世记到最后的审判，展示上帝之城的真正历史；只有在这真正的历史面前才会恰当了解人类之城的历史（包括罗马的历史）。这个作品极长，对今日的读者来说有许多地方、特别是后半部因其推论性而难以终卷，但整体来说仍然令人印象深刻，而局部地方也十分精彩。奥古斯丁在开始几卷花了很多篇幅大力攻击"异教主义"，令人难以忘怀，果效出色，而卷八至卷十与柏拉图主义相遇具有重要的哲学意义，最后几卷（特别是卷十九所涉及的真的和平）提供了一幅人类命途的远象，极有说服力。从某一角度来看，奥古斯丁的《上帝之城》是有意地提供一种基督宗教的历史观、政治观，回应柏拉图的《共和国》（*Republic*）和西塞罗（Cicero）模仿柏拉图而写成的同名作品《共和国》。中世纪的基督信徒以各种方式阅读《上帝之城》，有些甚至以之为皇帝和教宗的政治秩序的立基文献，相信这是奥古斯丁难以预料的。整本作品的核心是一个关乎人

类生命对立的强有力异象，既接受灾难、死亡和失望但又持守盼望
——有更美好的生命要来——这盼望让世界得以安顿、给生命以方向。

（三）其他作品

相比于上述两部作品来说，奥古斯丁其他著作的读者并不那么多，其中较能引起兴趣的如下：

1.《论基督教教义》（*On Christian Doctrine*）

这是奥古斯丁出任主教期间初期写成的。他是模仿西塞罗的《雄辩者》（*Orator*）而写的，目的是为基督宗教的圣经解释建立理论，为宣讲者提供实际的指引。本书在中世纪影响广泛，是一切以圣经为基础的宗教教导的首要指导文献。其所强调的寓意释经法（allegorical inter-pretation）在中世纪十分重要。

2.《三位一体》（*The Trinity*）

第四世纪最广泛及最持久的神学论争就是三位一体的教义。奥古斯丁所在的非洲曾一度远离这场论争。有关著作大部分以希腊文写成，奥古斯丁对希腊文认识不多，接触甚少。然而他却意识到这论题的重要性，因而写了十五卷书论析这一课题。奥古斯丁在这方面是十分谨慎而正统的，他紧随着他那个时代的精神，却加上他自己独特的见解：上帝与人之间的相似性。他指出上帝的三性（threeness）可以在人的灵魂的三重性结构中找到反映。

3.《创世记文学注释》（*Literal Commentary on Genesis*）

创世记的创世叙事对奥古斯丁来说再重要不过了。他至少写了五卷分量十足的书卷来揭示、阐释这几章经文（如果我们把《忏悔录》的后三卷及《上帝之城》卷十一至卷十四也算在内）。他的"文学注释"写作经年，从390年代末至410年代初。"文学注释"这意念对许多现代人来说可能很奇怪，当中甚少对叙事作历史的阐释，更多的是揭开潜在隐藏的关系，如亚当与夏娃跟堕落人类之间的关系。

4. 讲章 (Sermons)

现存的奥古斯丁作品中差不多三分一是讲章，超过一百五十万字，大多数是奥古斯丁宣讲时由文书速记。讲章覆盖圣经领域之广令人惊讶，却有主题、焦点。当中许多是对经文简单的讲解，在崇拜中按教会礼仪宣读。奥古斯丁写有一百五十篇《诗篇》的讲章，他自己合为一集。这些可能是他宣讲中最好的，因为从这些提升灵性的诗歌中的希伯来信息中，他可以贯彻他那节制克己、带来盼望、正视现实的基督信仰。希坡的寻常会众从这些宣讲中得益甚多。较高理性层次的有《论约翰福音》(Tractates on the Gospel of John)，对文本中最哲学性的经文作出了全面的注释。其他讲章涵盖了大部分圣经，但值得留意的是，奥古斯丁讲论旧约先知不多，而他对保罗的讨论主要见于他的写作而非他的公开宣讲。

5. 早期写作

现代人多数沉醉在奥古斯丁的《忏悔录》中，但也极为重视他早期短小精悍又精彩吸引人的作品。当中有些模仿西塞罗式对话写成，但内容却是新的、柏拉图化的基督信仰。这些作品有《反学园》(Against the Academics)、《论护理》(On Providence)、《论被祝福的生命》(On the Blessed Life) 和《独语录》(Soliloquies)，跟奥古斯丁后期的教会作品有相似也有不相似的地方，它们的历史重要性和对认识奥古斯丁生平的重要性都很有争议，但这些都是很吸引人又富有思想性的篇章，这是不容掩饰的事实。如果奥古斯丁写的就只有这么多，他仍然会在晚期拉丁文学中占有一个颇受尊敬的位置。

6. 论争作品

奥古斯丁的作品超过一百部，主要是涉及教会中的论争。在他反对摩尼教的作品中，《忏悔录》可能是最吸引人的和最有趣的。这教派今日很少被人认识，不是很多人对奥古斯丁的仔细论辩感兴趣。另外，奥古斯丁的反多纳图写作却引起当代的回响，因为当中涉及教会与政府的关系。在奥古斯丁的个案中，教会与政府彼此利用以达成各自的目的。

在神学上，奥古斯丁的《论洗礼》（*On Baptism*）最有效阐释了他反多纳图主义的观点，但《411 年迦太基公会法案》（*Acts of the Council of Carthage of 411*，尚未翻译成英文）却提供了鲜明的政治观点及对分离主义的恶劣感受。

奥古斯丁对"佩拉纠主义"的攻击在基督教的历史上可说是影响深远，自由意志与预定这一议题一再在宗教改革中被提出来论辩。《论精神与文字》（*On the Spirit and the Letter*，写于 412 年）是论争中最早期的作品，以相当和平和漂亮的笔触来展示奥古斯丁的观点。《论基督的恩典及原罪》（*On the Grace of Christ and on Original Sin*，写于 418 年）则是方法论上的阐释。奥古斯丁在其最后几年写成的《被祝福者的预定》（*The Predestination of the Blessed*）和《坚守的恩赐》（*The Gift of Perseverance*），对预定得救持守最坚定不移的立场。

五　有关奥古斯丁的书目①

（一）文本及翻译

奥古斯丁的作品没有印刷版的全集存世，17 世纪曾经有人尝试过，但因为不断出现新的作品，特别是讲章和信件，以致从没有完整的全集。现在有两种拉丁文电子版本，分别是 *Cetedoc Library of Christian Latin Texts*，3ʳᵈ ed.（1996）和 *Corpus Augustinianism Gissense*（1995）。主要作品的英语翻译可见于 *A Select Library of Nicene and Post-Nicene Fathers*，可于网上下载，网址为 http：//www. ccel. org/fathers2/，并有 Logos 系统的 CD - ROM（1997）。一个全集的全新英译本正在出版中（New City Press，1990—　）。

---

① 本部分以奥当纽的" Augustine of Hippo"及" Augustine：Selected Bibliography"为文本。

（二）二手文献

Corpus Augustinianum Gissense CD – ROM（1995）中载有一详尽研究奥古斯丁的书目，包含新近出版的。*Revue des etudes augustiniennes*（巴黎）每年出版一卷书目。而已经编制出版的 *Augustinus-Lexikon*（1986—1994）包含最为详细的书目供研究奥古斯丁的研究者参考，将会是最权威标准的参考百科全书。另英语方面，Allan Fitzgerald 主编的 *Augustine through the Ages：An Encyclopedia* 已于 1999 年出版（一卷本）。

（三）传记

Peter Brown 的 *Augustine of Hippo*（1967，2000）是必不可少的传记作品，公认有代表性。亦请参见 Gerald Bonna 的 *Saint Augustine of Hippo：Life and Controversies*（1963）。下列几本是简要介绍奥古斯丁的生平和思想的：James J. O'Donnell，*Augustine*（1985）；Henry Chadwick，*Augustine*（1986）；John M. Rist，*Augustine：Ancient thought Baptised*（1994）；Frederic van der Meer，*Augustine the Bishop*（1961），详细描述奥古斯丁每日的生活，及在非洲的牧养工作。

（四）《忏悔录》

目前已出版两套高质量的注释：James J. O'Donnell（三卷，1992），Jacques Fontaine 编（五卷，1992—1997），但要求懂拉丁文。最好的翻译：John K. Ryan，Henry Chadwick，Maria Boulding。研究则有 John J. O'Meara，*The Young Augustine*（1954）；Michele Pellegrino，*Les Confessions de Saint Augustine*（1961）；Robert J. O'Connell，*Saint Augustine's Confessions：The Odyssey of Soul*（1969），并特别参考 Gillian Clark，*Augustine：The Confessions*（1993）。

（五）《上帝之城》

目前没有对此书作全面的注释，但可参考 George McCracken 等编及译的作品，收入 Loeb Classical Library（1957—1972）。最好的翻译者是 Henry Bettenson（1972）。Elena Cavalcanti, *Il De Civitate Dei*: *l'opera*, *le interpretazioni*, *l'influsso*（1996）收有多种语言研究《上帝之城》的近期学术文章。

（六）奥古斯丁的思想

Eugene TeSelle 著的 *Augustine the Theologian* 是一卷本中最好的。John Burnaby 的 *Amor Dei*: *A Study of the Religion of St. Augustine*（1938）同情地理解奥古斯丁，有启发性但有些过时了。把奥古斯丁置于其文化处境中来研究的著作，最好的还是 Henri Marrou, *Saint Augustin et la fin de la culture antique*, 四版（1958），亦参 Brian Stock, *Augustine the Reader*（1996）及 Sabine MacCormack, *The Shadow of Poetry*: *Vergil in the Mind of Augustine*（1998）。论奥古斯丁的政治观点：Herbert Deane, *The Political and Social Ideas of Saint Augustine*（1963），Robert A. Markus, *Saeculum*: *History and Society in the Theology of St. Augustine*, 二版（1998）。有关奥古斯丁对性的看法近年研究颇细致，最全面的是 Kim Power, *Veiled Desire*: *Augustine on Women*（1996），但亦请见 Peter Brown, *The Body and Society*: *Men*, *Women*, *and Sexual Renunication in Early Christianity*（1988）。

六　研究奥古斯丁的情况①

现在研究奥古斯丁的情况十分兴盛，每年的论文约为三百至五百

---

① 本部分以左便拿的 "Studying Augustine" 为本撰写。

篇，主要以英、法、德、意和西班牙等语言出版。现在的研究趋势如下。

（一）《忏悔录》

《忏悔录》一直吸引研究奥古斯丁的学者的兴趣，当中提供了许多对奥古斯丁性格的不同见解。然而却正在这一点上讨论甚多。《忏悔录》真的可以被视为自传吗？如果我们说卷十至卷十三并非自传而是哲学和神学作品，那又如何？如果奥古斯丁仅仅只想"忏悔"，为何要加入卷九讲述他在加西齐亚根（Cassciacum）的旅居、他在米兰的受洗和他母亲的生死？另外，如果《忏悔录》并非他个人历史的记述，那我们如何评定当中事实的可靠性？如卷八节十二的园子情景，这些记述是按字面如实来了解，抑或是象征意义呢？这些考虑迫使我们要细究全书的结构。全书的主题是什么？什么只是"枝节"和"附录"？全书是否是一个整体单元，抑或可以拆解成两或三个部分而各自独立？奥古斯丁的生命是否有一个统一的主题？这主题是否就是上帝？又或是由奥古斯丁跟上帝对话所构成的叙事？抑或整本书要从三位一体的角度来了解？这是一个研究无数但共识甚少的领域。

在近期的研究中，学者倾向视奥古斯丁的悔改归正是由其宗教及文化经历决定性地推导的，过去十年这方面的著作特别集中在他的早期作品，即在390—391年前接受圣职之前写成的作品。这方面对我们了解青年奥古斯丁的思想和发展很有帮助。此外，《忏悔录》卷十一过去一直被视为处理"创造、永恒和时间"的神学问题，但现在最重要的研究成果指出这只是次要的，首要的是奥古斯丁想更清楚了解人的存有方式及上帝的存有方式（the human and the divine way of being）。

（二）《上帝之城》

《上帝之城》第一部分批判传统的看法：以为罗马帝国的福祉跟其

敬拜传统神灵有必然关系，而第二部分则详细开展基督宗教的历史神学。因此，无数世纪以来对这部作品的研究主旨都在于其政治、社会及历史神学。但近期的研究却回归《上帝之城》的结构，尝试由此而了解其跟奥古斯丁的历史观的发展有何关系。有的检视奥古斯丁在受到波菲利启发下，如何应用历史研究于圣经阅读从而深化"神圣历史"的意义。有的关注文本的结构而详尽分析《上帝之城》中含有的犹太—基督教天启文学及思想的元素。有的认为应该视奥古斯丁的"历史神学"为"历史的教会论"（esslesiology of history），或为"历史的基督论"（Christology of history）。这一点有助于建立如下的观点：在奥古斯丁的思想中，基督论不单只是中心，而且还是方法。

（三）新发现

过去二十年先后两次发现奥古斯丁的真迹。1981 年发现 79 封新的信件，其中 76 封出于奥古斯丁，另外两封是写给他的，另外一封是耶柔米（Jerome）写给他的。1990 年发现 76 篇新的讲章应当归入奥古斯丁名下，其后又再发现 3 篇，以及一些残篇。相信在计算机的帮助下，将来可以从更多没有署名的书信中辨别出更多属于奥古斯丁的信件。到目前为止，共有 559 篇讲章被确认为是奥古斯丁的，但奥古斯丁出任圣职接近四十年，每星期六或星期日都讲道，而大斋节和复活节每天都讲道，有时一天讲道两次，故其讲道数目应远超 4000 篇，而被记录下来及出版的亦不应只有 559 篇。

（四）信件

新的信件的出现吸引了一小群学者的研究兴趣，特别针对奥古斯丁和耶柔米的通信。那时耶柔米已经离开罗马，退隐到伯利恒（Bethle-hem），把圣经翻译成拉丁文。奥古斯丁跟耶柔米之间的通信共有十九封。书信讨论有两个主题，一是旧约的正典，另一是彼得和保罗在安提阿有关外邦人悔改成为基督徒应否遵守犹太律法的争论（加 2：11—14）。后一议题困扰教父好一段时间，东方和西方均有不同的解释。耶柔米根据东方教会传统，认定彼得和保罗假意争论，目的是要说服双方的群体。西方传统则以之为一个解决教会纷争的好例子，尽管不能否定两者之间彼此互不同意的事实。在这一传统中，彼得树立了谦卑的榜样，虽被责备犯错，却无损其超然的权威，反而更巩固之。对奥古斯丁来说，使徒假装比没有得出一致的结论更为可憎。后来，奥古斯丁在他的讲章中亦阐述彼得和保罗这一案例的实践应用。

（五）《圣经》与释经

对于奥古斯丁解释《圣经》各卷的研究，学者现已取得相当成绩，但还有许多工作尚待完成。《旧约》方面已完成《申命记》、历史书（五）、《箴言》、智慧书、耶利米和十二小先知，《新约》方面则完成《帖撒罗尼迦前》、《帖撒罗尼迦后书》、《提多书》和《腓利门书》。除此之外，尚有一个有待解决的基本问题。奥古斯丁跟其他教父一样熟读《圣经》，了然于心，引用《圣经》随心所发。但很多时候不同时间引用同一段《圣经》总有一些差别，但并非改变思想，而是改变文字的编排秩序，或是加入一些同义词以配合其文意之发挥。若果真能够编制出奥古斯丁所引用的《圣经》经文及引用时的变化，这就有助于了解其神学，因为他的文本浸透着《圣经》的字词、经典和意象，但只有准确知道他引用什么《圣经》章节才能辨认出来。

（六）《论基督教教义》（*De doctrina christiana*）

奥古斯丁讨论释经方法的最重要著作就是四卷论基督教教义的著作。新近的研究焦点基本上有三方面：（1）如何理解"享受"对象和"使用"对象的关系；（2）记号的理论；（3）对载孔尼索斯（Tyconius）释经规则的批判。

"享受"与"使用"是跟创造主与受造物的差异对应的。20 世纪学界认为奥古斯丁以三一上帝——唯一永恒的善——为唯一的实在（reality），受造物可以享受这位上帝。由此，则一切受造的善，包括人在内，都只是享受的工具，这些受造的善完全属于上帝。

在奥古斯丁的记号理论中，他分别了物自身的存在（existence）与记号的功能，记号是指向它自己以外的另一实在。自然记号是属于受造物，总是自动指向它们的创造主，这是本性使然。但上帝也会透过设立一些记号来启示他自己，就是道和圣礼。近年的研究尝试对他的记号理论在圣经解释中所扮演的角色作更全面和仔细的描绘。

本书卷三处理的是载孔尼索斯对释经规条的异议。近日学者关心的是奥古斯丁如何使用载孔尼索斯的释经规条来补充自己的规条以致更为完全，并由此而深入了解整个奥古斯丁的圣经解释学的结构。

（七）《诗篇》释义

奥古斯丁在《诗篇》的解释上用上了一种独特的释经方法。如果想要揭示一句话的深层意义而一般的文法解释并不奏效，那就要问："谁在这节文字中要说话？""这独特的文字对谁说是最适合的？"用在《诗篇》上，答案差不多全是基督，特别是《诗篇》22∶1"我的神，我的神！为什么离弃我？"奥古斯丁把这释经传统普遍化而应用在对先知的了解。当先知以他自己的身份说话时，上主他自己透过先知说话，委以真理让他说出。再者，基督只有在教会中才是完全的基督，因此释经的原则是基督论的—教会论的规条（christological-ecclesiological）。由此，奥古斯丁的《诗篇》释义应视为一种基督论的祈祷，要研究它必须得从奥古斯丁的释经技巧以及他的祷告生活和所反映的信仰群体等角度入手。

（八）基督论

过去学者多忽略奥古斯丁的基督论，认为他的基督论是传统的基督论，这主要受到哈纳（Adolf von Harnack）的影响。然而，近日却重新提出讨论，奥古斯丁的神学是否由三一上帝而非基督所塑造形成？大多数学者支持认为基督论而非三一论是奥古斯丁整个神学的核心。他们认为如果上帝的本性临在基督，如果借着成为肉身、死亡和复活而拯救万民、把他们跟他的神性联合，如果教会是他的身体，我们如何可能离开基督来思考或谈论任何天上或地上的事物？再者，对奥古斯丁来说，我们对基督的认识，全都透过圣经、教会——基督的身体——而来，我们如何可能离开基督自己来谈论基督？近日的研究指出，奥古斯丁并不以基督为思考的对象，而是以之为哲学和神学思考的根源和方法；只有基督是他的思想的道路、方式及可能条件，甚至他对三位一体的思考，亦是如此。整个基督渗透奥古斯丁的思想、引导他作出神学的思考。现代对奥古斯丁的研究可以帮助我们全面了解奥古斯丁的生平、道德和灵性发展，以及明白其所有的作品无不充满对基督的思想，并发现其中基督所扮演的角色。

（九）恩典的神学

近日研究奥古斯丁恩典的神学大都确认奥古斯丁的神学方法是基督中心的，因此，在了解其恩典的神学，亦需要同时考虑基督在他的神学中的角色以及与佩拉纠的论争。在这一恩典的论争底下，学者们都同意有一基督论的议题在内。研究指出，对奥古斯丁来说，每个人的恩典与预定得救无可避免地根植于基督的人性。他把神性与人性紧密地结合在基督一个位格身上，这形成了他的恩典神学的核心。再者，恩典的主要目的是引领忠心的信徒谦卑，因此，只有在他们里面又与他们同在的"谦卑的基督"方才可以让他们获取预定的救恩。与佩拉纠的讨论，可说是奥古斯丁神学的一个交汇点，当中涉及上帝经世活动的神学、基督论、拯救论、教会论、恩典神学以及灵性论。

七 《论灵魂及其起源》一书的内容简介①

本书共分四卷，约写于419—421年间，是由一位年轻人维克多（Vincentius Victor）引起的。维克多是 Mauretania Caesariensis 土生土长的人，原来为多纳图教派分裂出来的一个小教派罗格派（Rogatianism）的信徒，后来归信大公教会。418年维克多在凯撒利亚（Caesarea）当时西班牙长老彼得（Peter）的家中得阅奥古斯丁的信件，对奥古斯丁有关灵魂的看法大为不悦。奥古斯丁在信件中表示对人类的灵魂（soul）是否是由亚当繁殖的，抑或个别地为上帝所创造的并不清楚，却肯定灵魂本性上乃是灵（spirit）而非物质。维克多认为如此伟大的奥古斯丁在这两点上大有问题，因此撰写了两卷书致彼得表明他的批评和看法。在书中他发展了德尔图良（Tertullian）的观念：灵魂是物质的，并坚持灵魂不是从无造出来的，但也不是由先存物质所创造，而是出自上帝神圣的呼气（*flatus*, *halitus*）（《论灵魂及其起源》1.4.4；3.4.4），所以灵魂是"神圣本质的呼吸的一些分子"（3.3.3）。可是，若灵魂没有身体，就不能做什么，也无价值（4.12.18），这就导致维克多选取了肉身的观点来了解灵魂（4.18.27）。他提出：灵魂成为肉身使得它是染罪的（2.8.12），这不应是灵魂的命运，唯有藉着洗礼它方可脱离罪污（1.8.8；2.9.13；3.8.11）。

那时修士莱那图（Renatus）恰巧也在凯撒利亚，他是奥古斯丁的朋友。他在418年秋天为 Mauretanian 主教，Tingitana 的 Optatus，送信给奥古斯丁，讨论灵魂起源的问题。现在，他又抄写了维克多的著作于翌年夏天送交奥古斯丁；估计奥古斯丁于该年419年的秋天方才收到。

---

① 本部分主要参考 Gerald Bonner，"Anima et eins orgine, De"，载 *Augustine through the Ages*：*An Encyclopedia*，以及收于 *A Select Library of Nicene and Post-Nicene Fathers* 中的编者前言。

奥古斯丁阅后毫不迟疑立即写了一书给莱那图，然后写了一信给长老彼得，最后则是两卷书给维克多。据估计最后两书是完成于大公教会对佩拉纠裁定为异端之后。

奥古斯丁在给莱那图的第一卷书中指出，他对灵魂性质的意见，以及他对灵魂起源的不确定，不应受到维克多的责难。奥古斯丁责备这人年轻鲁莽，指出他已自挖坟墓，陷进前所未有的错谬中，问题远不是以他的能力可以解决的，而他只提出一些可疑的圣经章节，他如下的看法对讨论的主题却毫无帮助：灵魂不是繁殖而来的，而是在每个人出生时由上帝呼气而全新造出来的。

奥古斯丁继而在卷二劝告彼得不要接纳维克多有关灵魂起源的看法，以免招致非难，更不要把这人的轻率言论视为大公教导而与基督信仰相冲突。奥古斯丁指出并简要地批评维克多的严重错误。在结论中他劝告彼得尝试说服维克多纠正错误。

卷三是写给维克多的，其中奥古斯丁指出，维克多若想要成为大公教会的信徒，就必须修改他在书中的错误。奥古斯丁把在给莱那图及彼得的书卷中所分析的错误重新组织分类，置于七个分题之下。

卷四同样写给维克多。奥古斯丁首先表明不应责备他对灵魂起源的问题所持的不确定，他认为对这一问题小心谨慎是应当的。然后他重申他毫不怀疑的看法：灵魂是灵而非身体，继而指出维克多对此一判断不满是太冲动的表现，他特别花了很多气力也不能证明灵魂的本质是肉身的，而在人身上的灵（spirit）跟灵魂本身是有别的。

奥古斯丁是在与佩拉纠的争论中来阅读维克多的，因此自然从这一争论的角度来攻击他。他针对维克多有关灵魂的肉身性质的讨论，反对灵魂会离开受伤的身体或截断的部分。而最令奥古斯丁不解的是，他的某些观点即使是佩拉纠异端也是不曾教导的（3.13.19），如狄诺克拉底（Dinocrates）不曾受洗就离世，但藉着他姊妹的祈祷就从阴间中得救（1.10.12），婴儿及其他人不曾受洗而死去会到乐园那里，在复活的时候他们会往天国去（1.9.10；2.9.13；2.12.16）。奥古斯丁强调他那熟悉的原则：所有在亚当里生的，都当受责罚，除非他们在基督里重生（4.11.16）。可能奥古斯丁对维克多的论辩不太公平，维克多想要发展的是一种肉身的、身体模样的（body-molded）的灵魂，是脆弱的，维克多并非想要讲奥古斯丁所意会的那种灵魂。

八　《论基督教教义》一书的内容思想[①]

奥古斯丁于395年成为主教后，可以在教会全权负责宣讲和教导的工作。他很快地就把自己的生活分为两大部分，一是照顾关怀他的羊群，另一则是默想圣经。后者是最为困难也最为隐私的，宣讲和教导意味着把圣经的信息阐明出来。因此，不久之后，奥古斯丁开始撰写《圣经解释》一书，共四卷，就是现在我们知悉的《论基督教教义》。头两卷和第三卷部分内容写于395—396年间，其余部分则要到426—427年方才完成，大部分很有可能是整理始自早期的笔记和草稿。

（一）信心与理性

本书卷一开宗明义指出任何的教导都包含两部分：事物与记号（sign）（1.2.2）。神学使用语言的记号来宣称其对由事物所组成的实在（reality）的看法。语言与实在以某种方式稳固地彼此联结在一起。而每一记号，无论是什么样的记号，本身都是事物。任何记号之所以有意义，乃在于先前为某些理性存在者提供意义，事物之所以是记号乃在于被赋予意义，因此，在事物与记号之间并无严格的分别。另外，奥古斯丁区分两类我们在世界中相遇的事物：享受的事物和使用的事物

---

① 本部分主要参考 James J. O'Donnell 的 "Elements of Christianity"，同一网址。对四卷书的撮要介绍，可参见 A Select Library of Nicene and Post-Nicene Fathers 中的编者前言。

（1.3.3）。这分类只基于实用性的理由而无任何形而上学的原因。奥古斯丁看来想要处理我们跟事物之间的关系。他在卷一开始介绍这两组字汇，目的是想进一步用来讨论基督教的基本教义。然而，奥古斯丁却是站在基督教会的立场来讲论信仰的内容，因此当他讨论享受之时，在并无任何哲学理性推论之下，会说出下列的句子："我们要享受的是父、子和圣灵，那三位一体、特殊的事物、最高的事物，是我们所有人共享的同一位。"（1.5.5）奥古斯丁并不关心以人类理性所能明白的基本原理为基础，从而证明基督宗教的真理。正如在《论基督教教义》一书中所清楚表明的，神圣启示是基督教神学的必要条件，这神圣启示是先于一切人类的理性的，即或理性在启示之后尝试去建构基督宗教的教义，亦只有信才能容让理性进行此一工作。

奥古斯丁花了好些篇幅陈明基督信仰所认信的上帝，其开场白最为重要：上帝是不可言说的，即是，对超越人类语言的范畴的那一位来说，我们一切所能够言说的没有意义。只有上帝的智慧赋予人生中一切事物以合理性。能够如此端在于上帝的道成为肉身。道成肉身是上帝与人之间的纽带，"藉着上帝自己我们才找到自己的家，上帝为了我们的缘故自己成为道路从而引领我们回家"，而基督的人生即以复活和升天为其高峰（1.6.6—1.15.14）。

然后，奥古斯丁在卷一的下半部讨论"使用"和"享受"的分别的含义（1.22.20—1.34.38）。基本的原则十分简单：人类是要享受上帝的，一切其他事物和人都是被使用的。奥古斯丁这看法很容易引起误解，需要详加解释。对奥古斯丁来说，一切的享受的中心是上帝，他是完全善的、完全仁爱的、完全可以信靠的。因此，一切自我的享受都该被远离。上帝的美善那么伟大，他的判断那么可靠，人当摒弃自己一切的自我意志（self-will）和自我导向的利用。因此，说基督徒使用他人是一种特殊的表达，是描述对耶稣基督所讲的第二条诫命"爱邻舍"的顺服。为了上帝的爱，我们爱邻舍中的善，但恨邻舍中的恶，对待自己也是一样。在实践上，奥古斯丁式的伦理乃是层级式的。恰当地使用一切人和物，首先需要对他们在上帝拯救计划中的相对价值有一准确的衡量。秩序存在于本性之中，但只有看到秩序（即，只有把本性看为上帝所创造的而不仅是人所想象的），才能真正完成实现爱的诫命。奥古斯丁曾言："当人活在公义与圣洁之中，他就能毫不扭曲地判断事物。当他拥有一份坐标性的爱，他就可以既不去爱他不应爱的，也不会把爱平均分配给两种应该获得不同的爱的事物身上，亦不会以不同的爱去爱两种应该获得同样的爱的事物。每一罪人，正因其为罪人，就不应被爱；但每一个人，正因其为人，就当因为上帝的缘故而被爱。上帝只因其为上帝而被爱。"（1.27.28）

接着，奥古斯丁转向上帝何以不享受我们，而是使用我们（1.31.34）。既然上帝是一切存在物的中心，他就不会像我们对待他那样来对待我们。他以合理的自私来待我们，让我们成为他自己的善和荣耀的器皿、工具。上帝是一切的源头，正因为人分享他的性情，他们就是善的，正因为人是邪恶的，他们就拒绝分享善而受到惩罚。但这一切最终都是为他们的好处而做的，奥古斯丁在1.32—35总结了卷一的主题。首先，分别使用和享受可以帮助我们认识上帝。其次，这就带领我们踏上回家之路，即回归基督这中介者。最后，奥古斯丁质询我们要在教会中藉着圣灵的感动而把知识实践出来，这圣灵的感动会特别透过上帝在圣经中启示的行动而成就。这世界并非我们真正的家，我们是属于上帝的。受造的世界比不上创造主，受造的世界只能提供暂时安顿的地方。即使是教会的体制设施，对奥古斯丁来说，都只是为了带领人更亲近上帝，这些东西可以变成使人堕落的工具，如果人因为这些东西本身而去爱这些东西的话。这是因为人以及一切我们接触的东西都会过去，其为善只因为他/它带领我们回到上帝那里，其为恶亦只因为他/它带领我们远离上帝。因此，一切事物潜在的都是善的，也是恶的。

奥古斯丁这里的讨论涉及一个更深入的人性问题，以及对实在的认识的问题。在奥古斯丁看来，人的思想中许多的形式的矛盾表明了人的心思恒常的不完全。在卷一中，他断言知识和出于爱的行动之间有着必然的及本质的合一。所有恰当的爱都是出于并建基于恰当的知识，但同时恰当的知识也包含爱的命令，除非与恰当的爱的行动相结合，否则不可能有恰当的知识。奥古斯丁的这种看法其实是把信跟爱结合起来。对于堕落的人来说，只有信才是知识的唯一有效源头，而对信的响应，也只有是爱。奥古斯丁的看法对应着一哲学问题，即主体与客体的分别。他认为这一分别是假相，乃出于罪而非实在本身的结构。西方哲学的传统就是主客分立，但奥古斯丁指出我们根本不能以观察者的身份而在世界存在，这只会把自己弄成碎片的存在，不圆满也不完全。只有当知识和观察完全跟行动和参与结合在一起，全面实在的人生方才出现。因为破裂是出于罪，所以基督教提出拯救以医治一切的分裂。基督宗教的众多教义都在于对抗堕落了的理性权力，理性使得相互矛盾的范畴不可能共存。但基督信仰却从理性所讲的丑闻出发，坚持同时相信互相矛盾的命题。只有信心能够跨越分裂，这就是奥古斯丁的立场。只有在信、望、爱的恩典中才能让人真正明白和解释圣经。

（二）圣经与解释

《论基督教教义》卷一末尾几章讨论解释理论。奥古斯丁认为一切释经都是始于对上帝的爱和对邻舍的爱，他说："任何人以为他明白圣经或部分圣经，但他的解释并不建立于对上帝及对邻舍的爱，那他并不真正懂得、明白圣经。任何人从圣经中得出解释而更有力地建立这爱，但后来却证实并非这段经文的作者想要讲的意思，那这肯定是弄错了，可是又没有造成什么伤害，他犯的罪只是没有把虚假不真实地说出来。"（1.36.40）因此，教会教义清楚表明所有经卷都包含着对这一双重的爱的赞美，以及对与此相反的加以斥责，除此之外再没有别的了。在这里我们可以看见圣经文本的一种特殊素质：除了原初作者在经文中要表达的意思外，总是充满更深层的神圣信息。因此，重要的是把这深层的爱的信息揭露出来。这即涉及《圣经》文本的基本的工具特性：上帝透过《圣经》向个别的人工作。弄清楚《圣经》中一个含糊的字眼固然是件好事，但终极来说却是不相干的；可是，正确地了解到我们需要爱上帝并改变自己的生命，这不单是一件好事，并且，这是《圣经》所渴望能够成就的唯一终极的事情。

如果爱上帝和爱邻舍是解释《圣经》的目的，那么解释《圣经》的敌人就是那些拦阻爱得以成长的种种障碍。没有爱，唯一根源是骄傲的自我判断。当人自命为《圣经》的权威解释者，反对任何合理的看法或教会的友善指引，那就走入歧路了，即或他解开许多深奥难明的经文。爱不单是解释的目的，且是唯一可靠的解释工具。这里明显有一完美的问题在内。奥古斯丁知道所有人都是罪人，一切对《圣经》的解释都是不完美的，而想要学习《圣经》的人都知道这一点：一切解释都是暂时的和不完全的，唯一要问的问题是：当下上帝的话语是否就在读者的心灵中工作？

无论如何，《论基督教教义》卷一处理的是事物，而其余的书卷则处理记号。卷二和卷三讨论解释圣经的问题，奥古斯丁把记号进一步分为不认识其意义的记号（卷二）和意义含混的记号（卷三）。在卷二中奥古斯丁指出只要获取一般的常识（主要是经文的语言和历史处境），那么许多词语文字的意思就清楚了，因为都是约定俗成的，不存在争议的。然而，在卷三中则涉及那些作者有意以含混的方式来使用的记号、并没有约定俗成的解释。当然，奥古斯丁没有把这两类记号截然分割。他对含混没有作任何价值判断，认为那只是人类犯罪后知性的黑暗而已。解经家的工作就是把含混清除，但奥古斯丁亦明白我们并非生活在完美的世界，因此必须接受《圣经》中的含混，他更意识到这会为解经家带来特别的喜悦。正如他在别的地方说过的，亚当的堕落是一种快乐的过错，因为这让道成肉身成为可能，而含混是罪的结果，却让人的心智理性得到拯救的机会，离此别无可能。《圣经》的含混，对奥古斯丁来说，乃是吸引有识见和智慧的人的鱼饵，否则，若经文太简单直接，很可能会使得他们掉头就走。

奥古斯丁列出了研读《圣经》七个进深向上的步骤，最终为要获得智慧。智慧的开端是敬畏上帝，由敬畏上帝而有顺服，因为信先于了解。敬畏上帝跟顺服是被动的素质，是接受性的。转折点是第三个步骤：求知（scientia），这在研读《圣经》中扮演很重要的角色。知识生出力量，由力量而有善良美好的审议，然后是清心，清心是获取智慧的最后先设要求。因此，智慧是知识与行动、信与爱的结果。相反的东西却全都结合成为统一。而智慧可以进一步被界定为神圣的智慧，即是基督。因此研读《圣经》，得着智慧，也就是上升到基督那里去。

对于奥古斯丁来说，圣经不只是一个困难的文本，研读《圣经》也不只是一桩学术的事情。《论基督教教义》卷三讨论这一中心性的问题。面对《圣经》含混文本的基本难题，最重要的原则是能够充分地分别事物与记号。文本的字面意义（即，记号把事物当作事物表达，清楚及简单的）应被尊重，但应小心判断是否有任何记号可以划进比喻、象征的表达（当事物同时是记号，指向其自身之外的其他东西）。《圣经》文本不过是记号的集合，却是用来向我们的思想表达事物，然而某些向我们思想所表达的事物还可以有更多的指涉能力，可能是事物自身如此，又或是作者企图如此。是以，在文本的记号中分辨字面意义的记号和比喻、象征的记号，是有其必要的。奥古斯丁引保罗在《哥林多后书》3：6"〔……〕那字句是叫人死，精意是叫人活"（3.5.9）来作基础。如果《圣经》是被启示的上帝的话语，那么《圣经》中每一字句都是启示了。

奥古斯丁在这里继续发展寓意释经法（allegory），其传统古老的定义如下："以此说彼。"严格来说，一切的阅读都可以是寓意的（当我读"马"这字时，意指的是真实的马），但现在指的是在语言表面的底下尚有另一层意思。基督宗教应用这一原则来解释整本《圣经》，并且不需理会作者是否怀有微言大义的企图。根本上，寓意释经法认为圣经只讲一个故事：透过基督拯救人类。大卫的故事讲的是上帝在世界中工作（字面意义），但同时预示基督（寓意上）。《雅歌》是人类婚礼之歌，但寓意释经法却教导读者新郎和新娘可被视为灵魂与基督、教会与基督，甚至如中世纪所解释的：童贞女与基督。寓意释经法并没有否定文本的原本意义、字面意义。跟当时的异教徒的寓意释经很不一样，而是坚持把字面的真理和寓意的真理相互结合起来。《论基督教教义》卷三就是奥古斯丁的寓意释经指引。但在这里要注意，理论比实践重要，奥古斯丁并没有教导读者很多工具，反而从开始就告诉他们要有恰当的动机和原则。当面对经文时，自然知道要用什么工具。更重要的是，只要能获得恰当正确的答案，根本无须太过理会用的是什么工具。解释的正确与否并不由自然层次（the natural order）的客观准确性来判别，而是由属灵层次（the spiritual order）的绝对正统标准和真理来定夺。

在实践层次（the practical order）上，重要的是释经的果效。如果对圣经的解释能建立爱心或去除自私的欲望，那就绝对是好的解释（3.10.15）。只要跟信仰规条（the rule of faith）相一致，那么其跟外在却是人的标准或正确性是否吻合就毫不重要了。是以，按照两项基本标准，即建立爱心、去除私欲，以及追随信仰规条，不同的解释自然是可能的，却无伤大雅。奥古斯丁认为，这两项标准足以制约释经者的主观猜测。重要的不是解释本身，不是依据什么专业和技术的标准来判断释经的素质，重要的是读者的生命得到帮助。如果读者得益，方法并不十分重要。事实上，教会亦不能做什么来保证解释圣经的读者获得恰当的信息。教会自己不能把生命赐予字句。奥古斯丁说，只有恩典介入，方才让字句盛载生命。教会能够做的，是让圣经及她自己尽可能透明。

（三）宣讲的教导

实践的指引并非毫无价值。426—427 年间奥古斯丁为卷三作总结，列出了七条解释圣经的规则，都是借用于自身为多纳图主义的 Tyconius。Tyconius 虽为多纳图派中人，但其思想却更靠近正统教会。这七条规则可分为两个类别，其中最简单的一个类别也是最实用的，即第四条到第六条，处理比喻、象征的经文。其他的规条则跟随《论基督教教义》先前的神学讨论结果。然而，即或如此，奥古斯丁并没有列出仔细的步骤和规矩，他关心的主要是解释圣经时的神学原则。只有抓住首要原则，就能对应处理个别的情况，没有了这一基本的原则，解释不单不完全，而且是邪恶的。

《论基督教教义》卷四是为没有经验的宣讲者预备的手册，主要是关乎演说技巧的。在当时的罗马帝国，教育的内容主要是雄辩术、修辞学，这有其实际需要。上层社会的年轻人必须有精湛的演说技巧方能在公共生活中占一席位，他们也以此来讨好在位者。然而，奥古斯丁此书却跟这些雄辩术、修辞学保持距离，采取的是一种冷酷、干涩的风格。他坚持沟通比优雅更为重要，能够被理解较风格更有益人心。"一篇完美的演说有什么用处，如果听众跟不上的话？如果我们所讲的他们不明白，为什么还要讲呢？"（4.10.24）重要的是信息，我们听的是宣讲者的信息而不是教师的演说。奥古斯丁只谈及三个层次的风格：谦虚的、平常的以及兴发的，却没有详尽阐释或是指出宣讲圣道可以有多种手法（4.18—26）。除了简洁、清晰，奥古斯丁对神学的重视肯定会使得同时代的演说家感到惊讶。奥古斯丁对初宣讲者的最后提醒是：以祷告开始每一次的宣讲（4.30.63）。宣讲上帝话语的人必须要与上帝接触，方才可以宣讲得好。他要实践他们宣讲的（4.27.59）。对奥古斯丁来说，知识与生命是不能分割的，但古代的演说家却不以为然。

从奥古斯丁的思想理论来看，他自己的释经是完全自我隐退的。释经没有终极的价值。当解释能够在圣经的读者与上帝之间被挪走，那就是最成功的。如果解释仍在那里，那它就是障碍，不能让解经者或听众得益。宣讲和解释，最终就是让上帝的话语向解经者和听众讲话。

邓绍光
2004 年 1 月 16 日
于香港浸信会神学院

中译者前言

　　这一奥古斯丁文集的选译本选取了他的两部著作：《论基督教教义》（*On Christian Doctrine*）和《论灵魂及其起源》（*On the Soul and Its Origin*）。《论基督教教义》是奥古斯丁的释经著作，是他著作中十分重要的文献；《论灵魂及其起源》所涉及的"灵魂论"，是早期基督教思想家普遍关注的一个主题。译出这篇著作，对于我们理解基督教的灵魂观与希腊的灵魂观的关系有重要的参考作用。

　　本文集是根据 Philip Schaff 和 Henry Wace 编的 *A Select Library of Nicene and Post-Nicene Fathers of the Christian Church*（WM. B. Eerdmans Publishing Company，Reprint，1999）的英文本译的。《论基督教教义》选自上述英译本的第二卷；《论灵魂及其起源》出自第五卷。英译本所附的主要英文注释也翻译了出来，便于读者了解奥古斯丁文本的义理。

　　翻译中最棘手的是如何翻译 Soul。《圣经》（本文集采用和合本《圣经》）中都是译为"魂"的，而现代汉语习惯译为"灵魂"。从奥古斯丁的著作看，他是主张"灵"与"魂"的区分的，一旦译为"灵魂"就难以与他提到"灵"的地方清晰地区分开来。不过，从某个方面而言，"灵魂"的翻译又可能更好地包容人既有"灵"又有"魂"的双重含义，因为在希腊哲学中，人是始终处于这样的张力之中的。奥古斯丁尽管没有如其他早期基督教神学家一样纠缠于这种困惑的希腊思辨，阐释了纯正的基督教神学教义，但是这种用语上的包容性还是存在的。因此，在翻译中，我们主要译为灵魂，这是为了符合现代汉语的用法，以及这个术语本身所指向的人的内在层次。同时，在奥古斯丁明确地以 Soul 对应 Spirit 的地方，我们把 Soul 译为"魂"，以清晰地区别于"体"和"灵"。

本文集是由章雪富博士选辑的。邓绍光博士帮助我解决了翻译中的一些难题，深表感谢；还要感谢邓博士为本书撰写了"中译本导言"。章雪富博士审读了全书，纠正了其中的一些错误，这里也表示感谢。然而，由于译者本人能力和学识的限制，译文中肯定存在错误或不准确的地方，这当然是该由我来负责的。恳请读者批评指正，帮助我们把翻译做得更好！

石敏敏

2017 年 1 月

浙江工商大学

论基督教教义

英译本编辑导言

圣奥古斯丁的这四卷本《论基督教教义》（*On Christian Doctrine*）是一部释经神学概论，旨在引导读者根据信仰的类比领会并解释《圣经》。前三卷写于公元397年，第四卷是在426年加上去的。

他在《订证录》（*Retractations*）第二卷第四章里谈到这一点说：

> 看到《论基督教教义》的书还没写完，我想最好先把它完成，再去修正其他著作。所以，我把第三卷写完，一直写到出自福音书的一个引文，是关于一个妇人拿了酵母藏到三份肉里，直到它们全部发酵为止的事①。我还加上最后一卷，并于426年完成四卷本的全书。前三卷是为解释《圣经》提供帮助，第四卷对如何公布我们的解释给予引导。在第二卷里②，论到众所周知的《所罗门智训》（*Wisdom of Solomon*）一书的作者时犯了一个错误，因为我以为——如我在里面所说的——西拉（Sirach）的儿子耶稣，就是写了《便西拉智训》（*Book of Ecclesiasticus*，或者译成《教会经典》）的耶稣，也写了《所罗门智训》，这并非是公认的事实；相反，我更相信他很可能不是此书的作者。另外，我还说："旧约的权威限

---

① 《哥林多后书》12:2。
② 见《论基督教教义》第二卷第八章。

于这 44 卷里面",① 我在传道用语上使用了"旧约"这个词。但使徒似乎严格地把"旧约"使用于西奈山（Mount Sinai）上所立的律法②。我又论到圣安波罗修（Ambrose）根据他的年代学知识解决了一个重大难题，因为他指明柏拉图（Plato）与耶利米（Jeremiah）是同时代人③，然而我的记忆欺骗了我。关于这位伟大的主教这个问题所说的原话可以见他"论圣礼或哲学"（On Sacraments or Philosophy）的那卷书④。

---

① 见《论基督教教义》第二卷第八章。
② 《加拉太书》4：24。
③ 见《论基督教教义》第二卷第二十八章。
④ 此卷书属于安波罗修佚失作品之一。

| 内容提要 |

前　言

说明《论基督教教义》这篇论著的作用。

第 一 卷

对《圣经》里所讨论问题的一般看法。

作者把本卷分成两个部分，一部分讲如何发现《圣经》的真实意思，另一部分讲如何表达这种意思。他指出，要发现真实含义，必须既关注事件也关注符号，因为我们必须知道应该把什么样的事情告诉基督徒，也要知道这些事的符号，即应该到哪里去寻找这些事的知识。在这第一卷书里，他把所要讨论的事分成三类：享受的事，使用的事，以及既可使用也可享受的事。我们应当享受的唯一对象就是三一真神，他是我们最高的善，是我们真正的快乐。我们因为自己的罪恶不能享受神，但我们的罪是可以除去的，"道成肉身"，我们的主受苦，死了，又复活，上了天，娶了教会做他的新娘，在教会里得以赦免我们的罪。如果我们的罪得了赦免，我们的灵魂藉恩典得了更新，那么我们就能带着盼望等候身体复活，得着永生的荣耀。如果我们的罪不能赦免，那就要入万劫不复之深渊。作者阐明了这些与信仰有关的事之后，接着指出，一切对象，除了神之外，都是致用的；虽然有些是爱的对象，但我们的爱不是要信靠它们，乃是要信靠神。我们自己不是神所享受的对象，他是使用我们，但是为了我们自己的益处。接着他又指出，爱——为了神而爱神以及为了神而爱我们的邻人——就是全部《圣经》的目标和宗旨。他最后对盼望作了几句补充，然后总结说，信、望、爱是最重要的恩典，对正确领会并解释《圣经》的人来说是必不可少的。

第 二 卷

作者对事物作了阐述之后，接着在本卷中开始讨论符号问题。他首先对什么是符号作了界定，指出符号有两类，一类是自然的，一类是约定俗成的。就约定俗成的符号（这里只提到了这种符号）而言，语词是最大量的，也是最重要的，解释《圣经》的人主要关注的就是它们。《圣经》的困难和模糊性主要出于两个原因，就是不知道的符号和模棱两可的符号。本卷只讨论不知道的符号，关于讲义的歧义性留到下一卷去讨论。由于不知道符号的意思产生的困难可以通过学习希腊语和希伯来语——《圣经》就是用这两种语言记载下来的——通过比较各种版本，分析上下文语境来消除。在解释比喻性的用语时，既需要了解事物，也需要理解语词。异教徒有许多学科和技艺都是真实而有用的，可以借助于它们消除我们对符号的无知，不论是直接的符号，还是比喻的符号。作者一方面揭露异教徒的许多迷信和习俗都是愚拙、无益的，另一方面又指出，他们的科学和哲学中一切健全而有益的东西如何能转化而为基督教所用。最后，他表明了我们致力于研究和解释《圣经》所应当具有的精神。

第 三 卷

作者在前一卷里讨论了如何对付不知道的符号，接着在这第三卷里讨论如何对付模棱两可的符号。这些符号既可能是直接的，也可能是象征的。就直接的符号来说，其之所以意指模糊可能是由于标点、发音或者语词本身的歧义性引起的，要解决这个问题可以通过联系上下文，比较各种译本，或者参考原文版本。就象征符号来说，我们必须注意避免犯两类错误：（1）把字面意思解释成比喻意思；（2）把比喻意思解释成字面意思。作者制定了几条规则，我们可以据此判断一个表述究竟是字面的，还是比喻的。一般的原则是，凡是字面意思看起来与纯洁的生命不一致的，或者与教义的准确性相违背的，那就必然从比喻意义上理解。接着他又就如何解释已经被证明是比喻的句子定了规则，一般原则是这样的，一种解释若不能提高对神的爱和对人的爱，那它就不是真的。最后作者阐述、说明了多纳图主义者提科纽（Tichonius the Donatist）提出的七条规则，他认为研究《圣经》的人应该重视这样的规则。

第 四 卷

作者在转向第二部分工作，即如何表达时预先指出，他不是意在写一篇讨论修辞语法问题的作品。这些东西可以在别的地方学到，当然是不可疏忽的，而且对基督教教师来说还是特别必要的，因为他应当具有卓越的口才和表达能力。他极其仔细、缜密地列举了一个演说家应具备的品质，然后举荐《圣经》的各位作者，认为他们就是雄辩的最好典范，他们把口才与智慧结合起来，在这一点上是无与伦比的。他指出，表达清楚是最重要的品质，教师应当特别注意培养这方面的能力，因为这是教导人的必要条件，当然要打动听众，使他们感到愉悦，别的素质也是需要的。所有这些恩赐应当热心向神祈求，但是我们也不可忽视自身的勤勉学习。他指出，表达风格有三类：和缓的、典雅的、威严的；第一类适用于教诲，第二类适用于称颂，第三类适用于劝勉。每一类风格他都举了例子，都是从《圣经》和早期教会教师居普良（Cyprian）、安波罗修引用而来的。他认为这些不同风格是可以结合起来的，并指明在什么时候、为了什么目的结合，归根结底，各类风格都是为了同一个目的，就是向听众清楚地阐明真理，使他能够领会真理，乐于倾听真理，并在自己的生活中践行真理。最后，他指明基督教教师所担当的这个职位的尊严和责任，劝勉他要按自己的教义生活，以身作则，为众人树立好的榜样。

前　言

说明教导解释《圣经》要遵循规则不是多此一举的。

1. 解释《圣经》是有一定的法则的，我想，真诚学习语言的学生学了之后必会受益无穷，他们不仅可以研读别人写的揭示圣书之奥秘的作品，他们自己也可以向别人开启这样的奥秘，由此受益。这些规则我打算教给那些能够并且愿意学习的人，只要神——我们的主不阻止我的思想，在我写作的时候，他往往是保护我在这个问题上的沉思的。但是在我着手这个工作之前，我想先指出一些异议，就是那些可能反对这项工作的人，或者我若不预先说服就可能会这样做的人所提出的反对意见。如果到了最后，还有人反对，那么至少他们必不可能说服别人（这些人若对他们的攻击没有预先的准备，就会受到一定的影响），使他们从原来有益的学习转向无知的渣滓。

2. 有一些人可能会反对我的这篇作品，因为他们不明白这里所立的规则。还有一些人会以为我所付出的努力是徒劳的，因为他们虽然明白这些规则，但在使用这些规则解释《圣经》的时候，却无法把他们希望澄清的观念清楚地勾勒出来。这些人既然没有从作品中得到任何帮助，就会提出意见说，它对任何人都不可能有用。还有第三类反对者，这类人可能真的对《圣经》领会得很好，或者只是自认为如此；既然他们知道（或者幻想）自己具有一定解读《圣经》的能力，不需要看诸如我打算在本书中所立的这些指南，就会叫嚣说，这样的指南对任何人都毫无必要，凡为清除《圣经》的模糊性所做的一切都可能在没有神的恩典的帮助下做得更好。

3. 对这些异议的简单回应。对那些不明白这里所立的法则的人，我的回答是，他们缺乏悟性责任不在我。这就好比说，他们急于想看见新月或残月，或者某个暗淡无光的星星，我就伸出一个手指指给他们看，但他们若是连我的手指都看不见，那么他们当然没有任何权利在这个问题上对我勃然大怒。至于那些虽然知道并理解我的指导，但仍然没有参透《圣经》里模糊段落的含义的人，可以说就是那些我所比方的只能看见我的手指却不能看见手指所指的星星的人。所以这两类人最好放弃指责我的企图，倒应该向神祈求赐给他们视力让他们看见。因为尽管我可以用我的手指指示某个对象，但开启人的眼睛使他们看见我在指示的事实或者看见我所指的对象，就不是我力所能及的了。

4. 现在该轮到那些夸口神的恩典的人了，他们自诩不需要诸如我计划制定的那些指南的帮助就能领会并解释《圣经》，从而认为我着手写作的东西完全是多此一举的。对这样的人，我希望他们能给自己泼一泼冷水，不要忘了无论他们如何享受神的伟大恩赐，也是从人师那里学会读书识字的。我想，他们不大会以为由于那样的原因他们就该受到埃及僧侣安东尼（Antony）的鄙视——安东尼是一位公义而圣洁的人，据说他虽然自己不会阅读，却靠听别人阅读记住了整部《圣经》，并且凭借智慧的沉思完全领会了它们——或者受到化外奴隶克里斯提安（Christianus）的讥笑——最近我从十分令人尊敬、完全值得信赖的证人那里得知，他没有受教于任何人，仅凭祷告，祈求神赐给他阅读技能，就真的获得了全面的阅读技能，据说他恳求了三天之后，就能在众目睽睽之下阅读放在他面前的一本书，令旁人惊异不已。

5. 如果有人认为这些故事都是虚假的，那我可以把它们放在一边。我所讨论的是宣称不需要得到人的任何指导就能领会《圣经》的那些基督徒（倘若真的如此，他们夸口的倒实在是一种优点，并且是非同寻常的优点），他们必会承认，我们每个人的母语都是因为从小不断听而学会的，至于别的语言——希腊语、希伯来语，或者任何别的语言——我们或者是以同样的方式，即不断听别人说学会，或者从某个人师那里学会。假设我们劝所有的弟兄不要教他们的子女任何东西，因为圣灵一喷射出来，众使徒便当即开始说各种语言；然后警告不曾有过类似经历的人不能自视为基督徒，或者至少可以怀疑他是否领受圣灵。我们能这样做吗？不，不能；相反，我们当抛弃虚妄，尽可能向人学习，教导人的人也当谦逊无私地把自己所学到的知识传授给予人。我们不可试探我们信靠的主，免得被仇敌的这些诡诈和我们自己的悖逆网罗，甚至拒不去教会聆听福音本身，或者不愿自己看书，也不愿倾听别人的诵读和传讲，盼望能被带到三重天上，"不论在身体里，还是在身体外"，如使徒所说的①，在那里听见不能言说的话，比如人不配说的话，或者看见主耶稣基督并听他亲口传讲福音，而不听人讲福音。

6. 我们千万要当心这种出于傲慢的危险试探，我们不妨来想想这样的事，使徒保罗（Paul）虽然有天上神的声音把他击倒，对他提出警告，仍然被送到某个人那里领受圣礼，进入教会②；百夫长哥尼流（Cornelius）虽然有位天使对他说，他的祷告和周济都达到神面前，已蒙纪念了，仍被交给彼得（Peter）接受教导，不仅从使徒领受圣礼，还从他得知如何正确地信、望和爱③。毫无疑问，藉着众天使成全一切事是可能的，但是如果神不使用某些人作为执行者，把他的道落实到他们的同胞身上，那么我们人类的境况就要糟糕得多。因为倘若神没有从人所造的圣殿里发出神谕，而是通过天上发出的声音把他想要教训给人的一切传达出来，或者通过众天使的帮助传递这样的信息，那么经上所写的话——"神的殿是圣的，这殿就是你们"——怎能为真呢？再者，

---

① 《马太福音》13：12。

② 《使徒行传》9：3。

③ 《使徒行传》十章。

人若是从来不曾向自己的同胞学习，把人联合为一的爱本身就不可能在灵魂之间流溢，可以说，也不可能把它们彼此联合起来。

7. 我们都知道这样的故事，那个念先知以赛亚（Isaiah）的书却看不明白的太监，使徒没有把他打发到某位天使那里去，向他解释他所不明白的意思的也不是哪位天使，神的恩典照亮他的内心也不是不借助于人的介入；相反，确实已经领会先知之书的腓利（Philip）根据神的命令来到他面前，坐在他身边，以人的话语，用人的口气向他阐明《圣经》①。神岂没有与摩西（Mose）交谈，然而他胸怀大智慧，却全无嫉妒与傲慢，欣然接受他的岳父，一个外族人的计划，统治、管理交托给他的治国之事务②。因为摩西知道，任何智慧的计划，不管出于谁的心灵，都不归于设想出来的人，而是归于那作为真理的主，那不变的神。

8. 最后，凡自诩藉着神圣启示、没有学过任何解释规则就领会了《圣经》的隐晦之处的人，同时也相信，并且完全相信这种力量不是他自己的，也就是说不是他自己创造出来的，而是神恩赐下来的。因此，他所求的是神的荣耀，不是他自己的荣耀。但是他既不需要任何人为的解释就能阅读和理解，那么他自己为什么要从事解释工作，为别人作诠释之事？他为什么不直接把人带到神面前，好让他们也不借助于人的帮助直接通过圣灵的内在教义学习？事实上，他是怕招来这样的谴责："你这又恶又懒的仆人，当把我的银子放给兑换银钱的人。"③ 既然这些人或者通过演讲或者通过写作把他们所明白的事教给别人，那么我若也这样做，把他们所明白的东西并他们所遵循的解释原则教给别人，他们必不可能责备我。谁也不可把任何东西看作是自己的，除非是错谬的东西。凡属主的，就是真理，如他所说的："我是真理。"④ 我们所有的，

---

① 《使徒行传》8∶26。
② 《出埃及记》18∶13。
③ 《马太福音》25∶26—27。
④ 《约翰福音》14∶6。

有什么不是得来的？我们既得之，为何还要夸口，似乎我们不曾得到似的？

9. 念给别人听的人，只是把所看见的句子大声念出来；而教别人念诵的人，则是为了使他们能够自己念诵。当然，每个人都是把自己已经知道的东西教给别人。一点也没错，向听众解释他所领会的《圣经》段落的人就如同把眼前的句子大声念出来的人；另外，为解释制定法则的人就如同教人念诵的人，也就是告诉人怎样自己念。所以，正如知道怎样阅读的人就不再依赖于别人，当他看到一本书，得知里面写的是什么内容，因为他掌握我将在本书里制定的法则，所以就算他在所读的书里遇到意思模糊的段落，也不需要求助于哪位注释家来向他显明奥秘，他只要持守一定的规则，遵循一定的指导，就能准确无误地领会隐秘的意义，至少不会陷入大的错谬之中。所以，尽管看起来非常清楚对本作品本身不会有人真的反对我所从事的这个工作，因为它没有别的目的，只是为人提供方便，然而一开始就对可能提出的初步异议作出回应也是很省力的，所以我想这样的开头对开启我将要在本书里讨论的话题是有好处的。

︱ 第 一 卷 ︱

关于《圣经》里所讨论的主题的一般看法。

内容提要：作者把本卷分成两个部分，一部分讲如何发现《圣经》的真实意思，另一部分讲如何表达这种意思。他指出，要发现真实含义，必须既关注事件也关注符号，因为我们必须知道应该把什么样的事情告诉基督徒，也要知道这些事的符号，即应该到哪里去寻找这些事的知识。在这第一卷书里，他把所要讨论的事分成三类：享受的事，使用的事，以及既可使用也可享受的事。我们应当享受的唯一的对象就是三一真神，他是我们最高的善，是我们真正的福祉。我们因为自己的罪恶不能享受神，但我们的罪是可以除去的，"道成肉身"，我们的主受苦，死了，又复活，上了天，娶了教会作他的新娘，在教会里得以赦免我们的罪。如果我们的罪得了赦免，我们的灵魂藉恩典得了更新，那么我们就能因着盼望等候身体复活，得着永生的荣耀。如果我们的罪不能赦免，那就要入万劫不复之深渊。作者阐明了这些与信仰有关的事之后，接着指出，一切对象，除了神之外，都是致用的；虽然有些是爱的对象，但我们的爱不是要信靠它们，乃是要信靠神。我们自己不是神所享受的对象，他是使用我们，但是为了我们自己的益处。接着他又指出，爱——为了神而爱神以及为了神而爱我们的邻人——就是全部《圣经》

的目标和宗旨。他最后对盼望作了几句补充，然后总结说，信、望、爱是最重要的恩典，对正确领会并解释《圣经》的人来说是必不可少的。

第一章——释经在于发现并阐释意思， 并且要在神的帮助下解释。

1. 有两样东西是一切释经的基础：一样是确定准确含义的方式；另一样是把所确定的含义表达出来的方式。我们先讨论确定含义的方式，再讨论表达方式。这是一桩巨大而艰辛的工作，如果难以完成，那正式进入正题恐怕就过于冒失了。倘若我只依凭自己的力量做这事，那毫无疑问是冒失之举，但我把完成此事的希望寄托在神身上，他在这个题目上已经供给我许多思想，我不担心他不再恩赐与我；我既已开始使用他所恩赐的思想，就相信他必会继续供应仍然需要的东西。对一种不会因为与人分享就有所减损的财产来说，如果它只是自己拥有，没有与人分享，就不是以应该拥有的方式拥有。主曾说："凡有的，就给他。"① 这样说来，他必赐给那些有的人，也就是说，如果他们自由地、喜乐地使用已经领受的，主必添加恩赐，使其完满。在饼的神迹里，当门徒还没有把饼分给饥民之前，饼只有五个、七个，但一旦他们开始分饼，就把数千人的肚子都填饱了；不但满足了这么多人的饥饿，剩下的零碎还装满了十二个篮子②。所以，正如饼在分的过程中大大增加，主赐给我使我得以从事这项工作的那些思想也必如此，只要我开始把它们分给别人，就会藉他的恩典翻倍，所以，既然我所从事的工作是把思想分给别人，我就绝不会有什么损失，也不可能变得贫穷，反而会得到多得惊人的财富，其乐无穷。

---

① 见《论基督教教义》第一卷。
② 《马太福音》14：17，20：34，等等。

第二章——何谓事物，何谓符号。

2. 所有的教导或者是关于事物的，或者是关于符号的，但认识事物要借助于符号。这里我是在严格的意义上使用"事物"这个词，也就是说，它没有被用作任何别的事物的符号，只是事物本身，比如，木头、石头、牲畜，诸如此类。不是我们读到的摩西扔进苦水里使其变成甜水的那个木头①，不是雅各（Jacob）用来当枕头的石头②，也不是亚伯拉罕（Abraham）代替他儿子献给神的山羊③。这些东西虽然是事物，但也是别的事物的符号。此外还有另一类符号：只用作符号不用作别的，比如话语。我们使用话语总是意指另外的东西，不然，就不会用它。由此可以明白我说的符号是指什么，就是用来意指别的事物的事物。可以说，每一个符号都是一种事物，因为不是一样事物的东西就什么都不是了。但并非每一样事物都是符号。考虑到事物与符号之间的这种区别，当我谈论事物时，我会说，尽管它们中有些也可以当符号使用，但不会影响主题的划分，根据这种划分我要先讨论事物，再讨论符号。但我们必须谨记，我们现在要思考的事物是事物本身，不是它们所代表的别的事物。

第三章——有些事物是实用的，有些事物是享受的。

3. 有些事物是享受的，有些事物是实用的，还有的既可享受也可实用。那些可享受的事物使我们快乐，那些实用的物体协助并且可以说支援我们追求快乐，在它们的协助下，我们就能获得使我们快乐的事

---

① 《出埃及记》15：25。
② 《出埃及记》28：11。
③ 《创世记》22：13。

物，并信赖它们。我们这些享受并使用这些事物的人被置于这两类事物中间，如果我们把那些应当使用的东西当作追求的对象，那么我们自己就成了挡道的绊脚石，有时甚至完全偏离我们的道。于是，我们沉溺于对低级事物的享乐之中，在追求真正、正当的享受目标之路上远远落在后面，甚至完全背道而驰。

第四章——使用与享受之间的区别。

4. 享受一件事物就是为它本身的缘故心满意足地信赖它。而使用则是利用一切可用的手段达到所追求的目标，当然这目标应是正当的，不正当的使用应当称之为滥用。试设想，我们是在异国他乡的流浪者，在远离祖国的地方不可能生活快乐，所以我们对流浪感到厌倦，想要结束这种悲惨的境地，于是决意回家。然而，我们发现，要回家，回到我们的快乐开始的地方，就必须借助于一定的交通工具，或者走水路，或者走陆路。一路上，我们看到风景优美的国家，遇到变化多样的愉悦，这些东西令我们心花怒放，我们再也不愿急于结束旅程，我们沉醉于一种虚假的喜乐之中，不再思念自己的家乡，尽管家里的好事才能给我们带来真正的快乐。这就是我们处在世俗生活中的图景。我们远离神，在外流浪；我们若是想要回到父家，这个世界就只能使用，不能享受，唯有这样，才能藉着受造的事物清晰地看见、领会神不可见的事①，也就是说，我们可以借助于物质的、暂时的东西获得灵性的永恒的东西。

第五章——三位一体是真正的享受对象。

5. 所以，真正的享受对象就是圣父、圣子和圣灵，他们是三位一

---

① 《罗马书》1：20。

体，是同一个存在，至高无上的，同时又是一切爱他的人所共同拥有的
——就他是一个对象，而不是万物之因来说——事实上，就算他是万物
之因，也同样如此。因为要找出一个恰当的名称来表述如此卓越、超绝
的存在，实在是不太容易，最好的表述方法只能是这样：万有都本于
他，依靠他，归于他[①]的三位一体真神。因而，圣父、圣子和圣灵，分
开来说，各自本身都是神，但同时他们是同一位神；他们各自都是完全
的本质（substance），同时又是同一个实体（one substance）。父不是子
也不是圣灵；子不是父也不是圣灵；圣灵不是父也不是子。父只是父，
子只是子，圣灵只是圣灵。同时，三位又同样的永恒，同样的不变，同
样的神圣，同样的大能。在父是合一，在子是平等，在圣灵是合一与平
等的和谐；这三种属性因父而同一，因子而平等，因圣灵而和谐。

第六章——在什么意义上神是不可言说的。

6. 我是否找到了适当的方式来谈论神或者表达对他的称颂？没有，
我觉得我只是想要说，但一旦说了什么，却发现那不是我想要说的。我
是怎么知道这一点的呢？唯有一个原因，那就是神是不可言说的。但它
若是不可言说的，那我所说的话就不可能说出来。也就是说，对神甚至
连"不可言说"这样的话也不能说，因为这样说本身就是一种对他的
言说。因而就出现了一种奇怪的语言矛盾，如果不可言说者就是不可能
对它有任何论说，那么它若还能被称为是不可言说的，就不是真的不可
言说。要避免这种语言上的悖谬，与其通过解释，不如保持沉默。然而
就神来说，尽管没有任何东西配得上他的伟大，可以用来形容他，他还
是屈尊接受人们口里的敬拜，希望我们用我们自己的话语享受称颂的喜
乐。正是在这样的原则上，他被称为"Dues"（神）。虽然那两个音节

---

① 《罗马书》11：36。

18

本身并不传递关于他的本性的任何真知识，然而但凡懂得拉丁文的人一听到这种声音，就会想到一种至善至美、永恒存在的本性。

第七章——众人所理解的神是什么。

7. 当人——就算是那些相信有众神存在，并且用神的名称呼叫他们，敬拜他们——想到至高的诸神之神时，他们的思想总是努力得到这样一个本性的观念，它是卓越绝伦的，没有哪种存在可以比拟。既然人总是受各种各样的愉悦驱使，有的受与感官有关的愉悦驱使，有的受与理智和灵魂有关的喜乐驱使，那么，那些受制于感觉的人就会认为诸天，或者天上所呈现的最明亮的东西，或者宇宙本身就是诸神之神。如果他们试图超越宇宙，他们就会设想某种具有炫目光亮的东西，并且形象模糊，没有边界，或者把它想象为最美的；或者他们如果认为人体比任何其他东西更高级，就会赋予它人体的形式。如果他们认为没有一位至高的神在其他神之上，众多的或者无数的神都是平等的，他们仍然会把它们设想为具有形状和形式的，把各人以为最优美的形象给它们。另外，那些力求凭借智力认识神的人，把他置于一切可见的、有形的东西之外，甚至置于一切可变的智性、灵性的东西之外。然而，无论是谁，都争先恐后地赞美神的卓越，没有谁会相信某个在它之上还有更好者的存在是神。所以，众人都不约而同地相信，神就是比一切事物更高贵的存在。

第八章——神受到至高无上的尊敬，
因为他就是不变的智慧。

8. 既然所有思考神的人都认为他是活的，那么认为神就是生命本身的人所能形成的神观必然不可能是荒谬的，可蔑视的；不论他们想到什么样的形体，他们知道，它是因生命而活的，否则就不可能活，所以选择活的东西，而不是死的东西；他们明白，生命形体本身可能比其他形体荣耀、高大、俊美，但毕竟不是激活它的生命本身；他们把生命看作是最高贵的，最有价值的，是一切被它激活的生命物所不能比拟的。然后，他们继续考察生命本身的性质，如果发现它只是滋养的生命，没有一点感觉能力，比如植物，那他们就会认为这种生命不如有感觉能力的生命，比如牲畜；最后，他们又找到有智力的生命，比如人。当他们认识到就是这种生命也是要变化的，就不得不再次超越它，因为不变的生命不可能一会儿愚拙，一会儿聪明，相反，它就是智慧本身。一种聪明的智力，即已经获得智慧的智力，先于未获得的智慧，是不智慧的，而智慧本身绝不是不智慧的，它也不可能成为不智慧的。如果人不曾看见这种智慧，就不可能充满信心地选择一种永远智慧的生命，舍弃可变的生命。这是显而易见的，如果我们想一想，他们主张不变的生命更优秀所根据的真理原则本身是不变的，他们若不超越自己的本性，就不可能找到这样的原则，因为他们在自身里面找不到任何不变的东西。

第九章——众人都承认不变的智慧胜过可变的智慧。

9. 显然，没有人会极其愚蠢地问："你如何知道不变智慧的生命优于可变的生命？"因为他所问的"如何知道"的答案始终不变地扎根在每个人的心里，呈现在他们共同的沉思中。人若看不见它，就如同太阳底下看不见事物的盲人，明媚的阳光如此清晰、如此靠近，就倾泻在他的眼珠上，却于他毫无益处。另外，有人能看见真相，却不愿看，这样的人由于长期住在属肉体的阴影中，心灵的视觉变弱了。因而，人因相反的种种恶习被赶出本土，宁愿去追求低级而没有价值的事物，不愿去追寻他们自己也承认更加优秀更加高尚的对象。

第十章——要看见神，灵魂必须是洁净的。

10. 既然享受那活泼、永恒的真理就是我们的全部使命，并且三一真神为他所造的物提出这样的真理，那么灵魂必须是洁净的，这样才会有力量领受那光，领受之后再信靠它。我们要把这种洁净看作是返回自己本土的一次旅行或航行。因为神无处不在，我们要接近他，不能靠改变位置，只能靠培养纯洁的愿望和良好的习惯。

第十一章——智慧在肉身，我们洁净的范型。

11. 然而，智慧若不曾屈尊取了我们的软弱，并以我们人性的形式向我们显明圣洁生活的范型，我们自己是全然不可能有这样的能力的。然而，我们向他靠近是智慧的做法，他向我们走来却被骄傲的人认为是愚蠢的行为。我们向他靠近就变得强壮，他来到我们中间则被认为是软弱。但是，"神的愚拙总比人智慧，神的软弱总比人强壮"。① 因而，虽然智慧自身就是我们的家，但他也同时使自己成为道，叫我们沿着道到达自己的家。

第十二章——神的智慧在什么意义上来到我们面前。

虽然他处处呈现在健全而清晰的心眼面前，但他屈尊使自己显明给那些内视觉软弱、暗淡的人的肉眼。"世人凭自己的智慧，既不认识神，神就乐意用人所当作愚拙的道理拯救那些信的人。"②

———————————

① 《哥林多前书》1∶25。
② 《哥林多前书》1∶21。

12. 所以说他来到我们面前，不是指他穿越空间，而是因为他以血肉之躯的形式向世人显现出来。其实他所来到的地方乃是他从来就在的地方，"他在世界，世界也是藉着他造的"。① 但是因为人——他们为了急于要享受被造物而不是造物主，已经变成了这世界的样式，因而称其为"世界"是最恰当不过的——不认识他，因而传福音的使徒说："世界却不认识他。"② 也就是说，这世界的智慧不认识神，不认识神的智慧。既然神原本就在这里，他为什么还要到来呢？原因只有一个，就是神乐意用人当作愚拙的道理拯救那些信的人。

第十三章——道成肉身。

他是怎么来的？就是"道成了肉身，住在我们中间"。③ 正如我们为了使我们心里的念头通过耳朵进入听者的心里，就把我们心里的话变成一种外在的声音，这就是说话；但我们的思想并没有因为变成了声音而失去，它依然保持完整的自身，它虽然采取了说话的形式，却没有因此改变自己原有的本性。神的话（道）也是这样，本性毫无改变，却成了肉身，住在我们中间。

第十四章——神的智慧怎样洁净人。

13. 而且，正如利用治疗是恢复健康的方式，同样，这种治疗方案用到罪人身上就洁净他们，使他们康复。正如外科医生在包扎伤口的时候不是马马虎虎敷衍了事，而是仔仔细细、认认真真，确保包扎不只是管用，还要保持一定的清洁；同样，我们的药物，智慧，担当人性以适

---

① 《约翰福音》1：10。

② 同上。

③ 《约翰福音》1：14。

应我们的伤口，对有些伤用相对立的药物治疗，对有些伤则用相应的药物对付。医生对付外伤有时用相克的药，如以冷克热，以湿对干等，有时则用相应的药品，比如用圆形的布包扎圆形的伤，用方形的布包扎方形的伤，不会拿同样的绷带对付任何肢体，总是看它需要什么就给什么。同样，神的智慧在救治人的时候把自身当作药方，他既是治疗者又是治疗的药物。当人因骄傲跌倒时，他就用谦卑来治好他。我们先前被蛇的智慧罗网，如今靠神的愚拙得到自由。而且，前者虽称为智慧，事实上却是那些鄙视神的人的愚拙；后者虽称为愚拙，却是那些战胜魔鬼的人的真智慧。我们滥用自己的不朽，最终招致死的责罚，基督善用他的可朽，终于使我们复活。疾病是藉一个女人的败坏灵魂带来的，药方是藉另一个女人的圣洁的身体带来的。我们的罪恶靠他的美德典范去除，这属于相克的治疗法。另外，可以说，以下就是根据肢体和伤口的需要裁好的绷带：他从一个女人出生以解救我们这些因另一个女人而堕落的人；他作为一个人到来拯救我们人，作为必死者到来拯救我们这必死的，以死来救要死的我们。如果不必急着完成某件任务，可以更加全面地考察问题，就会发现关于治疗方式还有许多别的教诲，有相克的，也有相应的，在基督教医学中广泛使用。

第十五章——基督的复活和升天坚固信仰，
他的到来审判增进信仰。

14. 相信我们的主从死里复活，相信他升上了天，这种信念为盼望提供了巨大的支撑，使我们的信仰变得有力。因为它清楚地表明主如何为我们白白地舍弃自己的生命，尽管他有能力重新获得生命。信徒们既然在他们还没有相信主的时候就反映为他们承受如此大的痛苦的主是如何的伟大，可以想见他们的盼望是以怎样的信心显示出活力的！人们寻求他从天上下来审判活人、死人，这使漫不经心者大为恐慌，促使他们勤勉准备，从圣洁的生活中学会如何切望他的来临，再也不会因为他们的恶行而对此胆战心惊。我们只要想一想他为使我们在这世上舒适地旅行，把他的圣灵白白地赐给我们，好让我们在此生的困难险阻中仍然保持对他的信任和爱，尽管我们还看不见他；想一想他还把适用于成就他的教会的各种恩赐给了各人，好让我们按着他的指示行正当的事，不仅毫无怨言，而且兴高采烈，那么他最后要给予我们的赏赐岂是哪种语言可以描述，哪种想象可以设想的吗？

第十六章——基督用药物之苦洁净他的教会。

15. 教会就是他的身体，如使徒的教训所表明的①，甚至被称为他的配偶②。作为身体，有许多肢体，每个肢体各有不同的功能，他把它们合在一起，合在爱里，这才是它真正的健康。而且，他现在训练它，用许多有利于健康的苦痛洁净它，这样，当他把它从这个世界转移到永生世界之后，他就可以娶它作他的新娘，没有斑痕，没有皱纹，没有任何诸如此类的不洁。

第十七章——基督赦免我们的罪，打开我们回家的路。

16. 更有甚者，当我们走在路上——这路不是空间上的路，而是情感的变化——我们过去的罪恶像荆棘丛一样挡在我们面前，这时，他，愿意躺下作我们回归之路的我们的主所能做的最大的仁慈和怜悯之事，不就是赦免我们众人的罪恶，为我们钉十字架，从而去除那阻止我们回家的严厉法令吗？

---

① 比较《以弗所书》1：23 与《罗马书》12：5。
② 《启示录》19：7，21：9。

第十八章——赐给教会的钥匙。

17. 因而他把钥匙给了教会，叫它凡在地上所捆绑的，在天上也要捆绑；凡在地上所释放的，在天上也要释放①。也就是说，教会里凡不相信自己的罪得赦免的，罪必不得赦免；凡相信、悔改并离开自己的罪的，必因这信心和悔改得救，投入教会的怀抱。因为人若不相信自己的罪能得赦免，就会陷入绝望之中；一旦不再相信自己悔改所能结的果子，就会变得更恶，似乎除了行恶没有别的更大的良善为他存留。

第十九章——身体和灵魂的死及复活。

18. 而且，正如灵魂的死就是脱离先前的习惯和生活方式，改过自新，同样，身体的死就是消除原先的生活原则。正如灵魂藉悔改脱离并毁灭先前的习惯，重新塑造为更好的范式，同样，我们也要盼望并相信身体死后——这死是我们众人因罪所负的债——必复活而变为一种更好的形式，不是说血肉之体要承受神的国（这是不可能的），而是说这必朽坏的总要变成（注："变成"原文作"穿"，下同）不朽坏的，这必死的总要变成不死的②。这样的身体再也没有缺乏和需要，不再是任何不安的源泉，必须由一个完全纯洁而快乐的灵所激活，得享永恒的平安。

第二十章——复活入地狱。

19. 要是人的灵魂不向这个世界死，从而开始顺从真理，当身体遭

---

① 比较《马太福音》16:19与《马太福音》18:18。
② 《哥林多前书》15:53。

受更可怕的死之后他就要堕落，这样的人复活不是从地上的居所转为天上的居所，而是要遭受对他的罪的严惩。

第二十一章——身体和灵魂都不会因死灭亡。

因而信仰就在于信，我们必须相信事实上人的灵魂和身体都没有完全消灭，只是恶人复活是遭受无以复加的刑罚，善人复活是领受永生。

第二十二章——唯有神是爱的对象。

20. 在所有这些事物中间，唯有那些我们认为是永恒的、不变的东西才是真正喜爱的对象。其余的都是使用工具，使我们得以完全享受所爱的对象。然而，我们这些享受并使用别的事物的人，本身也是事物。一点没错，人是一个伟大的事物，是照着神的形象和样式造的，不是指他所穿戴的必死的身体，而是指他的理性灵魂，正是因为他具有理性灵魂，才使他享受一切兽类所没有的尊贵和荣耀。这样就产生了一个重要的问题，人是应该爱自己，还是应该使用自己，或者两者兼之。经上要求我们彼此相爱，但问题是人是为自己的缘故爱人，还是为了别的什么而爱人。如果是为了他自己，那么我们是在爱他，如果是为了别的缘故，那就是在使用他。在我看来，爱人是为了另外的目的。因为一件事物若是为其本身而爱它，那么享受它必是一种快乐的生活，就算还不能实际享受它，至少对它的盼望就是我们目前的安慰。然而，人若是把盼望寄托在人身上，就有咒诅临到他身上①。

21. 如果你把问题看清楚了，就知道任何人不得以自身为喜乐，因为谁也不可为他自己的缘故爱自己，爱人只是为了神，他才是真正所爱

---

① 《耶利米书》17：5。

的对象。因为人只有把自己的整个生活都投向那不变的生活，全部情感都寄托在这样的生活上，才会出现最佳状态。相反，他若是为自己而爱自己，就不会把自己放在与神的关系中来看待，只会把心思集中在自己身上，对不变的事物漠不关心。这样他就不是在最佳状态享受自己，因为当他的心思完全专注于不变的善，他的情感全部包蕴在不变的善里，其状态比他转而喜悦自己时的状态要好。因而，如果你爱自己不是为自己的缘故，而是为神的缘故——你的爱找到了最值得爱的对象——你爱别人也是为了神的缘故，那么别人就没有权利忿怒。这是藉着神圣权威立下的爱的律法："你要爱人如己"，但首先"你要尽心、尽性、尽意，爱主你的神"。① 这样你就要把你的全部思想、整个生命和心智都集中于他，你所得到的一切都是从他来的。当他说："要尽心、尽性、尽意"时，意思是指我们的生命不能有哪一部分是闲置的，不能为享受别的对象的欲望留出空间，无论我们想到别的值得爱的对象，都要把它融入我们全部情感涌流的那个渠道。所以，凡正当爱自己的邻人的，都应敦促他也尽心、尽性、尽意地爱神。人若能这样地爱人如己，就把他对自己和对别人的爱情全都纳入到爱神的洪流之中，使它毫无分流，滴水未漏，因为若有分流，它的总量就会减少。

第二十三章——人爱自己并他自己的身体是不需要命令的。

22. 然而，并非所以可用的事物都是爱的对象，事实上，唯有那些在与神的共同关系中与我们合一的事物，比如人或天使，或者与我们极为相关，甚至需要藉我们的工具获得神的圣善，比如身体。可以肯定，殉道者绝不会爱逼迫他们的人的邪恶，但他们使用它获得神的恩惠。有四类事物是爱的对象，首先是那超越我们之上的神；其次是我们自己；

---

① 《马太福音》22：37、39。比较《利未记》19：18 与《申命记》6：5。

第三是与我们同等的存在；第四是在我们之下的存在。对其中的第二类和第四类是无须设立规矩的，因为人无论如何偏离真理，仍然不会停止爱自己，爱自己的身体。灵魂之所以逃离永恒不变的光，万物之主宰，就是想自己辖制自己，辖制自己的身体，所以它不可能不爱自己并自己的身体。

23. 而且，它若能主宰自己的同伴，也就是其他人，它就认为实现了某种伟大的目标。因为想升到万物之上，并把应当独属于神的东西归于自己，这是邪恶灵魂内在固有的一种欲望。所以，这样的自爱还不如称为恨更恰当，它不只是想要在它之下的事物顺服于它，自己还不愿顺服它的上级，所以最恰当地说："爱不义的人也恨自己的心。"① 于是，心渐渐变弱，遭受许多身体的苦难。当然，它必爱身体，为它的败坏忧愁；而不坏不死的身体只能从健康的灵魂中生发出来。而健康的灵魂就是坚持不懈地信靠优秀的部分，即不变的神。它若渴望辖制那些与它本性相同的人，也就是它的同胞，那就是达到了难以容忍的傲慢程度。

第二十四章——没有人恨自己的肉体，甚至
那些滥用它的人也不会。

24. 所以，没有人恨恶自己。事实上，关于这一点任何派别都没有什么异议。同样，没有人恨恶自己的身体，如使徒所说："从来没有人恨恶自己的身子。"② 当有些人说他们宁愿完全没有身体时，他们完全是在自我欺骗。因为他们所恨恶的不是他们的身体，而是它的败坏和沉重。所以，他们所向往的也不是完全没有身体，而是一个不坏的、极轻

---

① 《诗篇》10：5（七十子译本）。
② 《以弗所书》5：29。

的身体。只是他们以为那样的身体就是全然没有身体，因为他们认为这样的东西必是一个灵。至于他们有时以禁欲和劳苦来鞭策身体的事实，可以说，他们若是在正常的精神状态下做的，那么他们这样做不是要摆脱身体，而是要使它顺服，接受每一种必做的工作。他们试图通过对身体的某种劳苦训练，根除那些对身体有害的欲望，也就是心里那些诱使人喜爱卑劣对象的习惯和情感。他们不是在毁灭自己，而是在照顾自己的健康。

25. 另一方面，若是精神狂乱的人这样做，那就是向自己的身体开战，似乎它是天敌似的。显然，他们是误解了所念的经文，以致入了歧途。经文说："情欲和圣灵相争，圣灵和情欲相争，这两个彼此相敌。"① 其实这指的是还没有顺服的属肉体的习惯，圣灵与此相争，不是要毁灭身体，而是要除去身体的淫欲，即它的恶习，从而使它顺服圣灵，这是自然秩序的要求。因为身体复活之后，就完全顺服于圣灵，这样的身体必须生活在完全的平安之中，直到永永远远；即使在此生，我们也必须努力改变属肉体的习惯，使它成为好的习惯，免得它毫无节制的情感与灵魂争战。在此之前，"情欲和圣灵相争，圣灵和情欲相争"；圣灵争战，不是出于恨恶，而是为了主宰，因为它希望它所爱的对象能顺服更高的原则；情欲争战也不是出于恨恶，只是因为受缚于习惯，这习惯是从它的祖先那里得来的，藉着自然律法在它身上滋生蔓延，最后成为根深蒂固的东西。所以，圣灵为征服情欲不停地运作，似乎要毁灭恶习所建立的毫无根基的和平，带来源于良好习惯的真正平安。然而，就是那些因错误观念而误入歧途恨恶自己身体的人，也不会舍得去掉一只眼睛，就算保证去掉眼睛毫无痛苦，并且一只眼睛的视力与先前两只眼睛一样，也不愿意，除非这样做能得到某种东西，使得大于失。这一事实以及其他诸如此类的证据足以

---

① 《加拉太书》5：17。

向那些真诚追寻真理的人表明，使徒所说的话是多么令人信服："从来没有人恨恶自己的身子。"他又补充说："总是保养顾惜，正像基督待教会一样。"①

第二十五章——人可能爱别物胜过爱自己的身体，但不可能因此恨恶他的身体。

26. 因而，人应当学会适当的爱，也就是说，他爱自己可以爱到什么程度，才能对自己有利。他诚然爱自己，并且希望对自己有好处，这是没有人会怀疑的，除非是傻瓜。他还必须学会在何种程度上爱自己的身体，从而明智地、在适当的范围内关爱它。因为他爱自己的身体，希望它始终平安而健康，这也同样是显而易见的。然而人应当还有比自己的身体的平安和健康更美好的东西值得去爱。我们看到有许多人为了获得他们更珍爱的东西甘愿受苦，不惜失去自己的肢体。当然没有人被告知因为有更多的东西要追求，所以不可向往身体的平安和健康。守财奴尽管爱财，也要去买面包维持生命——也就是说，舍弃他最喜爱的、最想积聚的钱财——这是因为他更看重身体的健康，这健康要靠面包来维持。对于如此浅显的道理，再讨论下去实在是多余的，但是恶人的错谬常常迫使我们不得不这样做。

第二十六章——爱神爱人的诫命包含爱我们自己的诫命。

27. 既然没有必要立一条诫命说每个人要爱自己并自己的身体，换言之，既然我们爱自己，爱在我们之下但藉某条自然法则与我们相连的东西（身体）——这律法从来不曾有人违背过，是我们人与

---

① 《以弗所书》5：29。

动物所共有的（动物也爱自己，爱自己的身体）——剩下来需要立的就是关于我们之上的神和我们身边的邻人。"你要尽心、尽性、尽意，爱主你的神；你要爱人如己。这两条诫命是律法和先知一切道理的总纲。"① 可见，诫命的目的是爱，并且是双重的爱，爱神和爱人。如果你把自己看作整体，即灵魂和身体，把你的邻人也看作整体，灵魂和身体（因为人就是由灵魂和身体构成的），你就会发现，这两条诫命并没有忽视任何一类该爱的事物。尽管对神的爱放在首位，并且规定我们对他的爱须是全心全意，其他一切事物都要以他为中心，看起来似乎没有说到对我们自己的爱，然而它既说："你要爱人如己"，我们就立即明白了，这诫命并没有忽略我们对自己的爱。

第二十七章——爱的顺序。

28. 他是一个公义的人，过着圣洁的生活，对事物的评价公正无私，他的情感也始终严加控制，不该爱的，他不会去爱，该爱的，他不会不去爱，不该过分爱的，他不会爱多，爱该有分等的，他不会给予同等的爱，该同等地爱的，他不会分等地爱。罪人不可能作为罪人被爱，每个人总是因为神而被爱，唯有神是因自己而被爱。既然神要比任何人得到更多的爱，每个人就当爱神胜过爱自己。同样，我们应当爱人胜过爱自己的身体，因为被爱的一切东西都是与神相关的，另一个人能够因爱神成为我们的朋友，但我们的身体却不能，因为身体只能靠灵魂得活，我们正是藉着灵魂才能爱神。

---

① 《马太福音》22：37、40。

第二十八章——我们该怎样决定帮助谁。

29. 而且，所有的人都应得到同样的爱。但是你不可能对所有的人都一视同仁，你必然会对那些由于时间、地点或环境的偶然因素而与你更接近的人，给予更特别的关切。假设你有很多某类用品，你觉得应当把它给某个没有这种用品的人，并且只能给一个人，但出现在你面前有两个人，他们谁也不比谁更需要，谁也不比谁与你有更多的关系，此时你要做到公平唯有通过抓阄来决定应该把这东西给谁。在人群中也同样如此，因为你不可能了解他们每个人的品德，只能通过某种抓阄方式来决定。

第二十九章——我们要切望并力求所有的人都爱神。

30. 在所有能够与我们一同享受神的人中间，我们的爱有几分给那些享受我们提供服务的人，几分给那些为我们提供服务的人，几分给那些既在我们需要时帮助我们又反过来得到我们帮助的人，几分给那些没有从我们得到任何益处我们也不指望从他们得到利益的人。然而，我们当切望，所有这些人都与我们一同爱神，不论是我们给予他们的帮助，还是我们从他们接受的帮助，都应当为着这同一个目标。尽管戏院可能是个藏污纳垢之处，但某个人若是爱上了里面的一个演员，喜欢他的艺术，把它看作是一种大的甚至是最大的善，那么他就会爱屋及乌，凡是与他一样敬佩那个偶像的人，他都一并喜爱，不是为了他们的缘故，而是为他们共同仰慕的对象。他的仰慕之情越热烈，越会尽他所能使更多的人成为仰慕者，越是急切地把偶像展示给别人。如果看到有人稍显漠不关心，他就会尽其所能宣扬偶像的功绩，激发对方的兴趣；如果遇到某个与他意见相反的人，对他的偶像表示鄙夷，那他就会大为恼怒，竭尽全力去驳斥他，消除他的鄙夷。这样的事尚且如此，我们对与我们同爱神的人岂不更应如此，因为享受神就是真正快乐的生活，凡爱神的人，无不把自己的存在归于他，只要爱神，我们就不担心有谁认识他之后会对他有所失望，他渴望我们的爱，但绝不是为自己有所得，而是为使那些爱他的人得到永生的回报，甚至得到他们所爱的他本身。因此我们甚至要爱我们的仇敌，他们既然不可能夺走我们的所爱，我们还有什么可怕他们的呢？我们只是怜悯他们，因为他们越是恨我们，就越使自己远离我们所爱的神。只要他们能转向他，就必会爱他如至善，同时也爱我们这些与他们同享如此伟大的恩福的人。

第三十章——天使是否算作我们的邻人。

31. 在这种关联中又产生关于天使的问题。因为他们快乐地享受我们所切望享受的对象，我们越是在此生享受他——如在模糊的镜子里看——就越易发现我们的旅程是可忍耐的，就越急切地渴望走到尽头。但是问那两条诫命里是否包括天使的爱，这是非理性的。因为主命令我们要爱邻人，不可有例外（就人而言），这是我们的主自己在福音书里所表明的，也是使徒保罗所证明的。当我们的主向那个律法师传达那两条诫命，对他说这是一切律法和先知的总纲时，那人就问他：“谁是我的邻舍？”他就跟他讲，有一个人从耶路撒冷（Jerusalem）下耶利哥（Jericho）去，落在强盗手里，他们剥去他的衣裳，把他打个半死，就丢下他跑了①。他由此向他指出，唯有对这人表示怜悯，前来救他，关照他的人才是他的邻人。主讲了这故事之后就转过来反问提出的人，这人就接受了这一真理。于是主对他说：“你去照样行吧。”由此我们知道，我们的邻人就是他需要的时候我们有责任帮助的人，或者假如他有

①　《路加福音》10:29 以下。

需要我们就会帮助的人。反过来说，凡能尽心帮助我们的人就是我们的邻人。因为"邻人"这个词是个关系词，是彼此为邻人的。而且，我们的主把这一诫命伸及我们的仇敌："要爱你们的仇敌，善待恨恶你们的人"，① 既如此，作为人谁也不可否认有得到怜悯的权利，这不是显而易见的吗？

32. 使徒保罗也这样教导我们："像那不可奸淫，不可杀人，不可偷盗，不可贪婪，或有别的诫命，都包在爱人如己这一句话之内了。爱是不加害与人的。"② 所以，若是有人认为使徒没有把所有的人都包括在这一诫命里面，立即就会出现最荒唐最恶毒的结论，就是他不得不承认，在使徒看来，某个非基督徒或敌人与他妻子行奸淫之事，或者把他杀死，或者贪求他的财富，这些事都不算是罪。当然除非是傻瓜，谁也不会这样说，那么就可以清楚地说，每一个人都是我们的邻人，因为我们不会加害与人。

33. 这样说来，凡是我们应当对之显示怜悯之职分的人，或者凡应当对我们显示怜悯的人，都有资格称之为邻人，那么显然，要爱我们的邻舍这一诫命也把圣天使包括在内了，因为他们担负着对我们显示大怜悯之职分，只要稍微留意一下《圣经》，就可以看到许多段落都清楚地表明了这一点。在此基础上，甚至可以说，我们的主，神本身也希望被称为我们的邻人。因为我们的主耶稣基督亲自取了人的形象帮助那被强盗打伤遗弃在半路上的人。《诗篇》作者在祷告时说："我这样行，好像他是我的朋友、我的弟兄。"③ 只是因为神性具有更高的美德，远不是我们人性所能比拟的，所以爱神的诫命与爱人的诫命是有分别的。因为他怜悯我们是出于他自己的圣善，而我们彼此怜悯却不是出于我们自

---

① 《马太福音》5：44。和合本《圣经》为："要爱你们的仇敌，为那逼迫你们的祷告。"——中译者注

② 《罗马书》13：9—10。

③ 《诗篇》35：14。

己的善，也是因为他的圣善。换言之，他怜悯我们是为了使我们完全享受他自己，我们彼此怜悯也是为了使我们充分享受他。

第三十一章——神是使用我们而不是享受我们。

34. 因此，当我们说，我们只享受我们为其本身的缘故而爱的对象，唯有使我们快乐的才是真正享受的对象，其他一切事物都是使用对象时，似乎还有一点需要作出解释。神是爱我们的，《圣经》不时地把他对我们的爱呈现在我们面前。那么他是以什么方式爱我们的呢？是作为使用的对象，还是作为享有的对象？如果他享受我们，那他必须要从我们得到某种好处，但是心智正常的人谁也不会这样说。我们所拥有的好处不是他本身，就是从他而来的。我们不能忽视或者怀疑这样的事实，光完全不需要它自己所点燃的事物的光亮。《诗篇》作者说得非常清楚："我曾对主说，你是我的神，你不需要我的好处。"① 所以，神不是享受我们，而是使用我们。他若既不享受我们，也不使用我们，那我就不知道他还能以什么方式爱我们了。

第三十二章——神以什么方式使用人。

35. 当然他使用我们也与我们的使用方式不同。当我们使用对象时，我们是为了完全享受神的好处；然而，神使用我们只与他自己的圣善有关。正是因为他是善的，我们才是存在的；就我们是真正存在的而言，我们也是善的。再者，因为他也是义的，我们不可能为恶却不受惩罚；我们的恶到什么程度，我们的存在也不完全到什么程度。他乃是原

---

① 《诗篇》16：2（七十子译本）。和合本《圣经》为："我的心哪，你曾对耶和华说：'你是我的主，我的好处不在你以外。'"——中译者注

初的、至高无上的存在，是完全不变的存在，唯有他能在最完全的意义上说："我就是自有永有者"，"你要对他们这样说：那自有的打发我到你们这里来"。① 所以，凡存在的其他一切事物，都把自己的存在完全归于他，也只能在他所给予的范围内为善。因此，我们所说的神对我们的使用与他自己的益处无关，全是为了我们的益处；并且，就他而言，只指向他的圣善。当我们怜悯一个人，关照他时，我们是为了他而这样做的；但由于某种自然的因果关系，或多或少也与我们自己的益处有关，因为我们对需要怜悯的人表示怜悯，神不会对此无动于衷，不给报偿。我们所能得的最高的报偿就是完全拥有神，凡拥有神的人能在他里面彼此拥有。

第三十三章——该以什么方式享受人。

36. 如果我们发现快乐在于彼此之间，我们就会在路上突然停下，把我们对快乐的盼望寄托在人或天使身上。骄傲的人和骄傲的天使妄称自己是这样的对象，很高兴别人把盼望寄托在他们身上。然而，圣洁的人和圣洁的天使却相反，即使在我们焦虑而急切地想与他们同在，信靠他们时，他们也只是把他们为我们或为自己所领受的神恩供给我们，补充我们的能量，然后敦促我们在精力恢复之后继续走路，走向神，因为我们发现，享受他乃是我们共同的快乐。使徒也大声说："保罗为你们钉了十字架吗？你们是受保罗的名受洗的吗？"② 又说："可见栽种的算不得什么，浇灌的也算不得什么，只在那叫他生长的神。"③ 天使也警告那想要敬拜他的人说，要敬拜神，他的主人，他本人只不过是他的一

---

① 《出埃及记》3：14。
② 《哥林多前书》1：13。
③ 《哥林多前书》3：7。

个仆人而已①。

37. 当你在神里喜爱一个人时，与其说你喜爱的是人，还不如说是神。你喜爱他，因为他使你快乐，你兴奋地来到他的面前，能站在他面前就是你所指望的喜乐。所以，保罗对腓利门（Philemon）说："兄弟啊，望你使我在主里因你得快乐"②，你若没有加上"在主里"，只说"望你使我因你快乐"，那就表示你把得快乐的指望寄托在他身上，尽管从上下文看，"享受"的意思应指"喜乐地使用"。当我们所爱的事物近在咫尺，自然而然使我们喜乐无比。如果你超越这种喜乐，把它当作一种到达你要永久信靠的对象的手段，那你就是在使用它，若说你享受它，那只是语言的一种误用。你若依恋它，信靠它，觉得你的快乐全在于它，那么可以正确而恰当地说，你享受了它。这样的对象唯有圣三位一体，就是至高的、不变的善。

第三十四章——基督是通向神的首要之道。

38. 请注意，即使在那本身就是真理，就是道，万物藉他受造的主为了能够住在我们中间成了肉身之后，使徒仍然说："所以，我们虽然凭着外貌（原文作'肉体'，本节同）认过基督，如今却不再这样认他了。"③ 因为基督决定取一个属肉体的身体，不只是想要让那些已经完成旅程的人拥有他，而且希望自己成为那些刚刚上路的人所行的道。所以经上还说："在耶和华造化的起头就有了我"④，即那些愿意来的人在他里面开始他们的行程。因而，使徒虽然还在路上，但他跟从呼召他的

---

① 《启示录》19：10。
② 《腓利门书》1：20。
③ 《哥林多后书》5：16。
④ 《箴言》8：22。

神，去得神从天上召他得的奖赏，忘记背后的，努力面前的①，所以他已经走过了起始阶段，如今不再需要它了；然而，凡想要获得真理、信靠永生的人，都必须从这里开始自己的行程。他说："我就是道路、真理、生命"，②也就是说，人藉着我向前，向着我走来，在我里面安息。当我们走向他的时候，也就是走向父，因为通过一个等同物可以认识另一个等同物；圣灵起联结作用，就如同印记。使我们能够永久地信靠至高无上、永不变化的善。由此我们知道不让任何东西耽搁我们的路途这是多么重要，即使是我们的主本人，就他屈尊成为我们的路来说，也不愿意耽搁我们，倒希望我们速速前进；不愿意我们虚弱地依恋于暂时之事，尽管为救我们他自己穿上、担当了这些东西，而且希望我们速速超过它们，努力到达他本身，是他使我们的本性脱离了暂时之事物的束缚，把它安置在他父的右边。

第三十五章——《圣经》的成全和目的就是 爱神和我们的邻人。

39. 自从我们开始讨论事物以来所说的一切内容中，有一点是不变的，即我们应当清楚地明白，律法书以及整部《圣经》的成全和目的就是爱，爱某个要享受的对象，爱某个能够与我们同享那个他者的对象。至于人当爱自己这样的诫命是没有必要提的。因而，按着神的旨意形成了这整个暂时的管理，叫我们认识这真理，并能够遵照它行事；我们也当使用那种管理，不是带着爱和喜乐，似乎它是某种可信靠的善，而是怀着一种短暂的情感，就像对要经过的道路，要乘坐的马车，以及其他作为工具的东西。也许可以找到别的更好的比喻来表述这样的意

---

① 比较《腓立比书》3：13。

② 《约翰福音》14：6。

思，我们必须爱我们只为其而生的事物。

第三十六章——以增进我们的爱为目的的释经即使
是错的也不是有害的欺骗和谎言。
而注释者必是正确的。

40. 凡认为自己领会了《圣经》或者部分《圣经》，但对经文的解释不是意在增进这双重的爱，即爱神和爱我们的邻人的，并没有真正领会《圣经》。相反，凡从经文引申出的意义可用于增进爱的，即使他并没有完全准确地符合作者在文中所要表达的意思，他的错误也不是有害的，他完全可以免除欺骗的指控。因为欺骗就是有意说错误的话，我们看到许多人都有骗人的意图，但谁也不愿意自己被骗。既然明知故犯是欺骗，而无知的人是被利用，那么非常显然，无论在什么情形中，被骗的人总比骗人的人好，正如遭受不义总比行不义好。可以说，凡说谎的人都在行某种不义，如果有人认为谎言是有用的，他必会认为不义有时也是有用的。没有哪个说谎者会相信他所说的谎，当然，他希望听他谎言的人能信赖他；然而他既对人说谎，就背弃了人对他的信任。凡背信的人就是不义的，这样说来，要么不义有时是有益的（不是不可能的），要么谎言绝不会有益。

41. 人若是从《圣经》里得到不同于作者本意的意思，就是偏离，但并不是对《圣经》的任何歪曲。无论如何，如我要说的，如果他的错误解释意在增进爱——诫命的目的也就是爱——他的偏离正如同人错误地离开大路，但还是从田野走到了大路所能到达的同一个地方。当然，他的错误是必须纠正的，必须向他表明不离开大路那该多好，免得他万一养成了偏离的习惯，就可能时时走弯路，甚至走到完全相反的方向去。

第三十七章——错误注释的危险。

他若是轻率地造出一种作者所没有的意思，那么他会常常遇到另外一些他无法与这种意思对应起来的句子。如果他承认这些句子是对的，确定的，那么必然推出他对前面的段落的理解不可能是正确的，这样，出于对自己的观点的偏爱，人就会莫名其妙地生出恼怒，对《圣经》的恼怒胜过对自己的恼怒。他一旦让邪恶潜入进来，这邪恶必会彻底把他毁灭。"我们行事为人是凭着信心，不是凭着眼见。"① 如果《圣经》的权威开始动摇，信心就会支离破碎。信心若是破碎了，爱本身也就渐渐冷却。人若是失去了信心，他必然也失去爱，因为他不可能去爱不相信其存在的东西。如果他既相信又爱，那么藉着善工，藉着对道德律例的勤勉学习，就可指望获得所爱的对象。所以，一切知识和预言所从属的三样东西就是：信、望和爱。

第三十八章——爱永不消失。

42. 但眼见会取代信心，盼望会消失在我们要得到的完全喜乐之中，然而，爱却不是这样，当这些都消退之后，它要变得更大。要说我们是藉着信心爱那还看不见的对象，那么当我们终于看见它时，岂不是要更加爱它！若说我们藉着盼望爱那还没有到达的目标，等到我们到达的时候，岂不是要爱它更多！暂时之事与永恒之事之间就存在着这样的区别，我们在拥有某个暂时对象之前往往对它估价很高，一旦得到了就发现它没有什么价值，因为它不能满足灵魂，唯有永恒才是它真正、可靠的安息之处；相反，对于一个永恒的对象，当它还是一个欲求的对象

---

① 《哥林多后书》5：7。

时我们爱它，等到真正拥有了它，我们的爱就更加炽热。因为就前一种
对象来说，在没有拥有它之前谁也不可能预计到它的真正价值，所以，
如果当他发现它的真实价值不如他原先预想的价值，从相对意义上讲，
就会认为它是没有价值的。相反，对于后一种对象，不论人在还没有拥
有它之前对它作出多高的估价，当他真正得到拥有它的时候，都会发
现，它的实际价值都要更高。

<h2 style="text-align:center">第三十九章——在信、望、爱上成熟的人就
不再需要《圣经》了。</h2>

43. 因而，人若是有信，有望，有爱，并且坚守着它们，就不再需
要《圣经》，除非出于教导别人的目的需要它。所以，有许多人根本没
有《圣经》，甚至孤单一人，却因这三种恩典得力量。我想，就他们来
说，正是应验了这样的话："先知讲道之能，终必归于无有；说方言之
能，终必停止；知识也终必归于无有。"① 然而，他们藉着这些工具
（可以这样称呼）建成了多大的信和爱的大厦，使他们坚守着完全的东
西，不再追求只是部分完全的东西——当然，我指的是在此生可能的范
围之内，因为相对于来生而言，任何公义、圣洁的人的此生都是不完全
的。因而使徒说："如今常存的有信，有望，有爱；这三样，其中最大
的是爱。"② 因为，当人最终到达永恒世界的时候，其他两种恩典都要
消失，唯有爱要更大，更确定。

<h2>第四十章——《圣经》要求读者有怎样的阅读风格。</h2>

44. 因而，人若能完全领会"命令的总归就是爱，这爱是从清洁的

---

① 《哥林多前书》13：8。
② 《哥林多前书》13：13。

心和无亏的良心、无伪的信心生出来的"①，并且一心以这三种恩典作为他对《圣经》的全部领会的指针，那么就可能以轻松的心情从事对这些书卷的解释。当使徒说"爱"时，加上"从清洁的心生出来"，以防止在值得爱的对象之外，还去爱别的东西。他加上这"无亏的良心"是指盼望，因为人若是怀着卑污的良心，就会对能否获得所信所爱的对象感到绝望。他又加上第三点："无伪的信心"，如果我们的信心全无虚伪，我们就既能避免爱不值得爱的事物，还能藉着正直的行为指望我们的盼望不会落空。

出于这些原因，我迫不及待地谈论信心的对象，我想这对我目前的意图是必不可少的。关于这个题目在别的书——包括我自己的和别人的——里已经谈论得很多，所以我们就此打住。在下一卷里我要在神所给我的光照里讨论符号问题。

---

① 《提摩太前书》1：5。

| 第 二 卷 |

内容提要：作者对事物作了阐述之后，接着在本卷中开始讨论符号问题。他首先对什么是符号作了界定，指出符号有两类，一类是自然的，一类是约定俗成的。就约定俗成的符号（这里只提到了这种符号），语词是最大量的，也是最重要的，解释《圣经》的人物主要关注的就是它们。《圣经》的困难和模糊性主要出于两个原因，就是不知道的符号和模棱两可的符号。本卷只讨论不知道的符号，关于讲议的歧义性留到下一卷去讨论。由于不知道符号的意思产生的困难可以通过学习希腊语和希伯来语——《圣经》就是用这两种语言记载下来的——通过比较各种版本，分析上下文语境来消除。在解释比喻性的用语时，既需要了解事物，也需要理解语词。异教徒有许多学科和技艺都是真实而有用的，可以借助于它们消除我们对符号的无知，不论是直接的符号，还是比喻的符号。作者一方面揭露异教徒的许多迷信和习俗都是愚拙、无益的，另一方面又指出，他们的科学和哲学中一切健全而有益的东西可以转而为基督教所用。最后，他表明了我们致力于研究和解释《圣经》所应当具有的精神。

第一章——符号的本性及其多样性。

1. 我在论到事物时曾提到这个问题，但提醒读者们注意，尽管它们是别的事物的符号，但要谨防超出事物本身所是的范围①。现在，我既转向讨论符号这个问题，就要定下这样的方向，不要停留在它们本身的所是上，而是记住它们是符号，也即注意它们所表示的东西。因为一个符号就是这样一种东西，除了它在感觉上留下印象外，还导致另外的东西进入心灵。比如我们看到一个脚印，就会得出结论说某个动物经过这里；我们看见了烟就知道下面有火；我们听到某个活人的声音就会想到他心里的感受；士兵听到号角声就知道该前进还是后撤，或者根据战争状况的需要作出相应的行动。

2. 有些符号是自然的，有些则是约定俗成的。自然符号就是没有任何动机或意愿把它们用作符号，但仍然指向另外事物的知识，比如，烟就指向火。这种指向并不出于某种意图，不是要把它当作符号，它才具有这种指向性，即使我们只看到烟，其他什么也没有看见，但根据经验就知道烟下面必然是火。看到脚印就知道有某种动物经过，这脚印也必然属于这类符号。愤怒或忧伤的人的面容总是表露他的内心感受，这与他的意愿无关，同样，心里的其他各种情绪也都会在流露内心的面容上表露无遗，尽管我们根本没有想要表露出来。不过，这一类符号不是我目前所要讨论的主题，只是它既是这个问题的分支，我也不可能完全无视它，所以对它的关注就到此为止。

第二章——我们现在关心的是哪类符号。

3. 另一方面，约定俗成的符号就是那些生命存在为了尽其所能表现自己心里的情感、感知或思想而相互交换的符号。给出一个符号没有别的原因，只是想要把符号给予者自己心里的东西表达出来并传递到另外的人的心里。我们希望在人的范围内讨论、思考这类

---

① 见第二卷第十章。

符号，因为即使是《圣经》里所包含的、给予我们的神的符号，也是藉着人——就是那些写《圣经》的作者——向我们显明出来的。兽类自己中间也有一定的符号，藉此表明它们内心的愿望。比如当家养公鸡找到了食物，就会向母鸡发出它特有的声音，叫它跑过来；鸽子用鸽子的叫声呼唤伙伴，或者听从伙伴的呼唤。还有许多其他诸如此类的符号，都是有目共睹的。至于这些符号，比如忧伤的人的表情或喊叫，是心里的本能活动，没有什么目的的，还是在特定的目的之下的实际使用，这是另外一个问题，与本主题无关，所以本书把这一部分话题排除在外，因为它并不是我目前的目标所必需的。

第三章——在符号中，语言占据主要位置。

4. 在人用来彼此交流思想的各种符号中，有些与视觉有关，有些与听觉有关，极少数与别的感觉有关。比如，当我们点头时，我们必须把符号传到我们希望接收这符号所表达的愿望的人的眼睛里，否则这符号就没有意义。有些人用手传递大量信息，通过肢体动作给予圈内人士某种符号，并且可以说，用眼睛对话交流。军旗通过挥舞的姿势传递长官的意志。可以说，所有这些符号都是一种可视语言。直接传给耳朵的符号，如我所说的，数量比较大，大部分是由话语构成。虽然号角、长笛和竖琴时时发出悦耳而有意义的声音，但这些符号比起话语来就属极少数了。在人中间，话语作为表达思想的手段无疑取得了主要的位置。诚然，我们的主藉着倾倒在他脚上的油膏之香气传递符号①；在他的身体和血的圣餐中，通过味觉显明他的旨意；摸他衣裳穗子的女人得了痊

---

① 《约翰福音》12：3；《马可福音》14：8。

愈，这动作不是没有意义的①。但是人用来表达思想的符号中有非常大的一部分是由话语构成的。因为我能够把所有那些符号，我简单提到的各类符号转化为话语，但无论如何我都无法用那些符号来表示话语。

第四章——书写的起源。

5. 然而，因为话语一遇上空气就会消失，持续时间不比它们的声音更长，所以人用文字造出语言符号。因此说话的声音成为眼睛可视的，当然不是作为声音，而是通过某种符号。然而，由于每个人都企图为自己攫取主要位置，由此产生不和之罪，使得那些符号不可能成为万民共同的符号。著名的建造通天塔之举就表明了这种傲慢之灵，其中涉及的不敬之人所受到的惩罚是，不仅他们的心思变得混乱不一致，他们的话语也变得各不相同，无法沟通②。

第五章——《圣经》译成多种语言。

6. 因而，就拿《圣经》来说，它作为人的意志这种可怕疾病的治疗药方，最初是用同一种语言写的，使它能在适当的时候撒播到整个世界，但后来被译成各种各样的语言，传播到四面八方，万民都知道的救人药方。人研读它，就是要找出那些写作之人的思想的意志，并通过它们找到神的旨意，因为他们相信这些人所说的与神的旨意是一致的。

第六章——《圣经》利用比喻语言所产生的模糊性。

7. 但是草率而粗心的读者往往因许多晦涩和模糊的意思而误入歧

---

① 《马太福音》9：20。
② 《创世记》十一章。

途，张冠李戴，彼此混淆；在某些地方，他们甚至找不到一种清晰合理的解释。有些表述极为晦涩，就如同把意思藏在深厚的黑幕里面。我相信所有这些都是出于神的安排，目的是叫劳苦征服骄傲，防止理智的自满情绪，因为它总是对不费吹灰之力就发现的东西不太尊敬。我想，如果有人说，有些圣洁而公义的人，基督教会把他们的生活和对话拿来用作一种手段，救那些来到教会里的人脱离各种迷信，叫他们仿效义人，从而使他们成为他自己身体的肢体；这些人作为神真正的良善仆人，已经来到洗礼泉边放下这世界的担子，从此复活，藉着圣灵的浇灌，结出爱的果子，这爱就是对神和对邻人的双重之爱——如果有人这样说，请问，他这意思与《所罗门之歌》（Canticles）的那个段落所讲的意思是完全相同的，但为何不能像那个段落那样令他的听众欢乐呢？《所罗门之歌》里的那个段落把教会比作一位美丽的女子来赞美它："你的牙齿像刚从泉边上来闪闪发亮的羊群，使每个人生育双子，没有一个不怀胎。"① 不用这样的比喻，只用最浅白的语言表达同样的思想，读者所得到的知识岂不是一样多吗？没错，但我也不知道为什么，反正我这样沉思圣人时感到更加喜悦：把他们看作教会的牙齿，这牙齿咬掉人们的错谬，把他们引入教会的身体，使他们原有的一切粗糙和丑陋都消失不见，就像被牙齿咬掉、嚼碎了一样。同样，我怀着最大的喜乐从羊群的比喻中知道他们放下了这世界的担子，就像羊被剪了羊毛；从泉边上来，即经过了洗礼；都生了双子，即关于爱的双重诫命，没有一个不结圣果的。

8. 尽管不论有比喻还是没有比喻，事实是一样的，知识也是一样的，但为何我会觉得从比喻得来的知识更令人喜悦呢？这是一个问题，是很难回答的问题。不过，无论如何，谁也不会对这两点事实有所怀疑：有些时候通过比喻传递知识更令人快乐；凡是经过孜孜以求所发现

---

① 《所罗门之歌》4：2；引文系中译者根据英文直译。——中译者注

的东西总是给人更大的喜乐。那些找来找去找不着的人会感到饥渴，同样，那些因为所需的东西近在咫尺所以根本不找的人也常常会因过饱而无精打采，倦怠无力。这两种原因导致的软弱都必须避免。所以，圣灵以令人敬佩的智慧和对我们福祉的关怀，在《圣经》里安排了一些比较浅显的段落，以满足我们的饥渴，又安排比较晦涩难懂的段落以刺激我们的食欲。我们可以看到，从那些晦涩段落挖掘出来的深意几乎都在别的地方用最浅显的语言表达出来。

第七章——通向智慧之路：第一步敬畏，第二步虔诚，
第三步知识；第四步决心，第五步商讨；
第六步心的洁净，第七即最后一步，智慧。

9. 首先，我们应当怀着对神的敬畏之心努力认识他的旨意，他要我们向往的事，要我们避免的事。这种敬畏必在我们心里激起对我们所面临的必死性和可朽性的意识，把一切傲慢观念钉上十字架，就像把我们的肉身钉上十字架一样。下一步必然是让我们的心充满虔诚，不要那么快进入《圣经》之中。不论是明白到它会击打我们的某些罪也好，还是不明白也好；否则我们会以为自己够聪明，可更好地自我主宰。而相反，我们必须认为并且相信，不论上面写的是什么，就算是隐藏的，也比我们藉着自己的智慧所能想出来的任何东西都更好、更真。

10. 敬畏和虔诚这两步之后，就到了第三步，知识，对此我已经有过讨论。因为凡真诚地学习《圣经》的人，都是为了获得知识，从中发现我们是为神本身而爱神，为神而爱我们的邻人；要尽心、尽性、尽意地爱神，要爱邻人如同爱自己，也就是说，我们对邻人的所有的爱，与对自己的所有的爱一样，都应当以神为旨归①。我在前一卷讨论事物

---

① 比较《马太福音》22：37—40。

时已经对这两条诫命有所涉及①。每个人必须首先在《圣经》里发现，他因为纠缠于对这世界即暂时事物的爱，已经远离圣灵所要求的这种对神的爱与对邻人的爱。于是那敬畏——引导他思考神的审判；那虔诚——使他别无选择地相信并顺服于《圣经》的权威，迫使他对自己的境况悲恸哀哭。因为关于美好希望的知识不是使人自夸，而是使人忧愁。在这种思维框架里，他以持续不断地祷告来祈求神的安慰和帮助，使他不至于被绝望所击倒，于是他就渐渐地来到了第四步，即力量和决心，使他如饥似渴地追求公义。在这样的思维框架中，他摆脱了对暂时之事的致命享乐，抛弃它们，把爱转向永恒之物，即不变的三位一体。

11. 当他有能力凝视这远远地闪着光亮的对象，当他感到自己的视力太弱，还不能忍受那无与伦比的光芒时，他就到了第五步，即怜悯的商讨。他的灵魂原本充塞着低级欲望，使他骚动不安，此时，他把这一切污秽全都洗净。在这一阶段他努力践行爱邻人的诫命，当他终于能够爱自己的仇敌的时候，心中就充满了盼望和绵绵不绝的力量，于是他就上升到了第六步，在这一阶段，他把眼睛洁净，使它得见神②。因为人只要能向这个世界死，就能看见神，他若向这世界活，就不能看见神。当然，虽然那光已经变得越来越清晰，并且不仅越来越能承受，还越来越令人兴奋，但它仍然只是通过一面镜子被我们隐约看见的光，因为只要我们还在这世界做客旅，就是因信心而行，而不是因眼见而行，尽管我们的交往可能已经在天上③。另外，在这一阶段，他完全洁净了情爱的眼睛，不再把邻人放在真理之前，甚至不再把两者相提并论，因而，也不再这样看待自己，因为既然爱人如己，对人如此，对自己也同样如此。于是，圣洁的人心里必变得非常单一，非常纯洁，必不再为取悦于人，或者为避免困扰此生的任何麻烦而偏离真理。这样的人就上升到

---

① 见《论基督教教义》第一卷第 22 章。

② 《马太福音》5∶8。

③ 《哥林多前书》13∶12；《哥林多后书》5∶7。

"智慧"，也就是第七步，最后一步，享受平安和宁静。敬畏神是智慧的开端①，从那开端我们按着这里所描述的步骤一步一步地走到了智慧本身。

第八章——《圣经》正典书目。

12. 现在我们回过头来思考上面提到的第三步，因为主赐给我智慧就是让我谈论、证明这一点。最高明的《圣经》解释者首先要把全部书目通读一遍，并把它们都存放在自己的知识宝库里，即使不能完全理解，至少要知道那些被称为"正典的"经文。只要他确立了对真理的信念，再读其他作品就会比较安全，因为这样，它们就不可能一开始就占据软弱的心灵，用危险的错误和谎言欺骗它，使它充满偏见，损害健全的悟性。至于正典《圣经》，他必须遵从多数大公教会的判断。当然，在这些教会中，那些被认为配成为使徒的一席之地并接受使徒书信的教会，必须予以重视。所以，他要根据以下的标准来判断《圣经》正典：选择那些所有大公教会都接受了的篇目，舍弃某些教会还没有接受的书卷；再者，在未被全体教会接受的篇目中，选取得到更多且更有权威的教会认可的，舍弃被较少且没有权威的教会认可的。倘若他看到某些书卷得到较多教会认可，另一些书卷则得到富有权威的教会认可（尽管出现这种情形的可能性并不大），那么我想，在这种情况下，应该将两者视作具有同等权威性的。

13. 根据这一标准我们得到整个《圣经》的正典书目如下：摩西五经，即《创世记》、《出埃及记》、《利未记》、《民数记》和《申命记》；嫩（Nun）的儿子约书亚（Joshua）书一卷（《约书亚记》）；《士师记》一卷；篇幅短小的《路得记》，似乎是《列王记》的前言；然后就是四

---

① 《诗篇》61：10。

卷《列王记》，两卷《历代志》——这两卷《历代志》并不是前后相继的，而是并行不悖的，并且两者所涉及的范围也是一样的。这里所提到的书都是历史书，是根据时间、事件顺序记载的。此外还有另一些书，看起来似乎不遵循任何顺序，即与前面的书没有先后关系，彼此之间也没有一定顺序，比如《约伯书》、《多比传》、《以斯拉记》、《犹滴传》，两卷《马加比传》（Maccabees），两卷《以斯拉记》①，最后两卷更像是继《列王记》和《历代志》所终结的历史而写的。接下来就是先知书，包括大卫（David）的一卷《诗篇》，所罗门（Solomon）的三卷书，即《箴言》、《雅歌》、《传道书》。另有两卷书《所罗门智训》和《便西拉智训》，因与所罗门的风格有一定相似性，都归于所罗门名下，但另一种观点认为它们都是西拉的儿子耶稣所作，这种观点的可能性更大②。但既然它们已经被公认为权威作品，也当算在先知书之列。剩下来的书从严格意义上看也是先知书：十二篇彼此相关并且从来没有被拆散过的先知书，可以算作是一卷书，这些先知的名字如下：何西阿（Hosea）、约珥（Joel）、阿摩司（Amos）、俄巴底亚（Obadiah）、约拿（Jonah）、弥迦（Micah）、那鸿（Nahum）、哈巴谷（Habakkuk）、西番雅（Zephanaih）、哈该（Haggai）、撒迦利亚（Zechariah）和玛拉基（Malachi）。然后是四位更大的先知，以赛亚、耶利米、但以理（Daniel）、以西结（Ezekiel）。旧约的权威书目就是这四十四卷书。至于新约正典，包括以下书目：四大福音书，即《马太福音》、《马可福音》、《路加福音》、《约翰福音》；十四篇使徒保罗的书信，即《罗马书》、《哥林多前书》、《哥林多后书》、《加拉太书》、《以弗所书》、《腓立比书》、《帖撒罗尼迦前书》、《帖撒罗尼迦后书》、《歌罗西书》、《提摩太前书》、《提摩太后书》、《提多书》、《腓利门书》、《希伯来书》；

---

① 即《以斯拉记》和《尼希米记》。

② 奥古斯丁在《订正录》里收回了关于智慧书的这一看法。

《彼得前书》、《彼得后书》；《约翰一书》、《约翰二书》、《约翰三书》；《犹大书》；《雅各书》；《使徒行传》，以及约翰的《启示录》。

第九章——我们该怎样研读《圣经》。

14. 那些敬畏神、具有温和而虔诚品性的人都在这些书卷里寻求神的旨意。在这种追寻过程中，第一条必须遵循的原则就是，如我所说的，要知道这些书，即使没有完全领会，也要阅读它们，记住它们，或者至少不至于对它们一无所知。然后，对那些用浅白的语言阐明的问题，不论是关于生命力的规则，还是关于信心的规则，都要进一步仔细地、深入地加以研究。越多发现这些规则，理解范围就会变得越开阔。因为从《圣经》里直接阐明的事物中可以看出与信心和生活方式有关的一切问题，也就是盼望和热爱，对此，我已经在前一卷里谈论过了。这时，我们已经对《圣经》的语言有了一定程度的熟悉，于是，我们可以开始考察令人费解的段落，同时，从浅白的表达中引用一些例子来说明比较晦涩的段落，利用毫无疑惑、意思明确的段落来确定有疑惑、不明确的段落。在这一点上，记忆具有举足轻重的作用，如果记忆错误，那任何规则都无济于事。

第十章——未知的或模糊的符号使《圣经》难以领会。

15. 有两个原因导致书写的文字不能理解：或者因为隐藏在未知的符号下，或者因为遮盖在模棱两可的符号中。符号要么是专有的，要么是比喻的。如果它们用来意指的对象就是原初把它们设计出来时所指的对象，那么就是专有符号，比如我们说"bos"，就是指牛，因为凡是与我们一同讲拉丁语的人都用这个名字来称呼牛。如果我们藉专有名词意指的事物本身被用来表示另外的东西，这名字就是比喻符号了，比如我们说"bos"，知道它是牛的意思，就是它原初被称呼的名字；但我们可以进一步把这牛理解为传福音的人，如《圣经》所表明的——使徒对经文"牛在场上踹谷的时候，不可笼住它的嘴"[①] 就是这样解释的。

第十一章——要除去无知或解开符号，需要有语言知识，尤其是希腊语和希伯来语。

16. 要消除对专有符号的无知，最好的方法就是语言知识。说拉丁语的人，就是我已经开始教导的那些人，需要另外两种语言的《圣经》知识，即希腊语和希伯来语，这样，当拉丁译者们无穷无尽的差异性把他们弄得云里雾里的时候，就可以求助于原版文本。诚然，我们常常会发现一些希伯来语保持原文没有被翻译出来，比如阿们（Amen）、哈利路亚（Halleluia）、拉卡（Racha）、和散那（Hosanna），以及其他诸如此类的。其中有些是可以翻译的，但考虑到它们所包含的更多的神圣权威，就保持了原型，比如阿们和哈利路亚。还有一些则被认为不可译为另一种语言，如我上面所提到的另两个词。在有些语言中，有些词确实是无法译成另一种语言的习语的。这种情形主要出现在感叹语中，因为这种词往往表达内心的一种情绪，而不是头脑里的某种思想。以上所举的例子中有两个就属于这种情况，拉卡表示一个愤怒之人的叫喊，和散那则表示喜乐之人的欢呼。但是这两种语言知识之所以必不可少，并不是为了这样一些个别的语词，就它们来说，还是很容易标出来和求问的，而是——如已经说过的——因为译者中间存在着大量的不一致性。从希伯来文译成希腊文的《圣经》版本还是屈指可数的，但拉丁译者就完全数不胜数了。因为在早期信仰阶段，凡能得到一篇希腊文手

[①] 《哥林多前书》9：9。

稿并自认为有点语言知识的，哪怕是极为有限的一点，就胆敢从事翻译工作。

第十二章——多种多样的解释是有益的。
错谬源于模棱两可的词。

17. 只要读者不是粗心大意的，这种情形与其说阻碍了对《圣经》的理解，还不如说有助于对《圣经》的理解。检查诸多的文本往往会发现某些比较模糊的段落变得清晰起来。比如，对先知《以赛亚书》里的一句话①，有译者译为："不可轻看你种子所结的果（domestics of thy seed）。"另有译者译为："不可轻看你自己的肉身。"这两种译法彼此解释，相互确证，因为"肉身"可以按字面意思解，所以可以理解为告诫人不可轻看自己的身体；"你种子所结的果"可以从比喻的意义上理解为基督徒，因为在灵上，他们与我们出于同一个种子，就是道。如果将两位译者的意思加以比较，这话的意思就更可能显现出来，即这诫命要求我们不可轻看我们的同胞，因为只要把"你种子所结的果"这个表述与"肉身"联系起来，就很自然地想到同胞。我想，使徒的话也正是在这个意义上说的，他说："或者可以激动我骨肉之亲发愤，好救他们一些人。"② 也就是说，通过效仿那些已经相信的人，使他们中的一些人也相信。他根据血缘关系把犹太人称为自己的"骨肉之亲"。先知《以赛亚书》里还有一句话③："你们若是不信，定然不得领会。"另有一种译法："你们若是不信，定然不得存留。"我们若不参考原版文本，就无法确定这两种译法究竟哪一种是如实的翻译。然而，对那些有知识背景的读者来说，从每一种译法中都可以找到更多的真

---

① 《以赛亚书》58:7。
② 《罗马书》11:14。
③ 《以赛亚书》7:9：你们若是不信，定然不得立稳（钦定英译本）。

理。因为译者不太可能对文本的理解大相径庭，没有一点共同看法。就此而言，领会在于眼见，是永久的，但我们还在此世的摇篮里作婴儿的时候，信心用奶喂养我们（如今我们行事为人是凭着信心，不是凭着眼见①）；而且，我们若不凭着信心行事，就定然得不到眼见，这眼见不会消失，总是留存的，我们只要坚守真理，悟性得到洁净——基于这些原因，一个说："你们若是不信，定然不得领会"；另一个说："你们若是不信，定然不得存留。"

18. 译者若是对词语的含义了解得不够，就常常会被原文中的多义词蒙骗，导致译文完全背离作者的原意。比如，有些译文有这样的话："杀人流血，他们的脚敏捷（sharp）"②，因为"oksus"这个词在希腊文里有两个意思：敏捷（sharp）和飞快（swift）。把它译成"杀人流血，他们的脚飞跑"的译者就领会了它的真实含义。前者取了这个多义词的另一个意思，就陷入了错谬之中。要知道，这样的翻译不是含糊，而是错误，这两者之间是有极大的区别的。因为对这样的译本，我们不是学着去解释，而是必须学会纠正。同样，因为希腊词"eoskos"意指牛犊，有些人不知道"moskeumata"③是树枝的意思，就把它也译成"小牛"，这种错误已经进入太多太多的译本，你甚至很难看到还有别的译法。然而，这话的意思应该是十分清楚的，如以下的翻译所表明的："私生子必不能扎下深根。"这样的表达比"小牛"更符合原意，因为这些人的脚虽然行在地上，却没有在地上扎根。其实，这段话的上下文也证明这种译法是合理的。

---

① 《哥林多后书》5：7。
② 《罗马书》3：15。
③ 《所罗门智训》4：3。

第十三章——怎样的错误解释可以修正。

19. 因为每个译者都是根据自己的能力和判断来理解的，我们若不根据译本的母语来检查，就无法搞清楚不同译者所要努力表达的真实思想是什么。而且如果译者不是一个知识相当渊博的人，常常偏离作者的本意，那么我们就必须掌握《圣经》拉丁译本所译自的那些语言的知识，或者必须掌握那些比较忠实于原文的译本，不是因为掌握这些译本就足够了，而是因为我们可以利用它们来纠正其他译本的随意性或错误，因为这些译本常常望文生义。不只是单个词，而且有许多表达式是不可能译成拉丁习语的，但凡希望遵守古拉丁语惯用法的人硬是把它们翻译过来。尽管有时这些翻译并不妨碍对段落的理解，但对那些更乐于保持那些事物的符号独有的纯洁性的人来说，它们显然是令人不快的。所谓的语法错误不是别的意思，就是不守我们先辈中那些说话富有一定权威所遵循的原则，而以另外的原则组织词汇。其实，无论我们是说"inter homines"（在人们中间）还是说"inter hominibus"，对一个只想知道事实的人来说并无多大的区别。同样，所谓的"barbarism"不就是以不同于在我们之前的那些说拉丁语的人的发音方式发音吗？其实不论把"ignoscere"（赦免）这个词发成长音还是短音，对寻求神的人来说并不是很需关注的问题，无论如何他总能发出这个音，得罪之赦免。这样说来，保持语言的纯洁性不就是保持先前的语言权威所立的语言习惯吗？

20. 在这类事上，人有多软弱，就有多容易受伤害；同时，有多软弱，就有多希望显得博学多才，不是在成就人的事上有多少知识，而是在符号知识上，这样的知识使人很难不自高自大①，若不是有我们主的

---

① 比较《哥林多前书》8：1。

轭控制着我们，这类知识甚至能够常常没到我们的颈项。它怎能妨碍我们对以下这种表达的理解呢："Quae est terra in qua isti insidunt super eam, si bona est an nequam; el quoe sunt civitates, in quibus ipsi in habitant in ipsis（所住之地是好是歹，所住之处是营盘是坚城?)"[①] 我更倾向于认为，这只是另一种语言的习惯用法，并没有意指更深的含义。同样，我们现在不可能不让人唱"Super ipsum autem floriet sanctificatio mea（我的圣洁要在他头上发光)"[②]，但可以肯定，它的含义丝毫不受影响。当然，学识渊博的人更喜欢准确的说法，主张我们应当说"florebit"，而不是"floriet"。除了歌唱者的惯用法，没有什么其他东西妨碍准确的表达。所以，人若是不想完全避免这类错误，就很容易把它们看作无伤大雅，不影响正确理解，因而漠然以待。另外，拿使徒的话"Quod stultum est Dei, sapientius est hominbus et quod infirmum est Dei fortius est hominibus（因神的愚拙总比人智慧，神的软弱总比人强壮)"[③] 来说，如果有人保留其中的希腊习语，说："Quod stultum est Dei, sapientius est hominum et quod infirmum est Dei fortius est hominum"，聪明而仔细的读者诚然可以费点力得到确切的意思，但不那么聪颖的读者就可能全然不明白，或者翻译成完全错误的结构。因为这样的拉丁语表达式不仅是错误的，而且意思也是模棱两可的，可能会理解为人的愚拙比神的愚拙智慧，人的软弱比神的软弱强壮。事实上，就是"sapientius est hominibus"（比人强壮）这个表述，尽管没有什么语法错误，意思却也是含糊不清的。因为若不对照本意，就搞不清楚"hominibus"是译为与格的复数，还是夺格的复数。这样说可能会更好一点："sapientius est guam homines"和"fortius est quamhomines"。

---

① 《民数记》13∶19。原文为拉丁文，原注为钦定英译本译文，中译者根据和合本《圣经》译成中文。——中译者注

② 《诗篇》132∶18（见七十子译本）。钦定英译本译为："但他的冠冕要在头上发光。"

③ 《哥林多前书》1∶25。

第十四章——如何确定未知词语和俗语的意思。

21. 关于多义的符号我将在后面讨论，现在我要讨论未知的符号。关于这种符号，就语词而言，主要有两种，因为使读者读不下去的原因要么是遇到了不认识的词，要么遇到了不认识的俗语。如果这些都是外语，我们就要询问说这些语言的人，或者我们有时间，就得自己去学会这些外语，或者我们得参照、比较几种不同的译本。然而，如果在我们的母语中出现不认识的词和俗语，我们就要通过不断地看和听来渐渐认识它们。没有什么比记住那些我们不知道其意思的词语和短语更好的了，这样，我们一旦遇到可以求问的饱学之士，或者看到一个段落在上下文背景中显示出我们所不知道的词语的力量和意义，我们就可以凭着记忆轻松地把注意力转向这个问题，得到他全面了解。然而，习俗的力量何其大，就学识来说，那些已经饱读《圣经》，在《圣经》研究上颇有造诣的人也会对别的表达形式感到吃惊，认为它们没有他们从《圣经》里学到的但是在拉丁作者中没有出现过的表达法纯洁。在这一点上，大量译本也同样显得极为有用，只要对它们的文本进行认真仔细地比较、检查。唯有完全确定的错误才是必须消除的。对那些急于知道的人来说，《圣经》应当首先利用它们的技巧修正经文，这样，未修正的经文就让位给得以修正的经文，至少对同一译本抄写本应当如此。

第十五章——在各处译本中首选七十子
希腊文本和拉丁文本。

22. 在各种翻译中，意大利本（the Italian）应当是首选，因为它比较忠实于文字，一点不影响表述上的清晰性。要纠正拉丁文本，我们必须使用希腊文本，在众多的希腊文本中，就旧约而言，最有权威的当属七十子本。因为它藉所有有学识的教会报告说，七十位译者在翻译工作中一直有圣灵浇灌，享受圣灵的权能，所以，尽管他们人数众多，却只有一个声音。若是如报告所说的，并且如许多不可信的人所断言的，他们在翻译过程中是彼此分开的，每个人都独自关在单人小室里，然而他们每个人的手稿全都是使用同样的词语，并且所有的词都以同样的顺序出现，既如此，谁还敢拿其他东西与这样一种权威相提并论？更不要说把别的译本放在它之上了。就算他们一起商讨，最终所有人的共同劳作和判断形成一个统一的意见，即使如此，任何人，无论他有什么经验，想要纠正如此众多可敬而博学之人的合一意见，也是不适当的，或者是不得体的。由此，即使原希伯来文本中有什么与这些人所表达的方式有所不同，我想，我们也必须遵从神意利用这些人所表达出来的神圣安排，即犹太人不愿意让别的民族知道的书卷——可能是出于宗教禁忌，也可能是出于嫉妒——借助于托勒密王（King Ptolemy）的权力，这么早就预先让那些将来要信主的民知道了。因而他们翻译的时候有圣灵在他们心里运作，使他们变成一个声音，这是可能的，这种想法非常适合外邦人。然而，如我上面所说的，对那些最忠实于文字的译本进行比较，对帮助我们澄清意思常常是非常有价值的。因而，如我刚刚说的，如果必须，旧约的拉丁文本要参照希腊文本的权威来纠正，尤其是七十子文本（他们虽是七十人，却被认为以同一个声音说话）。至于新约，同样，如果不同的拉丁文本中出现了什么模糊不清之处，我们当然必须服从希腊文本，尤其是那些在富有学问和探究精神的教会里发现的希腊文本。

第十六章——关于语言和事物的知识有助于理解喻意表达。

23. 同样，就比喻符号来说，如果对它们一无所知，就会使读者停滞不前，它们的含义一部分要靠语言知识，一部分靠对事物的认识来探求。比如西罗亚池子（the pool of Siloam），我们的主用唾沫和泥抹那人的眼睛，然后命令他到那里去洗干净，这个地方就具有比喻意义，并且毫无疑问传达了一种神秘的含义。但是倘若传布福音者没有解释这个名称①，如此重要的一个意义就很可能被人忽视。同样，我们非常确信，作者在原文中没有解释的许多希伯来名称，倘若有人对它们作出注释，对解决《圣经》里面的谜必然有巨大的价值和作用。许多精通语言的人对所有这些词都作了解释，只是没有指出它们在《圣经》里的出处，他们告诉我们亚当（Adam）是什么意思，夏娃（Eve）、亚伯拉罕、摩西是什么意思，还告诉我们各种地名的含义，比如耶路撒冷代表什么，锡安（Sion）、西奈（Sinai）、黎巴嫩（Lebanon）、约旦（Jordan）表示什么，以及我们所不知道的那种语言里的其他名称。一旦这些名词得到了考证和解释，许多《圣经》里的比喻就显得一清二楚了。

24. 同样，对事物的无知，比如我们不知道动物、矿物、植物的性质，也使喻意表达意思模糊，因为《圣经》里常常以比喻的方式提到这些事物。比如，蛇的一个属性是众所周知的，即为保护头部，它必然把自己的整个身体呈现给进攻者——知道这一点，我们主的诫命——要像蛇一样灵巧——之意义就豁然开朗了，也就是说，为了我们的头，即基督，我们应当甘心把自己的身体交给逼迫者，免得我们为救自身不认我们的神，从而毁灭我们心里的基督信仰。还有，论到蛇把自己的身体挤过一个小洞脱去旧皮，从而获得新生的话——由此要求我们效法蛇的智慧，脱去行为上的旧人，如使徒所说的，穿上新人②，并且也像蛇一样通过一个窄门，按我们主的说法就是"你们要进窄门"③，把旧人脱掉，这是多么恰当啊！正如了解蛇的习性就能领会《圣经》里常常使用的比喻的含义，同样，对《圣经》频繁以比喻形式提到的其他动物

---

① 《约翰福音》9：7。
② 《以弗所书》4：22。
③ 《马太福音》7：13。

的无知也同样对读者构成巨大的理解障碍。对矿物和植物来说也同样，比如知道红榴石是在晚上闪光的，就能知道书卷里许多黑暗的地方，也就是在比喻意义上使用这种宝石的地方；不知道绿柱石或硬石，常常会关闭知识的大门。我们为什么觉得鸽子返回方舟时衔来的橄榄枝表明永久的和平①很容易理解，唯一的原因就是我们既知道橄榄油非常滑，别的液体很难掺杂，也知道橄榄树是一种常青树。同样，许多人由于不认识牛膝草，不知道这种草虽然渺小、微不足道，却对清肺极有价值，据说还能用它的根刺穿岩石，所以不能明白为什么经上说："求你用牛膝草洁净我，我就干净。"②

25. 同样，对数字的无知也妨碍我们理解《圣经》里用比喻和神秘方式定下的事。比如，坦诚的人，如果我可以这样说，只能急切地想要确定摩西、以利亚（Elijah）和我们的主本人禁食四十天③究竟意味着什么。若没有数字的知识，不知道它表示什么，就很难解释这一行为中所涉及的这个数字。这个数字包含十个四，表示一切事物的知识，以及与时间交织的知识。因为日循环和年循环都分为四个阶段，每日都在早晨、中午、黄昏和夜晚中度过，每年都有春、夏、秋、冬四季更替。虽然我们活在时间里，但为了我们所希望的永生就必须禁止一切时间里的享乐。当然我们也正是在时间中才得到要鄙弃时间、寻求永恒这一教训的。再者，数字十表示造物主和受造物的知识，因为造物主里有个三位一体，而七则表示受造物的生命和身体。生命由三部分组成，即心、魂和意，因则对神也要尽心、尽性、尽意地爱；身体则很显然是由四种元素构成的。因而，把十这个数字与时间相连放在我们面前，也就是把它乘以四，就是告诫我们要行为纯洁，不可沾染任何时间中的快乐，换言之，就是要禁食四十天。关于这一点，

---

① 《创世记》8:11。
② 《诗篇》51:7。
③ 《出埃及记》24:18；《列王记》上19:8；《马太福音》4:2。

我们是从摩西的律法和以利亚的预言中得到告诫的，当然还有我们的主本人，他站在两人中间显现在山上，似乎得到了律法和先知的见证，同时他的三个门徒惊异地仰望着他。接下来我们要以同样的方式探究怎么从四十这个数字生出五十这个数字来——在我们的宗教里，没有因为五旬节赋予这个数字一般的神圣性——它又是怎么基于时间的三分法，即律法之前，律法之下和恩典之下而得到三倍的，或者基于父、子和圣灵的名，三位一体本身加在上面，指向最神圣教会的奥秘，并且获得一百五十三这个数字，就是我们的主复活之后，从船的右侧撒网下去所捕到的一百五十条大鱼①。圣书里还有许多其他数字和数字的联合，都是在比喻的形式上传达指示的，对这些数字的无知就往往使读者无法领会所传达的指示。

26. 同样，由于对音乐的无知也有许多事向我们关闭，含义模糊。比如，一个人拙于解释琴和瑟之间的不同比喻②。这是一个学者也不是不可以讨论的问题，是否存在某种音律要求十弦琴必须正好有这么多琴弦，或者如果没有这样的律法，是否这个数字本身更应当被认为具有神圣的意义，或者是指律法中的十诫命（如果关于那个数字又有什么问题，我们可以只认为它意指造物主和受造物），或者指上面所解释的十本身。福音书里所提到的正在建造的殿的建造年数③，即四十六年，具有某种难以形容的乐感，并且如果指我们主的身体的结构，所提到的殿与此有关，许多异端分子不得不承认，我们的主所穿戴的不是一个虚假的身体，而是真正的人的身体。我们发现，《圣经》里有几处既崇敬地提到数字，又提到音乐。

---

① 《约翰福音》21：11。
② 《诗篇》33：2。
③ 《约翰福音》2：20。

第十七章——九缪斯（Muse）的传说的起源。

27. 我们不可听信异教错谬的迷信，把九缪斯看作是朱庇特（Jupiter）和墨丘利（Mercury）的女儿。瓦罗（Varro）拒不相信这些说法，而我怀疑他们中间是否还能找到谁在这样的问题上比他更好奇、更博学的。他说，有一个城邦（我忘了它的名字）从三位艺术家处各订购了一组缪斯像，放在阿波罗（Apollo）神庙里作为祭献，说好无论哪位艺术家塑出最美的像，它们都会从他们那选择一个购买。结果这些艺术家造出的雕像同样美丽，那城邦对九座像都大为喜悦，于是就把它们都买来献在阿波罗的神庙里。他还说，后来诗人赫西奥德（Hesiod）给它们都取了名字。所以，不是朱庇特生了九缪斯，而是三位艺术家各造了它们中的三个。那城邦原本就订了三个，不是因为它曾看见过它们，也不是因为它们曾以三位的形像出现在哪位公民的眼前，而是因为大家显然都知道，所有的声音——声音是歌的质料——本质上包括三类。它或者是通过发音产生的，例如不借助于乐器用嘴清唱；或者是吹出来的，比如喇叭、笛子；或者是打击发出来的，比如琴、鼓，以及其他所有靠打击发出声音的乐器。

第十八章——任何帮助都不可轻看，即使是
来自于不洁源头的帮助。

28. 无论事实是否如瓦罗所记载的，抑或不是，我们都不可因为异教徒的迷信就放弃音乐，只要我们能够从中获得与我理解《圣经》有益的东西；也不能由此说，因为我们着手考察琴瑟和其他乐器，所以必须研究他们的戏剧，以便帮助我们领会灵性上的事。我们不可因为他们说是墨丘利发现了字母就拒不学习字母，也不能因为他们把庙宇献给公

义和美德，并且更喜欢以石头的形式敬拜那些应当置于心中的东西，我们就放弃公义和美德。相反，每一个良善的、真正的基督徒都要明白，无论在哪里发现真理，它都必属于他的主；当他认识并承认真理，就算在他们的宗教文学里，他必须拒斥迷信所臆造的事，要为那些人忧愁，并避开他们，这些人"虽然知道神，却不当作神荣耀他，也不感谢他。他们的思念变为虚妄，无知的心就昏暗了。自称为聪明，反成了愚拙；将不能朽坏之神的荣耀变为偶像，仿佛必朽坏的人和飞禽、走兽、昆虫的样式"。[1]

第十九章——两类异教知识。

29. 要更加详尽地解释这个话题（这是不容忽视的话题），有两类知识在异教徒中间流行。一类是关于人所施行的事的知识，另一类是关于他们所记载的事的知识，或者是过去处理的，或者是神所制定的。前一类知识对付的是人事，部分是迷信的，部分不是。

第二十章——人的习俗的迷信本质。

30. 人为制造并敬拜偶像所作的一切安排、约定都是迷信的，他们这样做，是要把所敬拜的受造物，或是该受造物的某一部分当作神，要不然就是透过符号的协议和安排而与魔鬼联盟，正如在符咒施法中使用的，诗人对此的教导总不是那么热烈的。肠卜僧和占卜官的书就属于这一类，只是具有更大的欺骗性。在这一类中，我们必须把医术所指责的一切护身符和治疗法都包括在内，不论它们是咒语，是他们称为"密码"的符号，是把某种小东西挂起来、吊起来，甚至舞起来，不考虑

---

① 《罗马书》1：21—23。

身体的状况，只考虑某种隐蔽的或显明的符号。他们把这些治疗方法称为不那么露骨的"physica"，这样看起来似乎与迷信无关，只是在利用自然的力量。比如把耳环戴在双耳顶端，手指头带鸵鸟骨环，或者当你打嗝的时候告诉你要用右手抓住左手拇指。

31. 我们还可以举出成千上万类似的毫无意义的习俗，当身体的某一部位跳动，或者当朋友手拉手走路的时候，一块石头挡在他们中间，或者一条狗或一个孩子跑过他们中间，就要遵循这些习俗。如果石头挡在中间，就要踢石头，似乎这石头就是分裂朋友的祸害；如果小孩从他们中间跑过，就要打小孩；前者的害处没有后者大。孩子们有时受到狗的报复，却是令人高兴的事；因为大人们常常极为迷信，对从他们中间跑过的狗大打出手，然而，这样做并不是安然无恙的，打狗的结果常常不是得到迷信的药方，反倒是在狗的反击下仓皇逃窜，结果真的被送去做手术了。以下这些规则也属于这类迷信：从前门出来时要踩在门槛上；在穿拖鞋的时候若有人打喷嚏就要回到床上去；在去某地的路上绊了脚就要返回家里；衣服被老鼠咬了，不是为眼前的损失伤心，而要为将要临到的灾难惊恐。由此，当一个人告诉加图（Cato）老鼠吃了自己的靴子，求问他怎么办时，加图巧妙地回答说："这不奇怪，如果是靴子吃掉了老鼠那就十分奇怪了。"

第二十一章——占星术家的迷信。

32. 我们也不能把那些因为关注生日而被称为"genethliaci"的人排除在这一类迷信之外，不过，这些人现在通常被称为"mathematici"。同样，这些人尽管是在努力寻找星辰的确切位置，并且有时甚至也确实找到了，然而因为他们这样做是为了预测我们的行为，或者我们行为的结果，所以是完全错误的，并且诱导没有经验的人进入可悲的束缚之中。当自由人来到这样的占星者那里，花钱想脱离火星、金星或者毋宁说所有星辰的奴役——那些首先坠入这种错误并把它传给后代的人已经给这些星辰起了名，或者因为看上去像兽就取了兽的名字，或者出于为荣耀某些人就取了这些人的名字。这一点毫不为奇，我们只要想一想就在离我们不远甚至可以说离我们最近的时代，罗马人就曾试图把我们称为金星（Lucifer）的星星取名为凯撒（Caesar），以此荣耀他。若不是他的先辈维纳斯（Venus）在他之先就已经以自己的名字来给这颗星星命名，这事很可能就这样做了，从而把凯撒这个名字传给千秋万代，并且任何律法也不能把维纳斯不曾拥有也不曾想要拥有的东西转让给她的后裔。只要有空的地方，或者哪里还没有被人用来纪念先前的死者，就会出现这样的情形。比如，我们已经把七月（Quintilis）和八月（Sextilis）改成 July 和 August，以纪念朱利乌斯·凯撒（Julius Caesar）和奥古斯都·凯撒（Augustus Caesar）；从这个例子任何有心人都可以轻易地看出，以上所讲的星辰原本在天上游荡，根本没有现在所有的名字，只是因为某些人死后，人们迫于权威或者出于愚昧这样来纪念他们，似乎以为把他们的名字放到星辰上去，他们就可以从死里复活上天。然而，无论人称呼这些星辰什么，它们依然是神所造的星辰，按神所喜悦的顺序排列，有固定的运行方式，使四季分明，时令变化。任何人出生时，利用那些占星学家所发现并制定的规则，都可以观察到这种运动所到达的那个点，神圣智慧指责这些人说："如果他们具有足以推测宇宙自然现象的知识，那他们为什么从未发现万物之主呢？"[1]

第二十二章——为预测一生中的事件观察星象的愚拙。

33. 但是，企图从这样的观察中预测那些刚出生的人的个性、行为

---

[1] 《所罗门智训》13 : 9。

和命运，是一个巨大的骗局，也是极大的疯狂。至少在那些对这类事（事实上，这是唯一可以不知道的事）有一点了解的人中间，这种迷信都会被断然拒斥。这种观察就是对星辰的位置的观察，他们称之为星座，当人出生的时候，这些可怜的人就为他看星座，定命运，而那些被骗的人就更加可怜，眼巴巴地向这些人咨询。然而，如果出生的是双胞胎，两人接踵而至，一个紧跟一个，在星座的位置上根本无法看出两者之间的时间间隔。如果是这样，那就只能说许多情形中双生子属同一个星座，但是他们无论是行为还是经历都可能遭遇并不相同的命运，甚至常常是完全不同的，一个可能终生幸运，另一个却极为不幸。比如，我们知道以扫（Esau）和雅各是双生子，出生时彼此紧挨着，后生的雅各甚至还手抓着先于他出生的兄弟的脚①。可以肯定，这两人出生的日子和时刻无论如何不可能区分到要给他们两个不同的星座，然而这两人的性格、行为、劳作和命运又是如何的不同，这是《圣经》所见证的，如今也是在万民之口中广为流传的。

34. 若说双胞胎出生时那极短暂的前后间隔对本性产生巨大影响，对天体的快速运动产生巨大影响，也是无稽之谈。虽然我可以设想它确实产生了巨大影响，但星象学家不可能在星座中发现这种影响，而他之所以宣称能解读命运要靠观察星座的变化。他在观察星座时既看不出有什么区别——当然，无论是向他咨询雅各还是其兄弟，星座必是同一个——他的图像中没有什么分别，他只是焦急地盯着它看来看去，却徒劳无益，那么天上的分别对他有何益处呢？他并不真正尊重它，总是粗鲁而草率地使它变得不名誉。所以，这些观念也必须归于迷信一类，似乎它们与魔鬼同盟，与魔鬼立约，因为它们乃是人的虚妄所武断确立的事物的一些符号的产物。

---

① 《创世记》25：24。

第二十三章——我们为什么拒斥占卜术。

35. 于是就出现了这样的情形，神的神秘审判把那些追逐恶事的人交出去，让他们受戏弄，受欺骗，这是他们的恶念所应得的报应。因为他们受到恶灵的诱骗和纠缠，根据神的律法，与他对万物的可敬佩的安排，这些恶灵所辖制的是这世界最低级的部分。这些蒙骗和欺诈的结果是，许多过去和将来的事在这些迷信和有害的占卜中显现出来，并且正如所预言的那样应验，就那些施行迷信的风俗的人来说，许多事情的结果都与他们所遵行的习俗相符合，于是，这些成功迷惑了他们的眼睛，使他们越发好奇，并且越来越深地陷入致命错误的迷宫里。对我们有利的是，神的道对这种心灵的淫乱不会保持沉默，它警告灵魂谨防这些习俗并不因为那些教导他们的人说谎言，而认为"就算他们告诉你的事有些应验了，你也不可听信他们"。① 比如，虽然死去的撒母耳（Samuel）的鬼魂对扫罗王（King Saul）所预言的事是真的②，但这并不能使诸如招鬼魂上来这样的习俗少一点可憎面目。同样，虽然《使徒行传》里那个会腹语的妇人见证主的使徒是真实的，使徒保罗却并未因此而宽恕恶灵，而是斥责它，命令它出来，从而使妇人得洁净③。

36. 所有这些技艺不是无效的，就是带着迷信色彩的，源于人鬼之间的可恶交往，基督徒视之为虚假的约和悖逆的友谊，应予以断然绝斥，完全避免发生这类事。使徒说："岂是说偶像算得什么，乃是说外邦人所献的祭是祭鬼，不是祭神，我不愿意你们与鬼相交。"④ 我们相信，使徒对偶像和他们毕恭毕敬所献的祭所说的话，也适用于一切幻想

---

① 比较《申命记》13：1—3。

② 《撒母耳记》上二十八章；比较《传道书》46：20。

③ 《使徒行传》16：16—18。

④ 《哥林多前书》16：19—20。

出来的符号，这些符号要么指向偶像崇拜，拜受造物胜过拜神，要么表示对药用咒符和其他习俗的关注，这些习俗不是神定下来可以作为众人提高对神和人的爱的手段，它们只会诱使可怜的人私自追求世俗之事，耗尽他们的心力。所以，关于知识的所有这些分支，我们最要担心并避开的是与鬼魂相交，他们以魔鬼为王，一心只想关闭我们返回的大门。正如人通过自己的幻想，从神所造、所定的星辰引出虚假的预兆，同样，人也常常通过自己的主观臆想，从出生的事物，或者在神意治理下以一定方式形成的事物中，——只要有什么非同寻常的事发生，比如骡子生了仔子，雷电击中了东西——引出征兆，并且把它们记载下来，似乎他们是根据规律推导出来的。

第二十四章——迷信习俗主张与鬼相交、联合。

37. 所有这些预兆都是有力量的，因为是由沉淀在心灵里的前理解与魔鬼一同安排的，可以说，这是它们的共同之处。但是它们充满了有害的好奇，痛苦的焦虑和致命的奴役。这是因为它们有含义才成为引人注目的，相反，正是因为注意它们、把它们记载下来，它们渐渐获得了意义。所以，对不同的人来说它们的含义是不一样的，因为不同的人有不同的观念，有自己的偏见。那些喜欢骗人的幽灵小心翼翼地为每个人提供同一类预兆，因为他们看到人自己的臆想和先入之见已经把他缠住了。比如，字母 X 由十字架的形状而来，但这同一个形状在希腊人是一个意思，在拉丁人却是另一个意思，这种不同不是出于对象的本性，乃是因为约定和预先安排决定了它的意义。所以，凡知道这两种语言的人就会这样做：为希腊人写作时在这种意义上使用这个字母，为拉丁人写作时则在另一种意义上使用这个字母。同一种发音"beta"，在希腊人中是一个字母的名称，在拉丁人中则是某种蔬菜的名字。当我说"lege"时，这两个音节在希腊人看来是指这样东西，在拉丁人看来则是指另一样东西。正如所有这些符号如何影响心灵取决于每个人所生活的共同体的安排，对不同的人的心灵会产生不同的影响，因为各个共同体的安排各不相同。再者，不是因为它们作为符号已经有了意义，所以人们对它们产生共识，相反，因为人们对它们有了共识它们才成为有意义的。同样，那些使可恶的与鬼相交的习俗得以保存的符号之所以有意义正是与每个人所遵循的习俗相关。这在古罗马占卜官观察飞鸟行动预卜未来的仪式中体现得非常清楚，他们在还没有观察预兆之前，或者已经完成了仪式之后，就不会费尽心机去看飞鸟的行动或听它们的叫声，因为这些预兆离开观察者心里的预先安排就是毫无意义的。

第二十五章——在非迷信的习俗中，有些是多余的，有些是为方便起见，是必不可少的。

38. 当所有这些都已经从基督徒心里剪去、根除之后，我们还必须看看非迷信的习俗，也就是不是在与鬼相交中建立的，而是在人们彼此相交中建立的习俗、制度。一切在人中间起作用的安排都是人的习俗，因为他们彼此同意这些东西是有效的；在这些习俗中，有些是多余的，奢侈的，有些是出于方便，是必不可少的。如果演员舞蹈中做出的那些姿势本身具有力量，而不是出于人的安排和约定，那么古代当哑剧演员表演时，就不需要有人向迦太基（Carthage）人解说他所要表达的意思——许多老人还记得这样的事，我们也常常听他们说起[1]。我们完全可以相信这一点，因为即使是今天，如果某个不了解此类愚蠢举止的人进入剧院，没有人告诉他这些动作表示什么意思，那么任他费尽心机也徒劳，不可能明白。当然，所有的人在选择符号时都会有一定程度的相似性，好使符号尽可能与它们所表示的对象相像，但是因为一物可能会

---

① 见泰勒（Tylor），*Early History of Mankind*《早期人类史》，第 42—43 页。

以多种方式与另一物相似，所有这样的符号在人们中间并不总是具有相同的意义，除非他们彼此约定，达成共识。

39. 至于图画和雕塑，以及其他诸如此类的作品，都意在表示事物，却没有人会弄错，如果它们是技术娴熟的艺术家创作的，那就更不用说了，每个人只要看到它们的形像，就会认出它们所表示的对象。在人的种种设计中，这类符号可以算是多余的，除非寻求它们何因、何处、何时、何人制造成为一个重要问题。最后，成千上万的人们乐此不疲的寓言和故事，都是人为制作的，可以说，没有什么比虚假的谎言更独一无二地属于人自己，源自于人本身的。人与人之间为区分性别和地位而选择的服饰上的各不相同的特色属于方便而必不可少的安排。还有数不胜数的符号，没有它们，人与人之间的交际就无法实现，或者极为不方便，比如关于度量尺寸，货币的图案和重量，每个国家和民族都有自己的约定，还有其他诸如此类的东西。如果这些东西不是出于人的设计，就不可能在不同的国家各不相同，也不可能根据各个统治者的标准在特定的国家里实施变革。

40. 出于交往方便而规定的这类人为安排是必不可少的，基督徒无论如何不可忽视，相反，倒要对它们有足够的重视，并且要牢牢记在心里。

第二十六章——人所设计的符号，我们
该采纳什么，避免什么。

人的某些习俗以一定方式代表、象征自然物体，比如与鬼相交，这样的习俗，如已经说过的，必须断然拒斥，唯恐避之不及。另外，那些与人的交往相关的习俗，只要它们不属于奢侈和多余的东西，就该采纳，尤其是文字形式，这是阅读所必不可少的，也是各种语言所需要的——这个问题我在上面已经谈过①。缩写符号也属于这一类，熟悉这类符号的人就被称为速记作家。所以这些都是有用的，学习它们是完全合理的，它们也不会使我们卷入迷信，或者用奢侈品使我们委靡不振，只要它们只占据我们的心灵，却不妨碍更重要的东西，其实它们对这些东西应当具有辅助作用。

第二十七章——某些部分知识，不只是人的习俗，有助于我们解释《圣经》。

41. 接下来，我们不认为那些沿袭下来的事物算作人的习俗，不是他们自己的安排，乃是对过去发生的事，对神意的安排深入考察的结果。这些事中，有些与感觉器官相关，有些与理智相关。那些通过感官获得的事物，我们要么基于证据相信，要么在有人向我们指明它们时看见，要么从经验里推断出来。

第二十八章——在何种程度上历史是有用的。

42. 所以，我们从历史中学到的关于过去的年代学知识，即使这种知识的获得并没有教会的规条作为简单指引，对我们领会《圣经》仍极为有用。因为我们时时利用奥林匹亚竞技会（Olympiads）② 寻求各种事情的信息，执政官的名字，因为不知道我们的主在谁执政时诞生，谁执政时受难，有些人就犯了错误，以为我们的主是在四十六岁时受难的，这个数字是犹太人告诉他的建成殿的年数（他把这殿看作是他身

---

① 见本书第二卷第十一章。
② 古希腊两次奥林匹亚竞技会之间的四年时间（古希腊人从公元前 776 年起用作年代计算单位）。——中译者注

体的符号)①，然而，我们根据传福音的使徒权威知道，他是在大约三
十岁时受的洗②。至于他此后所活的寿数，尽管我们可以通过他的种种
行为推断出来，但毫无疑问从另外的源泉，通过对世俗历史与福音历史
的比较，则可以更加清楚也更加确定地知道。然而，同样显而易见的
是，经上说圣殿是用了四十六年时间建成的，这话并不是没有目的的，
这样说是为了表明，神的独生子，就是万物藉他而造的子，为了我们的
缘故，屈尊穿戴的身体具有更加神秘的形式③。

43. 关于对历史的利用，撇开希腊人不说，我们自己的安波罗修平
息了怎样的一个大问题！崇拜柏拉图、阅读他的著作的读者胆敢恶语中
伤地宣称，我们的主耶稣基督所说的一切话语——他们对此不得不表示
尊敬和赞美——都是从柏拉图的书中学来的，因为（他们强调）不可
否认，柏拉图的生活年代远远早于我们的主的降临！这个时候，我们这
位杰出的主教不就是通过对世俗历史的深入考察，发现了柏拉图曾到过
埃及，而那时恰好先知耶利米也在那里④，从而指出，更可能的情形
是，柏拉图从耶利米那里初步了解了我们的文献，从而能够教训并写作
那些备受赞美的观点？甚至毕达哥拉斯（Pythagoras）——这些人认为
柏拉图就是从他的继承者处学习神学的——本人生活的年代也并不早于
希伯来人成书之时，对一位神的崇拜就是在他们中间兴起的，我们主的
肉身也是在他们中来的。因而，我们可以从日期的反思中看出，与其说
主耶稣基督是从柏拉图的作品中获得知识的——相信这样的事可谓愚蠢
至极——还不如说那些哲学家所说的一切良善而正确的东西都是从我们
的文学中学得的。

44. 即使在历史叙述中描述到人的习俗，历史本身也不能算作人

---

① 《约翰福音》2：19。

② 《路加福音》3：23。

③ 见本书第二卷第十六章。

④ 奥古斯丁自己纠正了这一错误，见《订正录》二卷4章。

的习俗，因为过去了、消逝了、不可能恢复原状的事应当算为时间性的东西，神才是它们的主和主宰。显然，说明做了什么事是一回事，指出应做什么事则是另一回事。历史叙述的是已经发生过的事，其叙述是忠实但不失有效的；而肠卜僧的书以及诸如此类的作品则旨在教导应做什么、应守什么，他所扮演的是大胆的建议者，而不是忠信的叙述者。

第二十九章——自然科学对释经有用到什么程度。

45. 还有一类与描述类似的叙述，但不是叙述过去的事，而是把事物的现存状态显明给那些不知道的人。凡记载空间位置、动物本性、树木、草药、石头以及其他物体之属性的东西都属于这一类。对此我在上面已经有过讨论，已经表明这类知识对解决《圣经》难题是有帮助的，因为它不是把这些物体相应地用作某些符号作为秘方或迷信工具，那类知识我已经把它看作不同于这里所说的合理而自由的知识而弃之一旁。因为一个是说：你只要把这草药捣烂喝下去，肚痛就会治愈；另一个却说：你只要把这草系在脖子上，肚痛就会好。这两种说法是完全不一样的。前者把它看作健康的药剂，是值得赞赏的，后者却视之为迷信的符咒，是该指责的。诚然，这里没有使用咒语、召鬼、符号，常常有人怀疑，这种以一定方式系在或固定在身体上以治病的东西究竟是凭藉某种自然属性起作用的——如果是这样，那么它可以自由使用——还是作为一种符咒起作用的——如果是这样，情形就变成基督徒越是小心避开它，它就似乎越是灵验。然而在某种东西具有益处的原因还没有找到之前，使用它的动机就非同小可，至少在治愈或缓解身体疾病时如此，无论是医学上还是农学上。

46. 同样，关于星辰的知识不是叙述性的，而是描述性的。然而，《圣经》里极少提到这些知识。月亮的圆缺变化是大多数人所知道的，这种知识常常在庆祝我们的主的受难祭日时用到，但其他天体的升落和另外运动极少有人完全了解。这种知识本身虽然与迷信毫不相干，但在《圣经》解释上只能提供极有限的帮助，确切一点说，几乎没有什么帮助，并且毫无益处地转移注意力反倒是个妨碍。因为它与占卜命运者的致命错误密切相关，所以干脆把它放在一边，倒更为方便和得体。而且，除了描述事物的现存状态外，它还包括类似叙述过去的东西，因为人可能根据规律从星辰现在的位置和运动追溯它们过去的运动。它还包括对将来的预测，不是通过预示和征兆，而是通过可信的估算；不是以可笑的 "genethliaci" 的形式想要从它们引出关于我们自己的行为和命运的什么信息，只是要了解天体自身的活动轨迹。正如计算月亮年龄的人，只要他算出它今天的年龄，就可以说出任何年前它的年龄是多少，或者多少年后它是几岁，同样，善于这种计算的人都能娴熟地回答关于每个天体的诸如此类的问题。至此，关于这类知识的有用性，我已经表明了我的观点。

第三十章——机械学对释经有什么作用。

47. 再者，关于其他学科，无论是那些制造学的——当工匠的活干完了，这种知识就留在他的作品中，比如房子、凳子、盘子，以及诸如此类的东西——还是那些可以说协助神的运作的学科，比如医学、农学和航海；或者那些其唯一结果就是一种行为的学科，比如跳舞、跑步、摔跤——在所有这些学科中，经验教导我们要从过去推导出将来。凡在这些学科中精通一门学科的，在指挥他的肢体做任何一件事时，谁也不会不联系过去的记忆，同时展望未来。我们应当对这些学科有一个表面的、粗略的了解，不是为了应用它们（除非有什么任务要求我们必须这样，这个问题目前我还没有涉及），而是为了对它们形成一种判断，这样，当把《圣经》用到这些学科中的知识作为比喻时，我们就不至于被它所要表达的意思弄得一头雾水。

第三十一章——辩证法的应用，谬误的推论的应用。

48. 还有那些与身体感官无关，而与理智有关的部门知识，其中最主要的就是逻辑学和数学。逻辑学在探究和解答《圣经》里出现的各种难题上具有十分重大的作用，只是在使用的时候必须小心，不可沉溺到好辩和诱使对手陷入圈套这种幼稚的虚妄之中。因为有许多所谓的"solphisms"，即错误的推论，但与真理非常相近，不但愚拙人容易上当，聪明人若是不保持警惕，也会被蒙骗。比如，一个人在他的对话者面前提出这样一个命题："我所是的就是你所不是的。"对方表示同意，因为这个命题部分是真的，一个人狡诈，另一人单纯。接着第一个说话者又说："我是人。"另一人对此也表示同意，于是第一人就此得出他的结论说："所以，你不是人。"在我看来，《圣经》对这类诱骗人的论证是表示厌恶的，如它在一处所说的："有人用言语炫耀智慧，是可恨的。"诚然，一种讲话风格并没有诱骗人的意图，只在于辞藻上的点缀，没有严肃的目的，但仍然被称为诡辩。

49. 另外，有效的推理过程可以引出错误的结论，合乎逻辑的推论得出对方的错误观点。这些结论常常是由某个良善而博学的人引出的，目的是使对方——这些结论就是从他的错误观点中扮演出来的——对这些结论感到羞愧，让他知道如果坚持原先的观点，就必然也要坚持他所指责的另一些观点，从而引导他放弃自己的错误。比如，使徒只说："基督也就没有复活了"，又说："我们所传的便是枉然，你们所信的也是枉然"①，再进一步引出其他完全错误的推论，但没有引出正确的结论。因为基督已经复活，宣告这一事实的那些人

---

① 《哥林多前书》15：13—14。

所传的并不是枉然，他们所信的信仰也不是枉然。但是所有这些推论都是从那些说没有死人复活的人的观点中合理地推导出来的。既然这些推论是错误的，要予以拒斥，那么可以说，如果没有死人复活，这些结论就是对的；这些结论是错的，所以必有死人复活的事。所以，有效的结论不仅可以从真的前提推导出来，也可以从错误的前提推导出来，有效推论的法则可以在学校里，在教会之外轻松学会，但在教会的圣书里必须探究前提的真实性。

第三十二章——有效的逻辑推论不是人创造的，人只是遵守它。

50. 然而，逻辑推论的有效性不是人创造的东西，人只是遵守它，记下它，从而能够学习并教导它。它永恒地存在于事物的原因之中，源头在于神。正如叙述事件顺序的人并没有自己创造那个顺序，描述地点情况、动物本性、根系、矿石性质的人并不是在描述人的安排，指出星辰及其运动的人并不是指出他自己或别的什么人所命定的东西；同样，凡说"既然结论是错的，前提必也是错的"，说的完全正确，但并非他本人使然，他只是指出如此的事实而已。我所引用的使徒保罗的推论正是基于这样的规则。前提是"没有死人复活的事"——这是那些人所主张的观点，使徒希望除去这错误。然后，从这前提即没有死人复活的事这个论断，必须得出的结论是"基督也就没有复活了"。显然，结论是错误的，因为基督已经复活，因而前提也是错误的。这里的前提就是没有死人复活的事，因而，我们的结论就是，有死人复活的事。这一过程可以简单地表述为：如果没有死人复活，那么基督便没有复活；但基督复活了，所以，必有死人复活。这样说来，这一规则——结论若是不成立，前提也必不成立——并不是人所立的，人只是把它指了出来。并且这一规则指向推理的有效性，与陈述的真理性无关。

第三十三章——错误的结论可以出于
有效的推论，反之亦然。

51. 在这一段经文里，就是论证复活的经文，推论法则是有效的，所得出的结论也是真的。不过，错误的结论也可以从有效的推论中得出，如以下的例子所表明的。我们设想有人承认这样的命题：如果蜗牛是动物，它就有声音。既然承认了这一点，那么当蜗牛被证明是没有声音的时候，就要推出这样的结论，蜗牛不是动物（因为结论是错的，前提必也是错的）。显然，这个结论是错的，但这个推理过程是对的，有效的。因而，一个陈述的真实性在于它自身是否符合事实真相，而一个推论的有效性则依赖于陈述或者你所争论的人所承认的命题。所以，如我上面所说的，错误的推论可以从有效的推理过程中产生，让持有错误观点的人看到从他所接受的命题得出的逻辑结论是完全站不住脚的，这样他就可能对自己原先的立场感到遗憾，从而达到我们所希望的纠正错误的目的。既然观点错误时推论也可以是有效的，那么反过来也一样，这是容易叫人明白的，即观点正确时推论却可能是不对的。比如，假若有人说："如果这人是公义的，他就是良善的。"我们承认这是真的。接着他又说："但他不是公义的。"我们也表示认可，于是他就得出结论说："因此他就不是良善的。"虽然这些话所涉及的每一个人都可能确实如此，但这里的推论原则却是错的。因为不能说：正如如果结论是错的，前提也是错的，同样，如果前提是错的，结论也是错的。前者是对的，后者却是错的。比如，"如果他是演说家，他就是人"这话是对的，但如果我们进一步说："他不是演说家"，不能由此推出说"他不是人"。

第三十四章——知道推论法则是一回事，知道 观点的真实性是另一回事。

52. 因而，知道推论法则是一回事，知道观点的真实性则是另一回事。就前者而言，我们可以知道什么是合乎逻辑的，什么是不合逻辑的，什么是不相容的。合乎逻辑的例子如"如果他是演说家，他就是人"；不合逻辑的例子"如果他是人，他就是演说家"；不相容的例子"如果他是人，他就是四足动物"。在这些例子中，我们判断的是关系。然而，就观点的真实性来说，我们必须认为命题是靠自身确立的，不是靠彼此之间的关系确立的。但是，如果我们不能确定的命题通过某种有效的推理与真实而确定的命题联结起来，那么他们也必然成为确定的。有些人一旦确定了推论是有效的，就沾沾自喜，似乎推论的有效性必然包括命题的真实性。还有许多人虽然拥有正确的观点，却毫无理由地鄙视自己，因为他们对逻辑规律一无所知。然而，知道有死人复活之事的人必然胜过只知道如果没有死人复活之事就可以推出也没有基督复活的人。

第三十五章——定义的学科虽然可能用于 谬误，却不是错误的。

53. 同样，定义、分类的学科虽然常常用于错误的东西上，其本身却不是错误的，也不是出于人的设计，而是从事物的理性中演化出来的。虽然诗人们把它用于他们的创作，假哲学家甚至异端分子——也就是假基督徒——把它应用于他们错谬的理论，但这不足以证明它就是错误的，比如，无论是在定义、分类或划分中，凡与身边的事无关的没有一样包括在里面，凡与之有关的也没有一样被忽视。这是真的，尽管被定义或被分类的事物可能不是真的。甚至谬误本身也需要定义，我们说谬误就是不按我们所宣称的那样宣称事物的状态；尽管谬误本身不可能是真的，但对谬误的这个定义却是真的。我们也可以对它分类，说谬误有两类，一类是无论如何不可能是真的，另一类是有可能是真的，但事实上不是真的。比如，人若说七加三等于十一，这个命题在任何条件下都不可能是真的；但他若说一月份下了雨，尽管事实可能并非如此，但这是有可能发生的事。因而，对错误的东西的定义和分类完全可以是真的，尽管那错误的东西本身自然不是真的。

第三十六章——修辞规则虽然常常被用来
劝人犯错，但是真的。

54. 还有一些规则适用于一种更加滔滔不绝的论证，也就是所谓的雄辩（修辞）。这些规则也可以用于劝人犯错，但并不影响它们的正确性，因为它们也可以用来加强真理，所以，该指责的不是这种能力本身，而是那些滥用它的人的悖逆。富有情感的表达往往能打动听众，赢得支持；叙述只要简短明晰就富有成效；换换花样总能吸引人的注意力，使他们毫无厌倦之感，这一切都不是由于人的约定形成的。诸如此类的其他用法也同样，不论使用过程是对是错，它们本身都是真的，因为它们在产生知识或信念或促使人心向往、背离中是有效的。人只是发现这些事是这样的，而不是规定它们应该这样。

第三十七章——修辞和逻辑的应用。

55. 然而，这种技艺一旦学会了，与其说是为了用于确定含义，还不如说是在含义确定之后把它表达出来。前面所论到的技艺，即处理推论、定义和分类的技艺对发现含义具有非常巨大的协助作用，只要人不陷入错误，以为一旦学会了这些东西，就知道了快乐生活的真正奥秘。有时仍然会出现这样的情形，人们发现获得这些能力所指向的目标不是很难，但要理解这些规则的错综复杂、十分麻烦的原则却很难。这正如一个人想要确立行走的规则，就警告你在你的前脚还没有落地之前不可抬起后脚，然后详细描述你应当怎样移动关节和膝盖。他所说的都是对的，谁走路都是这样的，不可能以另外的方式走，但是人们发现真正走起路来很容易，按照这些规则练习却很难，或者听了这些动作规范之后不太容易理解。另外，那些不能走路的人仍然不太会关心这样的指令，因为他们不可能通过试验来证明它们。同样，一个聪明的人往往能很快地看出推论的不当，在领会它的规则上却没有那么敏捷。一个愚拙人看不出不当，更不要说领会规则了。关于所有这些法则，我们更多的是从它们展示真理的过程中获得快乐，而不是在论证或形成观点中获得帮助，当然它们能使理智得到更好的训练。但是我们务必要注意，它们并不同时使它更倾向于错误或虚妄，也就是说，它们并不使那些已经学会它们的人产生这样一种倾向，以为用似是而非的讲话和有感染力的问题就可以引导人们偏离正道，或者使他们认为自己已经获得了某种伟大的东西，可以胜过良善而纯洁的人。

第三十八章——数学不是人创造的，人只是发现它。

56. 现在来看数学。最愚拙的人也看得出来，这不是人创造的，他只是借考察发现了它。虽然维吉尔（Virgil）可以随心所欲地把"Italia"的第一个音节发成长音，但古人发的是短音；并非任何人都有权力随心所欲地决定三乘以三不是九，或者九不是三的平方，或者不是三的三倍，不是数字六的一倍半，或者认为奇数因为没有半数就认为它不可能是任何数的倍数这规定是错误的。这样说来，无论是就数字本身来说，还是就它们应用于图形、声音或其他活动的规律来说，都是有固定的法则的，这法则不是人所定的，人只是凭其灵巧和聪慧把它们显明出来。

57. 然而人若是对这些事过于重视，以致因为掌握了这些知识就夸口自己是博学之人，不再探究他视为真理的事物之所以为真的原因、源头，探究他视为不变的事物之所以为真和不变的原因，他从属肉体的表象提升到了人的心灵，发现它虽然处在中间，上面是不变的真理，下面是可变的万物，但它自身也是可变的（因为它有时有知识，有时又处于蒙昧状态），他并没有努力使这一切增进对一位神的赞颂和热爱，而这一位神则是使他知道万物都有自己的存在的原因——我得说，这样的人，虽然在这一方面看起来是学识渊博的，但无论从哪种意义上都不可能被认为是智慧的。

第三十九章——上面所提到的知识中，应当注意哪些，应以怎样的灵去注意。

58. 所以，我想，最好对勤奋好学、聪明能干的年轻人提出忠告，他们敬畏神，追求生活的快乐，但绝不可贸然地超出基督教会之外去追逐那些时髦的知识，似乎这些知识能够保证他们获得所要的快乐；相反，对它们务必要严肃认真地鉴别、筛选。如果发现这些人所制定的知识中有哪类知识因制定者不同的喜好而各不相同，因错谬的推测而无法了解，尤其是如果发现哪种知识借符号的结盟和约定陷入与鬼的交情之中，那就要断然予以拒斥，视之为可恶的东西。年轻人还当把注意力从那些不必要的、奢侈的人为习俗中移开。但是为了保证此生的必需品，我们不可无视那些能使我们与周围交往的人为安排。然而，我想，在异教中发现的知识领域中，除了关于事物（包括过去的事和现在的事）的与身体感官相关的信息，这种知识也包括有益的机械学的实验和结论，除了推理学和数学，其他方面的知识都是毫无用处的。即使是这些有用的知识，我们也务要记住这样的谚语："凡事务不要太多。"尤其是那些与适用于感官，存在于时空中的事物。

59. 有些人就《圣经》（希伯来语的，叙利亚语的，埃及语的，以及其他语言的）里所出现的词汇和名字的研究，对还没有得到解释的《圣经》里的事都单独作了研究和诠释；优西比乌（Eusebius）对过去的历史作了全面梳理，因为《圣经》里出现的一些问题需要历史知识才能得以解答。我得说，这些人在这类事上所作出的努力，使基督徒不必再为几个知识点而在许多问题上花费力气；同样，我想，如果某位有能力的人愿意出于仁爱之心为弟兄们的益处不辞劳苦，在其他问题上也做出充分的研究。这样，他会对这些问题划出几个类别，对不认识的地方、动物、植物、树木、石头、矿石，以及其他《圣经》里所提到的东西一一做出解释，并且把他的解释记载下来。这也可以与数字联系起来解释，从而对那些数字理论，仅限于《圣经》里所提到的那些，做出解释并记载下来。也许这些事物中的某些部分或者全部都已经有过研究（因为我发现，我对许多已经由良善而博学的基督徒解决并记载的事都一无所知），但由于众人的疏忽佚失了，或者由于嫉妒被封锁起来无法看到。我不知道对于推理理论是否也可以这样做，但在我看来似乎不能，因为这就像一个神经系统贯穿了《圣经》的整个结构，因此，解开并诠释含义模糊的段落——这个话题将在下面讨论——要比确定不知道的符号的含义——这是我现在正在讨论的话题——对读者更有益处。

第四十章——异教徒说得正确的东西，我们必须改造成我们可用的东西。

60. 而且，如果那些被称为哲学家的人，尤其是柏拉图主义者，说了什么正确的并与我们的信仰一致的话，我们就不仅不会回避它，还要从那些不合理地拥有它的人那里拿过来为我们所用。埃及人不只有以色列人所恨恶并唯恐避之不及的偶像和重担，还有金器、银器、饰品和衣裳，以色列人在出埃及的时候夺了这些东西带出来，打算把它们用在更好的地方，他们这样做不是出于自己的权威，而是出于神的命令，埃及人把他们自己没有好好利用的东西给了他们，也是出于神的命令①。同样，异教的各种知识并不都是虚假、迷信的幻想和毫无必要地担当的重负，这些东西我们每个人在基督的引领下脱离与异教的关系之时，都当恨恶之，避免之；但它们也包含大量可以很好地适用于真理的知识，还有一些极为杰出的道德律令；甚至还能发现关于敬拜一位神的一些真理。可以说，这些就是他们的金子银子，不是他们自己创造的，而是从神散布在外邦中的矿藏里挖掘出来的，它们被异教徒不正当、不合法地滥用于对鬼魂的崇拜之中。因而，当基督徒在心里与这些人断绝可悲的关系之时，就应当把这些也从他们手里夺走，并且在传福音的事业中发挥它们正当的用途。他们的衣裳——也就是用于此生中必不可少的与人交往中的人为习俗——也一样，我们必须夺了它们，转而按基督教的方式使用之。

61. 我们兄弟中许多良善而忠诚的人还成就了什么呢？我们岂没有看到居普良（Cyprian），最有说服力的教师和最圣洁的殉道士，在离开埃及的时候装了大量金器银器和衣裳出来？拉克唐修（Lactantius）带了多少财物出来？还有维克托利（Victorinus）、俄帕塔图（Optatus）、希拉流（Hilary）呢？更不用说还活着的人了！他们向数不胜数的希腊人借了多少财富啊！在所有这些人之前，神最忠实的仆人摩西也做了同样的事，经上论到他时说，摩西学了埃及人一切的学问②。异教徒的迷信若是怀疑所有这些人会把他们所学的知识转用于对一位神的敬拜，从

---

① 《出埃及记》3：21—22；12：35—36。

② 《使徒行传》7：22。

而推翻虚妄的偶像崇拜，就不会把它所认为有用的知识提供给这些人中的任何一个（尤其在那些厌恶基督的轭，逼迫基督徒的时代里）。然而，当神的子民要离开埃及的时候，他们把自己的金银、衣裳给了他们，不知道他们所给的东西会如何转而用于对基督的侍奉之事。因为毫无疑问，在出埃及时所成就的事就是今天要发生之事的一个预表。我这样说丝毫不带有对别的诠释的偏见，它们可以同样很好，或者是更好的。

第四十一章——研究《圣经》要求怎样的心。

62. 当学习《圣经》的人按我所指示的做好了准备，要开始考察活动时，务必要不断地思考使徒所说的话："知识是叫人自高自大，惟有爱心能造就人。"① 这样他就会明白，无论他从埃及带出了什么样的财物，如果不守逾越节，就不可能安全。而基督就是为我们被杀献祭的逾越节②，论到教我们清楚地知道基督的逾越节的，莫过于他自己对那些他看到在埃及法老手下劳苦做工的人发出的呼召了："凡劳苦担重担的人，可以到我这里来，我就使你们得安息。我心里柔和谦卑，你们当负我的轭，学我的样式，这样，你们心里就必得享安息。因为我的轭是容易的，我的担子是轻省的。"③ 对谁这担子是轻省的？不就是心里柔和谦卑的人吗？知识不能使他自高自大，爱心使他成就人。所以，务要记住，在那里守逾越节的人是在预表和影子里守，摩西吩咐他们拿一把牛膝草，蘸羊羔的血，打在门楣上和左右门框上④。这牛膝草是一种柔弱而卑微的草，然而，没有什么能比它的根更强壮，更具渗透力；我们只

---

① 《哥林多前书》8：1。
② 《哥林多前书》5：7。
③ 《马太福音》11：28—30。
④ 《出埃及记》12：22。

要在爱里有根有基，就能与众圣徒一起明白基督的爱是何等长阔高深①——也就是明白我们主的十字架，它的宽就是双臂伸展在木头上的宽度，它的长就是从地面到横杆之间的距离，整个身体从头到脚就固定在这个部分上，它的高就是从横杆到头所系的顶端，它的身体就是虽然立足在地上却隐藏着的那部分。基督徒的一切行为都因这十字架的符号得到体现，即在基督里行善，始终信靠他，盼望天国，不渎亵圣物。藉着这种基督教行为得了洁净之后，我们就能够知道"基督的爱是过于人所能测度的"，他与父同等，万物藉他被造，"叫神一切所充满的，充满了我们"。② 此处，牛膝草还有洁净功能，使心胸不因知识而膨胀，不虚枉地夸口从埃及带出来的财物。《诗篇》作者说③："求你用牛膝草洁净我，我就干净；求你洗涤我，我就比雪更白。"接着，为表明牛膝草所表示的是洁净傲慢，又立即说："使你所压伤的骨头可以踊跃。"

第四十二章——《圣经》与世俗作者比较。

63. 正如与以色列人后来在耶路撒冷所获得，并在所罗门王时代达到顶点的财富相比，他们从埃及带出来的大量金银衣裳就相形见绌了，同样，与《圣经》里的知识相比，从异教徒书籍中收集的一切有用知识都是微不足道的，因为人从别的渠道所能学到的一切东西，如果是有害的，就是《圣经》里所指责的，如果是有用的，就是里面所包含的。每个人都可以在那里找到他在别处所学的有用的东西，而且还能找到更多在任何地方都无法找到，唯有在无比崇高又极为质朴的《圣经》里才能学到的东西。

当读者掌握了这里所指出的知识，未知的符号就再也不会成为他的

---

① 《以弗所书》3：17—18。
② 《以弗所书》3：19。
③ 《诗篇》51：7—8。

障碍；当他心里柔和谦卑，顺服于基督容易的轭，负他轻省的担子，在信心里有根有基，成就为人，从而知识就不会使他自高自大，到那时，他就可以思考讨论《圣经》里模棱两可的符号。关于这些我要在第三卷里努力讨论主所乐于赐予的恩赐。

｜ 第 三 卷 ｜

内容提要：作者在前一卷里讨论了如何对付不知道的符号，接着在这第三卷里讨论如何对付模棱两可的符号。这些符号可能是直接的，也可能是象征的。就直接的符号来说，其之所以意指模糊可能是由于标点、发音或者语词本身的歧义性引起的，要解决这个问题可以通过联系上下文，比较各种译本，或者参考原文版本。就象征符号来说，我们必须注意避免犯两种错误：（1）把字面意思解释成比喻意思；（2）把比喻意思解释成字面意思。作者制定了几条规则，我们可以据此判断一个表述究竟是字面的，还是比喻的。一般的原则是，凡是字面意思看起来与纯洁的生命不一致的，或者与教义的准确性相违背的，那就必然从比喻意义上理解。接着他又就如何解释已经被证明是比喻的句子定了规则，一般原则是这样的，一种解释若不能提高对神的爱和对人的爱，那它就不是真的。最后作者阐述、说明了多纳图派的提科纽（Tichonius）提出的七条规则，他认为研究《圣经》的人应该重视这样的规则。

第一章——前两卷的概括和接下来的讨论范围。

1. 敬畏神的人勤勉地在《圣经》里寻求，想要知道神的旨意。当他藉着虔诚变得柔和，不再沉溺于争辩；当他也具备了语言知识，不再因不认识的词汇和表达式受阻，有了一定必不可少的物体的知识，不再对那些用来作比方的事物的力量和性质一无所知；并且还得到准确文本的协助——只要对校正问题精通并且关心，就可以保证文本的准确——当他有了这些装备之后，就可以进而检查并解决《圣经》里的模糊性问题。就我能为他提供指南而言，他不会被多义的符号引入歧途（然而，也有可能由于他领悟力极高，或者享受更清晰的光，对我所要指明的方法讥笑为小儿科）——但是，如我所说的，就我所能提供的指南来说，他若处在一种能够接受我的指导的心理状态中，就当知道，《圣经》的模糊性在于专用词汇和比喻意义，在第二卷里我已经对这两类作了描述①。

第二章——注意标点排除模糊的法则。

2. 如果是专用语词使《圣经》意思模糊，那么我们必须首先保证我们在断句和发音上没有任何错误。所以，如果在注意段落的时候发现不能确定应怎样断句或发音，读者就当参照从较为浅显的段落、从教会的权威那里收集来的信仰法则，我在第一卷论到事物的时候对此已经作过详尽的论述。如果这两类译本，或者所有译本（如果多于两种）给出的意思都与信仰一致，那么剩下来就要参考上下文背景，在此基础上看各种呈现出来的解释中，哪种解释可以算得上是与它本身相吻合的。

3. 现在我们来看几个例子。异教徒这样断句②："In principio erat verbum, et verbum erat apud Deum, et Deus erat"③，使下一句变成："Verbum hoc erat in principio apud Deum"④，导致在承认道就是神这一

---

① 第一卷第一章。

② 《约翰福音》1:2。

③ In the beginning was the Word, and the Word was with God, and God was. （太初有道，道与神同在，神是）

④ This Word was in the beginning with God. （这道太初与神同在）

点上极为勉强。但是我们必须根据信仰法则予以驳斥，这一法则再加上三位一体的同等性引导我们这样读："et Deus erat verbum"①，然后再读下一句："hoc erat in principio apud Deum。"②

4. 不过，以下的话不论你怎样断句，都不违背信仰，因而必须通过上下文来决定。使徒有话说："我不知道该挑选什么。我正在两难之间，情愿离世与基督同在，因为这是好得无比的。然而，我在肉身活着，为你们更是要紧的。"③ 我们不能确定是否应该读成 "ex duobus concupiscentiam habens" ［我正在两难之间］，然后 "concupiscentiam habens dissolvi, et esse cum Christo" ［情愿离世与基督同在］。但因为下一句是 "multo enim magis optimum" ［这是好得无比的］，所以很显然，他的意思是说他向往那更好的；这样，虽然他处在两难之间，但他对一个是向往，把另一个看作是必须的责任；向往的就是与基督同在，必须的是留在肉身里。这个模糊性因后面的这个词而得以解决，这个词译成 "enim" ［因为］；如果译者忽略了这个介词，就会选择这样的解释：使徒不只是处在两难之间，还向往两难④。因而我们必须这样断句："et quid eligam ignoro: compellor autem ex duobus" ［我不知道该挑选什么。我正在两难之间］，接下去是 "concupiscentiam habens dissolvi, et esse cum Christo" ［情愿离世与基督同在］。然后，就好像有人问他为什么情愿要这个，而不要那个，他补充说："multo enim magis optimus" ［因为这是好得无比的］。既如此，他又为何说处在两难之间呢？因为他必须活着，他是这样说的："manere in carne necessarium propter vos" ［然而，我在肉身活着，为你们更是要紧的］。

5. 然而，即使信仰原则和上下文都不能澄清模糊性，也没有什么

---

① And the Word was God. （这道就是神）

② The same was in the beginning with God. （这道太初与神同在）

③ 《腓立比书》1：22—24。

④ 标准本《圣经》读为：Multo magis melius, 省略了 enim。

能阻挡我们根据我们所选择的可行的方式来断句。如《哥林多后书》里的那一段："亲爱的弟兄啊，我们既有这等应许，就当洁净自己，除去身体、灵魂一切的污秽，敬畏神，得以成圣。请收纳我们，我们未曾亏负谁。"① 我们是应读成 "mundemus nos ab omni coinquinatione carnis et spiritus"［我们当洁净自己，除去身体、灵魂一切的污秽］，这与另一处所说的 "要身体、灵魂都圣洁"② 是一致的；或者应该读成 "mundemus nos ab omni coinquinatione carnis"［我们当洁净自己，除去身体的一切污秽］，这样下一句就变成 "et spiritus perficientes sanctificationem in timore Dei capite nos"［敬畏神，使灵魂得以成圣，收纳我们］。这样的断句疑难就留给读者去辨别了。

第三章——发音如何消除各种反问的模糊性。

6. 我关于模糊的断句所定的所有这些指南同样适用发音不确定的情形。因为这些发音的模糊性，若不是读者粗心所造成的，就可以根据信仰原则或者参照上下文来纠正。倘若这两种方法都不管用，那就永远不能确定了，但这样读者无论怎样发音都必不会犯错。比如，如果我们所相信的神必不会控告他所拣选的人，基督必不会责备他所拣选的人这信念没有造成妨碍，"谁能控告神所拣选的人呢？"这话就可能读成疑问句，使接下来的话成为对这个问题的回答，"是称他们为义的神"，又提出第二个问题："谁能定他们的罪呢？"回答："是已经死了的基督。"③ 然而，相信这一点简直是疯狂之极，所以在这段话里，应该把

---

① 《哥林多后书》7：1—2。

② 《哥林多前书》7：34。

③ 《罗马书》8：33—34。

第一部分读成疑问形式①，第二部分读成反问形式②。古人说过，疑问与反问的区别是这样的，疑问句可以有许多回答，而对反问句的回答必须是非"是"即"否"③。这样，读这段话时就把前一部分"谁能控告神所拣选的人呢？"读成疑问句，把下一部分"是称他们为义的神吗？"读成反问句，回答就是"不"，这样就好理解了。同样，我们要把"谁能定他们的罪呢"读成疑问句，对这个疑问句的回答也是一个反问句："是已经死了，而且从死里复活，现今在神的右边，也替我们祈求的基督吗？" 每个人都知道对此的回答就是"不"。另外，在使徒所说的另一段话里："我们可说什么呢？那本来不追求义的外邦人反得了义"④，前半句是疑问句，"我们可说什么呢？"后面是对这个问题的回答："那本来不追求义的外邦人反得了义"，如果不这样理解，那就会与下文不一致。不过对于拿但业（Nathanael）的话"从拿撒勒（Nazareth）出来能有什么好处呢？"⑤ 不论你选择什么语调来读——是以隐含着肯定性的回答的语调来读，从而"从拿撒勒出来"就是唯一属于反问的部分，还是以全面疑惑的疑问语调来读——我想都没有什么分别，两种意思都不违背信仰原则。

7. 同样，音节发音的不确定也会产生意思模糊，这当然也是与发音有关。比如，"我在暗中受造，那时，我的形体 [os meum] 并不向你隐藏"⑥，在这段话里，读者不很清楚应该把"os"读成长音还是短音。如果读成短音，它就是"ossa"[形体] 的单数；如果读成长音，就是"ora"[嘴] 的单数。诸如此类的困难可以通过查阅原版来澄清，

---

① Percontatio.

② Interrogatio.

③ 英语里没有对应的两个词表达奥古斯丁分别赋予"Percontatio"和"Interrogatio"的细微差别的含义。

④ 《罗马书》9：30。

⑤ 《约翰福音》1：47；和合本《圣经》为："你从哪里知道我呢？"——中译者注

⑥ 《诗篇》139：16。

在希腊语里，我们找到的是"stoma"［形体］，而不是"oste"［嘴］。所以，在传达意义上粗俗的俚语比有知识人所说的纯正语言更加有用。我宁愿用不规范的表达式"non est absconditum ate assure meum"［我的形体并不向你隐藏］，而不愿看到用精致的拉丁语表达、意思却不甚清晰的句子。有时候，一个音节究竟发什么音可以通过同一句里靠它最近的词来决定。比如，使徒说："我从前［praedico］告诉你们，现在［proedixi］又告诉你们，行这样事的人必不能承受神的国。"① 如果他只是说"我从前告诉你们［quoe praedico vobis］"，而没有接着说："现在又告诉你们［sicut proedixi］"，那我们只能求助于原文，否则就无法知道"praedico"这个词的中间音节是该发长音还是短音。但这里很显然应该读长音，因为他没有说"sicut praedicavi"，而是说"sicut proedixi"。

第四章——怎样才可能解决模糊性。

8. 不仅这些，那些不是由断句和发音引起的模糊性也可以用同样的方式检查。比如，《帖撒罗尼迦前书》里有这样一句话："Propterea consolati sumus fraters in vobis."② 不能确定的是，"fratres"［弟兄们］这个词是呼格还是宾格，按两种方式理解都不违背信心。但是在希腊语里，这两种格的形式是不一样的，于是我们去查阅原文，发现这格是呼格。倘若译者选择了这样的表达："propterea consolationem habuimus fraters in vobis"，他就没有严格忠实于原文，但意思就会比较确定；或者如果他加上"nostri"，几乎不会有人怀疑，当他听到"Propterea consolati sumus fraters nostri in vobis"时，所意指的是呼格。但这是一种

---

① 《路加福音》5：21。
② 《帖撒罗尼迦前书》3：7，"所以弟兄们，我们因着你们得安慰"（钦定英译本）。

相当危险的随意性。然而，对使徒在《哥林多前书》里所说的话"我在我主基督耶稣里指着你们所夸的口极力地说［per vestram gloriam］，我是天天冒死"①，就使用了这种随意性，因为译者把它译成"per vestram juro gloriam"，希腊语里的祈求形式，清清楚楚。因此，在专有词汇里很少也很难看到有模糊不清的地方，至少就《圣经》来说是这样的，对这部经书，无论是表明作者意图的上下文，各种译本的比较，还是对原文本的参照，都不能完全解释穷究。

第五章——把《圣经》里的比喻理解为 字面意思是一种可悲的奴役。

9. 比喻词的模糊性——我接下来要讨论这个话题——需要的绝不是通常的关注和勤勉。首先，我们必须当心把比喻理解为字面意思。使徒的话也适用于这种情形："那字句是叫人死，精意是叫人活。"② 因为把比喻意义上所说的意思当作字面意思来理解，这就是一种属肉体的理解。没有比把这样的灵魂称为死的更为恰当了，因为它里面使它高于兽类的东西，即理智由于盲目信赖字句，成了身体的附庸。凡跟从字句的，都把喻词当作专有语词，没有从专有语词所指示的意思引申出它的间接意义，比如他听到安息日，只会想到不断循环往复的七天当中的一天；听到献祭，只会想到通常用地上的牲畜和果子作为祭品的祭祀。可以说，灵魂把符号误解为事物，不能把心眼从有形的、受造的东西上抬升起来，沐浴永恒之光，这就是一种可悲的奴役。

---

① 《哥林多前书》15∶31。
② 《哥林多后书》3∶6。

第六章——犹太人对捆绑的利用。

10. 然而，这种捆绑对犹太人来说与对其他民族来说，意义是完全不同的。因为犹太人虽然也受缚于暂时的事物，但在所有暂时事物中，他们的心灵面前有独一的神存在。尽管他们也把注意力放在属灵事实的符号上，而不放在事实本身上，不知道符号所指的是什么，但他们在心里仍然坚定地相信，他们这样屈身于捆绑是不可见的万物之独一神所喜乐的。使徒对这种捆绑作了描述，说它如同孩子看守在校长之下[①]。那些顽固地依附于这样的符号的人，一旦向他们启示的时机来了，就不能忍受我们主的忽视，因此他们的领袖把主在安息日的消停拿来控告他，而把这些符号当作事实本身来信守的人也不可能相信，那拒不按犹太人的方式遵守它们的人是神，或者是从神来的。然而，那些确乎相信的人——耶路撒冷的第一个教会就是从他们中建立起来的——清楚地表明了得到校长的指导是一种多么大的恩惠，那些符号曾强加在顺服者头上，最终坚固了那些在敬拜造天地的独一神的基础上遵守它们的人的思想。这些人因为非常靠近属灵之事（即使在暂时的、属肉的祭献和预像中，他们可能没有清楚地领会其属灵的意义，但他们早就学会敬拜独一的永生之神），所以充满了圣灵，致使他们卖掉自己的一切财产，把所卖的价银拿来放在使徒脚前，照各人所用的，分给各人[②]，自己则全身心地奉献给神，把他看为新的殿，他们原来侍奉的旧殿只是这新殿在地上的预表。

[①] 《加拉太书》3:24。从严格意义上讲，"paioagogos"这个词不是指校长，而是指把孩子带到学校去的仆人（和合本《圣经》："我们被看守在律法之下"）。——中译者注

[②] 《使徒行传》4:34—35。

11. 从记载来看，没有哪个外邦人的教会这样做过，因为凡把人手所造的偶像当作神的，从来不曾离属灵的事物这样近过。

第七章——外邦人无用的捆绑。

如果他们中有人试图指出，他们的偶像也只是符号，但我们要说，他们用这些符号仍然是表示对受造物的敬拜和崇敬。比如，就尼普顿（Neptune）的像来说，不是把它本身看作是神，只是把它看作是广阔海洋以及其他所有从源泉流出来的水域的象征，这对我来说有什么分别呢？正如他们①的一位诗人所描述的，如果我没记错，他是这么说的："尼普顿父啊，你古老的殿在轰轰作响的海水的环绕之中，你的胡子就是流动不息的广袤海洋，你的头发是蜿蜒曲折的河流。"这种豆荚徒有迷人的外壳，里面却是咯咯作响的石头，不是人食，只是猪料。凡知道福音书的人都明白我所指的意思②。所以，把尼普顿的像用于这种解释，若不是最终使我谁也不敬拜，还能对我有什么益处呢？因为你所喜欢的任何雕像，在我看来，都是如同广阔的海洋一样的神。然而，我想，那些把人的作品当作神的人比那些把神的作品当作神的人堕落得更深。我们必须做的是享受那独一的神并侍奉他，所有那些东西，异教徒敬为诸神或者诸神的符号和代表的东西，都是他造的。既然把为某个有用的目的而设立的符号当作符号所意指的事物本身就是受肉身捆绑，更何况把代表无用之物的符号当作事物本身呢，岂不更是一种奴役！即使你回到这些符号所表示的事物本身，并且全心敬拜它们，也不可能再脱离肉体的担子和外衣。

---

① 克劳狄族人（Claudian）。
② 《路加福音》15：16。

第八章——犹太人是这样脱离捆绑的，
外邦人是那样脱离捆绑的。

12. 自由从基督来，它看见那些看守在有益符号之下的人，可以说他们与它很近，并且努力诠释捆绑他们的符号，于是就释放他们，把他们提升到这些符号所指向的实体本身。以色列圣徒的教会就是由这些人建造的。另外，它还发现另一些人受缚于无益的符号，于是，它不仅使他们脱离这些符号，不再设立任何东西，并且把所有这些符号都清除干净，好叫外邦人脱离大量假神的败坏——《圣经》往往恰当地称之为奸淫——转而敬拜独一的神；不是让他们陷入某种有益符号的捆绑之中，而是让他们在灵性领会中发挥自己的理智。

第九章——谁被符号捆绑，谁没有捆绑。

13. 可以说，凡利用或者崇敬某种有意义的物体但不知道它所意指的含义的人，就是受符号捆绑的；相反，利用或者尊敬某种神所指定的有益符号，明白它的力量和意义所在，不是敬拜可见的、暂时的符号，而是敬拜所有这些符号所指向的对象的，就是没有被符号捆绑的。这样的，即使在受奴役的时候，就是时机未到，还不适宜把那些符号向属肉的心显明出来，而顺服它们就可以克服他们的肉欲的时候，他仍是一个属灵的自由的人。长老和先知，以及以色列民中所有那些作为圣灵的媒介的人——圣灵借助于他们使我们得到《圣经》的帮助和安慰——都属于这类属灵的人。但现在，我们主的复活已经如此清楚地显明了我们自由的证据，我们既已明白那些符号，就不再受这重担的压迫，我们主本人以及使徒的做法给我们传下来少数一些仪式，不再是烦琐的仪式，它们都是轻松易守的，同时意义上极为崇高，规则上极为神圣，比如受洗的圣礼，主的身体和血的圣餐就是这样的例子。任何人只要审查这些规定，就知道它们所指何意，从而不是在属肉体的捆绑中尊敬它们，而是在属灵的自由中尊敬它们。至于跟从字句，把符号当作所表示的事物本身，则是软弱和捆绑的标记；所以错误地解释符号是由于受到谬论的误导。然而，虽然不知道某个符号意指什么，但至少知道它是一个符号的人，并没有捆绑。何况被不知道但有益的符号捆绑甚至要比错误诠释它们更好，后者把颈项从捆绑的轭下脱离出来只是为了把它插入成串的谬误之中。

第十章——我们怎样才能辨别一个句子是否是比喻。

14. 除了前面所说的原则——防止我们把比喻形式理解为字面意思——我们还必须注意不可把字面形式表达的句子按喻意来解。首先，我们必须表明该怎样辨别一个句子是字面的，还是比喻的。这方法应该是这样的：凡神的话，如果按字面意思解不符合纯洁的生活，或者与正确的教义相违背，那就可以定为是比喻的。纯洁的生活是指爱神和邻人；正确的教义是指关于神和邻人的知识。而且，每个人在自己的良心里都有盼望，就他所能接受的获得对神和他的邻人的爱和知识。所有这些问题我已经在第一卷里讲过了。

15. 然而，人判断罪恶不是按它们内在固有的罪性，而是按他们自己的习俗。情形往往是这样的，一个人唯有对他自己国家自己时代通常指责的东西才会予以指责，此外不会认为有什么是可指责的，除了他所在的团体所认可的事，不认为其他事是值得赞美或赞同的。于是就出现了这样的情况，如果《圣经》所要求的与听众的习俗相反，或者所禁止的与他的习俗并不相悖，同时这话的权威又对他们具有约束力，那么他们就会认为这样的表达是比喻形式的。而《圣经》所要求的唯有仁爱，所指责的唯有淫欲，并那样塑造人的生活。同样，如果一种谬见占据了人心，人就会认为凡《圣经》里与此相反的主张就必是比喻的。而《圣经》所主张的唯有大公信仰，关于过去、将来和现在的事的信仰。它是对过去之事的叙述，对将来之事的预言，对现在之事的描述。只是所有这些都意在培养、加强仁爱，战胜并消灭淫欲。

16. 我说的仁爱是指心里的这样一种情爱，它的目的是为神本身而爱神，并在顺服神中爱自己和邻人；我说的淫欲则是这样一种情爱，它的目的是爱自己，爱邻人，爱其他有形之事，却根本不指向神。同样，没有克服的淫欲对人自己的灵魂和身体所造成的败坏就称为恶①；它对别人造成的伤害就称为罪②。一切罪恶都可以分为这两类。但其中恶在先，当它们使灵魂精疲力竭，沦落为某种贫困的时候，就很容易滑入到罪之中，为它的恶消除障碍，或者为其寻找帮凶。同样，仁爱为人自己的益处所为的就是谨慎；为别人的益处所为的则是仁慈。这里谨慎在先，因为没有人能就自己所没有的东西给别人带来益处。淫欲的辖制在何种程度上被推翻，仁爱就在何种程度上得以建立。

第十一章——对看似描述神和圣徒的 严厉的句子的解释原则。

17. 因此，虽然《圣经》里有话描述神或他的圣徒很严厉，甚至很残忍，无论是所说的话还是所行的事，但这一切都是为了推翻淫欲的辖制。如果它的意思很清楚，我们就不必引用它的某种间接含义，反把它当成是按比喻意义说的。比如，使徒说："你竟任着你刚硬不悔改的心，为自己积蓄忿怒，以致神震怒，显他公义审判的日子来到。他必照各人的行为报应各人。凡恒心行善，寻求荣耀、尊贵和不能朽坏之福

---

① Flagitium.

② Facinus.

的，就以永生报应他们；惟有结党不顺从真理，反顺从不义的，就以忿怒、恼恨报应他们。将患难、困苦加给一切作恶的人，先是犹太人，后是希腊人。"① 但这话是对那些不愿意压抑自己的淫欲从而与自己的淫欲一同毁灭的人说的。当被淫欲辖制的人终于推翻了他自己的淫欲之辖制，就可以使用这样浅显的话："凡属基督的人，是已经把肉体的邪情私欲同钉在十字架上了。"② 即使在这些例子里，也只有几个词是在比喻意义上使用的，比如"神的忿怒"和"钉十字架"。这样的用法不是很多，也没有妨碍理解，使意思成为寓言式的，或者像谜一样的，这种表达法专门有一个词来称呼就是"比喻的"。但在对耶利米所说的话里"看哪，我今日立你在列邦列国之上，为要施行拔出、拆毁、毁坏、倾覆"③，毫无疑问，整个句子都是比喻意，指向我已经说过的那个目的。

第十二章——关于认定为属于神和圣徒的、但在不熟悉的人看来是邪恶的那些言行的解释原则。

18. 同样，还有些事物，不论只是口头所说的，还是实际所行的，在没有经验的人看来是邪恶的，但被认定是属于神的，或者属于其圣洁成为我们的典范的人的，这样的事就完全是比喻的，我们必须弄清它们所包含的隐蔽的核心意思，把它作为食物，滋养爱心。可以说，无论是谁，使用短暂的物体还不如他所生活的那个社团的习俗更加自由，这样的人或者是节制的，或者是迷信的；另外，无论是谁，使用它们从而超越善人的习俗界限，这样的人或者在其所行中有另外的含义，或者是邪恶的。在所有这样的事上，可责备的不是对物体的使用，而是使用者的淫欲。比如，当我们的主的脚被妇人用极贵的香

---

① 《罗马书》2∶5—10。
② 《路加福音》5∶24。
③ 《耶利米书》1∶10。

膏抹的时候，凡有正常理智的人都不会相信这与那些奢侈而放荡的人在我们所厌恶的宴会上常常在他们的脚上抹香膏是出于相同的目的。甜美的气味意味着藉充满善行的生活赢得好的报告；凡赢得了这样的报告的人，跟从基督的脚踪，（可以说）用极贵的香膏抹他的脚。这样看来，在外人那里常常是罪的事，当它属于神或某位先知的时候，就变成了某种伟大真理的符号。比如，出于恣意放任与妓女为伍是一回事，按先知何西阿的预言娶淫妇①则是另一回事。因为在纸醉金迷的宴会上赤身裸体是可耻而邪恶的事，但不能说在浴室里赤裸身子也是一种罪恶。

19. 因而，我们必须仔细斟酌什么东西适宜于时间、地点和人物，不可轻易指责人有罪。很可能一个聪明人使用最为精美的食物，却丝毫没有享乐主义或贪婪暴食之嫌，而一个愚拙人则张开血盆大口贪吃最糟糕的食物。任何正常的人都宁愿按我们主的方式吃鱼，按以扫的方式吃滨豆，按牛的方式吃麦饼。有一些动物是以吃平民类食物为生的，但不能由此说它们比我们更加节制。因为在所有这类事上，决定我们是值得赞美还是该受指责的，不是我们所使用的事物的本性，而是我们使用它们的原因，以及我们追求它们的方式。

20. 古代的圣徒，在某种属尘世的国的形式下预示并预言着天上的国。由于需要繁衍大量后代，一夫多妻的习俗在那时是合法的，出于同样的原因，一妻多夫是不适当的，因为女子并不能以这样的方式成为多产的，相反，通过乱交关系获得或求子孙那是低贱的妓女行为。关于这类事，那个时代的圣人所做的任何事毫无疑问都不是淫欲的，《圣经》对此没有一点谴责之意，尽管他们所做的事在今天是不可能做的，除非是出于淫欲。《圣经》里所叙述的这类事，我们不仅要从它们的历史意义和字面意义上去理解，还要理解它们的比喻和预言意义，本着最终以

---

① 《何西阿书》1：2。

爱神或爱人或两者兼之为目的去解释。正如在古罗马（Rome）穿及膝、袖口镶边的衣服是不体面的，而今天高贵的人若不穿这样的衣服才是不体面的；同样，我们也要充分关注其他的事，淫欲不能与我们对这些事的使用混合起来，因为淫欲不仅把我们所生活的团体的习俗滥用于邪恶的目的，还常常越出习俗的界限，把原本隐藏在时髦的外表下的丑恶本质可耻的爆发出来。

第十三章——续前一话题。

21. 无论什么事，凡是与那些我们或者出于迫不得已，或者作为一种职责与之共度此生的人的习惯的，都必须靠良善而伟大的人转向某种谨慎或仁慈的目的，或者是直接意义上的，那是我们的职责，或者比喻意义上的，那是先知可做的。

第十四章——那些认为没有绝对的对和错的人的错谬。

22. 当除了自己的生活方式对别的生活方式一无所知的人遇到关于这些行为的记载时，除非受到权威的压制，否则就会把它们视为罪恶，并且不认为他们自己的习俗——无论是关于婚姻、节日、服饰，还是人类生活中的必需品和装饰品——在别的民族、别的时代看来是邪恶的。由于受如此纷繁多样的习俗困扰，有些半睡半醒的人（我可以这样说）——也就是那些既没有沉入到愚拙的深睡里，又不能在智慧的光明里清醒的人——就认为没有什么绝对正确的东西存在，每个民族都把自己的习俗看作是对的；而每个民族又有各自不同的习俗，但所谓正确就必须是永恒不变的，所以显而易见，根本就没有正确这种东西。这些人不知道——只要举一个例子——"无论何事，你们愿意人怎样待你们，你们也要怎样待人"① 这律例是不可能因任何民族的习俗而改变的。当这律例指向神的爱时，它能毁灭一切邪恶；当指向邻邦人的爱时，则能除去一切罪恶。没有人愿意玷污自己的住所，那他就不该玷污神的住所，因为那就是他自己的住所。没有人希望自己受到别人的伤害，因而，他也不可伤害别人。

第十五章——诠释比喻表达的规则。

23. 淫欲的暴政既然被推翻了，仁爱就藉它最公正的律法作了王，这律法就是为神而爱神，也为神爱自己和邻人。于是，关于比喻的表述，必须遵守以下的规则：要在我们心里对所读到的话反复思量、仔细斟酌，直到找到一种解释是能够建立爱的王位的。当然，如果从字面就可以看出这种意思，那就不能认为这话是比喻的。

第十六章——诠释命令和禁令的规则。

24. 如果句子是一个命令，不论是禁止犯罪、作恶的，还是要求行谨慎、仁慈之事的，都不是比喻。然而，如果它看起来是要求犯罪、作恶，或者禁止某种谨慎、仁慈的行为，那就是比喻。基督说："你们若不吃人子的肉，不喝人子的血，就没有生命在你们里面。"这话看起来是要人犯罪、作恶，因而是一个比喻，要求我们分有我们主的苦难，对他的肉身为我们受伤、被钉十字架之事保持甜美而有益的记忆。《圣经》上说："你的仇敌若饿了，就给他吃；若渴了，就给他喝"，这毫无疑问是命令我们行善。但对接下去的话"因为你这样行，就是把炭

① 《马太福音》7：12；比较《多比传》4：12。

火堆在他的头上"①，人就会以为是要求人作恶事，所以这话是比喻意义上的。尽管这话也可能会有两方面的理解，一个指行伤害之事，另一个指炫耀优越性，但是愿爱使你回到仁慈，把炭火解释为燃起悔改的叹息，使他因自己曾与那到来帮助他摆脱患难的人为敌而痛哭，由此除去他的傲慢。同样，当我们的主说："爱惜自己生命的，就失丧生命"，②我们不可以为他是禁止人谨慎——按谨慎的要求，关爱自己的生命乃是人的职责——而要认为他是在比喻意义上讲"失丧生命"的，意思是说他如今悖逆地、非自然地使用自己的生命，让他毁灭、丧失的就是这种使用方式，因为这种使用使他只渴望暂时的事物，对永恒的东西无暇顾及。经上说："要帮助虔诚的人，不要帮助恶人。"③ 这话的后半句看起来似乎是不要人行善，因为它说"不要帮助恶人。"但显然，这里的"恶人"是比喻罪，也就是说你不要帮助他犯罪。

第十七章——有些诫命是为所有人立的，
有些是为特定人立的。

25. 同样，一个已经或者认为自己已经达到灵性生活的更高层次的人，会认为为那些还处在较低层次的人立的诫命是比喻性的，这是常有的事。比如，如果他已经拥有正直的生活，并且为了天上的国而阉了自己，就会争辩说《圣经》里所立的关于爱妻、管妻的诫命不能从字面上去解释，而要从比喻意义上理解；如果他选择了保持独身不结婚，就会对以下所说的话作喻义诠释："要打发你的女儿出阁，这样你就大功告成了。"④ 所以，我们领会《圣经》还应有另一条规则：要知道有些

---

① 《罗马书》12∶20；《箴言》25∶21—22。
② 《约翰福音》12∶25；比较《马太福音》10∶39。
③ 《便西拉智训》12∶4；比较《多比传》4∶17。
④ 《便西拉智训》7∶27。

诚命是为所有的人立的，有些则是为特定的人立的，这样，药就不仅作用于全体人的健康状况，而且对每个人的具体弱点也同样有效。因为对那些不能提升到更高层次的人，也必须在他自己的状态中予以关心。

第十八章——我们必须考虑可享受或允许之事的时间性。

26. 我们还必须注意，旧约里所记载的事，考虑到那些时代的具体情况，即使我们按字面理解，而不从比喻意义上解释，也不是罪或恶，但不可以为这些事可以沿袭到今天成为我们的生活习俗。没有人会这样做，除非淫欲辖制了他，使他从原意要革除这些习俗的《圣经》里去寻找支持它们的证据。这个可怜的人不知道把这些事记载下来是有意图的，就是使有美好盼望的人学得有益的教训：他们所摒弃的习俗可以转变为好事，只要怀着爱心去使用它们；他们所珍爱的习俗也可以成为备受谴责的，如果怀着淫欲使用的话。

27. 一个人可以圣洁地使用多位妻子，另一个人也可能充满淫欲地使用一位妻子。在我看来，为某种将来的目的利用多位妻子的果实的人，比为身体本身而享受一位妻子的人更值得赞赏。在前者，人是为了与具体历史环境相适应的有益的目的；在后者，人满足于现世的享乐。那些使徒出于宽容允许他们有自己的妻子以遏制放荡不羁的行为的人①，比起那些虽然有多位妻子，但正如智慧人吃饭喝水只是为了保持身体健康一样，他们娶妻也只是为了繁衍后代。所以，这些人若是在我们的主到临之时，就是堆聚石头而不是抛掷石头的时候到来之时②仍然活着，他们必会为了天上的国毫不犹豫地使自己成为阉人。因为只要享受时没有淫欲，要抛弃它并不是什么困难的事。可以相信，那些我所论

---

① 《哥林多前书》7：1、2、9。

② 《传道书》3：5。

到的人早就知道，不节制——即使是与自己的妻子——就是淫乱、放荡，就如多比（Tobit）在聚妻的祷告所证明的，他说："我们列祖之神啊，你当得赞美。天地生灵颂主名，浩荡造物恩，荣耀永无疆。你创造亚当，又为其配偶夏娃，做他的帮手与内助，使他们成为人类的父母。……主啊，你知道如今我娶了这位姐妹，并非出自情欲，乃因本乎正义。主啊，求你怜悯我们。"①

第十九章——恶人按自己论断人。

28. 但那些放任淫欲作王的人，或者沉湎于大量的淫乐，流连忘返，或者甚至有一位妻子也不仅超出生儿育女之需要的范围，而且以一种卑鄙之自由的无耻放任堆积更加令人不齿的污秽，这样的人不相信古人能节制地使用多位妻子，不求别的，只望行使在那个时代所必需的繁衍人类的职责；这些陷入了欲望之网的人，他们自己在一妻制下所做不到的事，就认为那些人在多妻制下是绝不可能做到的。

29. 但同样是这些人会说，对良善的圣人连尊敬和赞美也是不恰当的，因为他们自己一得到荣耀和赞美，就自高自大起来，越是渴望虚荣，就越频繁越广泛地受到阿谀奉承，于是就变得极为轻浮，甚至捕风捉影的谣传，不管看起来多么悖谬、不合情理，也会使他们陷入邪恶的旋涡，或者把他们抛到罪恶的暗礁之上。他们应当知道，对他们来说，要避免被赞美之诱饵抓住，或者不被污辱之刺刺中，是何等困难。无论如何，他们不可以以己度人，拿自己的标准去衡量别人。

---

① 《多比传》8：5—7。译文参照了《圣经后典》，张久宣译，商务印书馆 1996 年版。——中译者注

第二十章——善人在一切外部环境中都保持一致性。

相反，他们应当相信，我们使徒的信心既没有因受到人的荣耀而自高自大，也没有因受到人的鄙视而自甘堕落。那些伟大的人自然不是没有受到种种诱惑，因为他们既有信徒的大声称颂，也有逼迫者的诽谤和侮辱。但是众使徒视所有这一切为侍奉的机会，因而未曾被败坏。同样，古代的圣徒拥有多妻只是出于他们所处的时代的需要，并没有像那些拒不相信这些事的人那样被淫欲捆绑。

30. 倘若他们也曾被诸如此类的情欲困扰，那就不可能做到控制难以平息的怒火，不恨恶自己的儿子，因为他们知道，自己的儿子勾搭、诱奸了自己的妻子和嫔妃。

第二十一章——大卫虽然陷入通奸行为，
但不是满有淫欲的。

当大卫王从他邪恶而悖逆的儿子那里遭受了这种伤害，他不只是忍受他疯狂的情欲，还为他的死哀痛悲哭。他当然没有陷入属肉体嫉妒的罗网，因为使他心痛的不是自己受到伤害，而是他儿子的罪。正是出于这个原因，他命令将士如果在战场上俘虏了他儿子，不可将他杀死，好让他在被征服之后有悔改的机会。但他的这个意图受挫，他们把他儿子杀死了，于是他为他的死哀痛伤心，不是因为他自己的损失，而是因为他知道如此邪恶的通奸者和弑父者已经匆匆遭受了怎样的刑罚①。在此之前，他另一个不曾犯过任何罪的儿子生了重病，他虽然为此痛苦万

---

① 比较《撒母耳记下》16：22，18：5，19：1。

分，但儿子死了之后反而得了安慰①。

31. 那些人在使用众妻上具有何等节制和自制主要体现在这里：当这位大卫王被炽热的情欲和短暂的繁华所迷惑，以不合法的手段占有了一个妇人，并命令让她的丈夫去送死，于是就有先知来指控他的罪恶。先知在显明他的罪之前，给他说了一个寓言：一个穷人除了一只小母羊羔之外，别无所有，而他的邻人虽然有许多牛群羊群，然而当一客人来到这财主家，他却舍不得从自己的牛群羊群中取一只预备给客人吃，却取了那穷人的羊羔预备给客人吃。大卫就甚恼怒那人，发誓说他要处死那人，并要偿还羊羔四倍给穷人；他不知不觉中所指责的这罪正是他明知故犯的罪②。当他意识到这一点，当神以刑罚来指责他，他就深深悔改，以此洗去自己的罪。然而，在这则寓言中，唯有通奸行为由穷人的母羊羔得到显示，关于杀妇人的丈夫的行为——也就是，谋杀唯有一只母羊羔的穷人的行为——寓言里什么也没说，所以定罪只针对通奸行为，由此我们可以明白，拥有多妻的人因侵犯了某个妇人而被迫惩罚自己时所表现了的节制。但就他来说，放任的欲望并没有在他里面定居，只是作为一个过客而已。因此，甚至控告他的先知也把不合理的欲望称为一个客人。因为他没有说财主拿了穷人的母羊羔去宴请他的王，而是说去款待他的客人。然而就他的儿子所罗门来说，这种淫欲并不是像客人一样来了就去，而是在他身上作了王。对他《圣经》没有沉默，而是指责他成为陌生妇人的爱人；他刚开始作王的时候还满腔热情地追求智慧，但他在藉着属灵的爱获得了智慧之后，却又因属肉体的欲望失去了智慧③。

---

① 《撒母耳记下》12∶19—23。
② 《撒母耳记下》12∶1—10。
③ 《历代志下》1∶10—12；《列王纪上》11∶1—13。

第二十二章——关于《圣经》里所赞同的但受到今天的
善人之谴责的那些行为的规则。

32. 因而，尽管旧约所记载的所有或者几乎所有的行为都不能只是从字面上去理解，还要从比喻意义上理解，但是即使就那些读者理解为字面的行为而言——这些行为记载的作者是赞赏的，但与善人的习惯是不相一致的，自从我们主到来之后，这些善人就是神圣诫命的守护者——他应把比喻引入对它的解释之中，不可将那种行为转化为他的生活习惯。因为许多事情当时是迫不得已做的，今天若不是由于淫欲是不可能做这样的事的。

第二十三章——关于伟人之罪的叙述规则。

33. 当他读到伟人的罪恶时，虽然也可能从中看出、捕捉到某种即将到来的预表，但他应当也从这样的方式去使用历史事实，他既然看到卓越的人既能避开风暴，又能免除海难，就知道不可夸口自己的善行，不可拿别人与自己的公义比较，从而鄙视他人为罪人。经上之所以记载这些人的罪恶是为了这样的目的，无论何时、无论何地，人都能对使徒的话颤抖："所以，自己以为站得稳的，须要谨慎，免得跌倒。"① 《圣经》里几乎没有哪一处没有清楚地写明，神阻挡骄傲的人，赐恩给谦卑的人②。

第二十四章——所用的表达首先要有分量。

34. 因而，就我们想要领会的任何表述来说，首先要搞清楚它究竟

---

① 《哥林多前书》10：12。
② 比较《雅各书》4：6；《彼得前书》5：6（和合本是第5节）。——中译者注

是字面的，还是比喻的。如果能确定是比喻的，就可以通过使用我们在第一卷里所讨论的事物法则，很容易对它进行各方面的思考，直到获得真正的含义；如果我们有因虔诚的锤炼而巩固下来的经验的帮助，就更能做到这一点。我们要确定某个表述是字面意思还是比喻意思，就要看以上所列明的各种条件。

第二十五章——同一个词并不总是表示同一件事。

如果表述显然是比喻的，就可以发现，句子中的词或者是从相似的物体来的，或者是从具有一定相关性的物体来的。

35. 但是事物有许多方式来显明彼此的相似性，所以我们不能以为有这样一条规则：一样东西在一个地方所表示的意思可以适用于任何地方。比如，我们的主既在坏的意义上使用面酵，如他所说的："你们要谨慎，防备法利赛人（Pharisees）的酵"，[①] 也在好的意义上使用，如他所说的："神的国好比面酵，有妇人拿来藏在三斗面里，直等全团都发起来。"[②]

36. 关于这种变化的规则有两种形式。时儿表示此事，时儿表示延缓事的东西或者表示相反的事物，或者表示有区别的事物。表示相反的事物的例子如，从比喻意义上有时用于好的意思，有时则用于坏的意思，如以上所提到的面酵就是这样的。另一个例子是狮子，即代表基督，如经上所说的："犹太支派中的狮子已经得胜"；[③] 又代表魔鬼，如另一处所写的："你们的仇敌魔鬼，如同吼叫的狮子，遍地游行，寻找可吞吃的

---

① 《马太福音》16：6；《路加福音》12：1。
② 《路加福音》13：21。
③ 《启示录》5：5。

人。"① 同样，蛇也既用在好的意思上："要灵巧像蛇"②；又在坏的意思上使用："蛇用诡诈诱惑了夏娃。"③ 饼可以从好的方面使用："我是从天上降下来生命的粮"④，也可以从坏的方面使用："暗吃的饼是好的。"⑤ 还有大量诸如此类的例子。我所引用的例子就其意义而言绝不是模糊的，因为唯有浅白的例子才应当拿来做例证。然而，也有些段落，无法确定该在什么意义上理解它们，如 "耶和华手里有杯，其中的酒是红色的，杯内满了搀杂的酒。"⑥ 我们无法确定，这是指神的忿怒，但还没有到最极端的惩罚，即 "到这酒的渣滓"；还是指《圣经》的恩典从犹太人转移到了外邦人，因为 "他放倒一个，立起另一个"——然而，犹太人从属肉意义上理解的某些守则仍然留在他们中间，"渣滓还没有除净。" 以下的例子表明同一个物体不是理解为相反的意思，而只是具有不同的意义：水表示民，如我们在《启示录》里所看到的⑦，同时也指圣灵，如 "从他腹中要流出活水的江河来"。⑧ 除了水之外，还有许多其他东西都必须根据它们所处的上下文来解释其含义。

37. 同样，其他物体也不只有一个意义，每个都不只表示两个意义，有时其他有几个不同的东西，这些都要根据它们所处的上下文联系来确定。

第二十六章——模糊的段落要根据那些清晰的段落来解释。

我们必须从意思表达比较明显的段落收集信息，以理解同样的话在

① 《彼得前书》5：8。
② 《马太福音》10：16。
③ 《哥林多后书》11：3。
④ 《约翰福音》6：51。
⑤ 《箴言》9：17。
⑥ 《诗篇》75：8。
⑦ 《启示录》17：15。
⑧ 《约翰福音》7：38。

比较模糊的段落里所表达的意思。比如，我们要领会对神说的话"拿着大小的盾牌，起来帮助我"[1]，最好的方法就是参照另一段："耶和华啊，你必用恩惠如同盾牌四面护卫他。"[2] 当然我们不可以为，无论什么地方看到盾牌这个词就把它理解为某种护卫，我们必须把它看作是指神的恩惠。因为我们还看到有信心的盾牌，如使徒所说的："拿着信德当作藤牌，可以灭尽那恶者一切的火箭。"[3] 另外，关于这种属灵的盔甲，我们也不可只是把信心交给盾牌，因为我们还在另一处读到信心的"护心镜"，如使徒所说的："把信和爱当作护心镜遮胸。"[4]

第二十七章——一个段落可能有多种解释。

38. 同样，有时候，《圣经》里的同一句话，可能不只一种解释，而有两种甚至多种解释，尽管作者的原意仍然没有找到，但只要能从《圣经》的其他段落表明，这些解释都是与真理一致的，那就没有任何危险。如果人在研究《圣经》时力求找到作者——圣灵藉他说话——的意图，不论他是如愿以偿，还是从句子里引申出另一种意思，只要这种意思不与正确教义相悖，只要有《圣经》的其他段落为它作佐证，他就是无可指责的。作者可能早就看见我们终有一天要把这种藏在字里行间的意思解释出来；并且可以肯定，藉着作者说出这些话的圣灵也早就预见到这种读者总会发现这种意思，而且早就作好预备让他发现它，因为它是建立在真理基础之上的。神关于《圣经》所作的预备，还有什么能比——允许同一个句子有不同的含义，只要它们与其他段落彼此印证，就视之为同等神圣的——更慷慨，更丰富的呢？

---

① 《诗篇》35:2。
② 《诗篇》5:12。
③ 《以弗所书》6:16。
④ 《帖撒罗尼迦前书》5:8。

第二十八章——用别的《圣经》段落来解释可疑
段落比用理解推论更加安全。

39. 然而，如果一种意思展开之后，它里面所包含的模糊性无法通过《圣经》里其他确定的段落来澄清，那么我们只能靠理性的证明来厘清它。但是这是一种危险的做法。因为行在《圣经》的光里要比这安全得多，所以当我们想要检查那些因使用喻意表述而意思不明显的段落时，我们所得到的意思必须是没有相反证据的，如果出现与之矛盾的地方，则可以通过同一卷《圣经》里各个部分的佐证来确定它的意思。

第二十九章——了解各种比喻是必不可少的。

40. 而且，我希望有识之士知道，我们的《圣经》作者们使用了语法学家们用希腊词所称的"tropes"（转义，比喻）的各种表达形式，并且比起那些对《圣经》书卷不熟悉，从其他著作中学会这些比喻用法的人，更能运用自如，变化多样，其娴熟技法超过后者的想象，令人不可思议。但无论如何，了解这些比喻形式的人总能在《圣经》里认出它们，并且他们的这种认识对其理解《圣经》有莫大的帮助。只是这里不是教导这种知识的地方，免得看来我是在上语法课。然而，我一定要建议没有这方面知识的人要在其他地方接受这种教育，事实上，我在上面，在第二卷里，也就是在我讨论语言知识的必要性时已经提出过这样的告诫。书写的字母——语法本身就是从它们得名的（在希腊语里字母是"grammata"）——就是声音的符号，这声音就是我们说话所发出的清晰的声音。我们不仅在《圣经》里发现关于这些比喻法的例子，还看到这些比喻的名称本身，比如明喻、暗喻、寓言（借喻）。然而，几乎所有这些被认为通过自由教育学会的比喻形式都可以在没有学过语法，只是满足于粗俗的土话的人的日常会话中看到。谁不会说："你可能发了吧？"这样的话，这就是比喻的一种形式即暗喻。谁都会使用鱼塘①这个词，其实里面既没有鱼，也不是用来养鱼的，只是从鱼得了这个名称。这种比喻形式就是词语误用。

41. 要是这样将其余的形式一一叙述，那会显得冗长而乏味。普通人在说话时都能使用到各种形式，甚至那些比较奇特的比喻，即意思与所说的话完全相反的形式，比如那些称为"反讽法"和"反语法"的比喻。用反讽时，我们通常用语调来表明我们所要传达的意思，比如，如果我们对一个做了坏事的人说："你做的好事。"但我们在使用反语来表达与字面意思相反的意思时不是通过声音语调，而是使用那些从反义推导词源的词，如因为树丛中昏暗无光而称为"lucus"；或者按照惯用法使用某种表达式，但要根据反义法则把"是"理解为"否"，比如我们在某地要那里所没有的东西，得到的回答却是："多得很"；或者我们加上一句话把我们要表达的反面意思显示出来，如"要当心，他可是个好人"。没有受过这方面教育的人虽然对这些比喻形式的性质或名称一无所知，但谁不在随处使用着呢？但是这方面的知识对厘清《圣经》里的难题是必不可少的。因为如果从字面看句子的意思显得非常荒唐，那我们就要考虑它们是否可能在这个或那个我们并不知道的比喻意义上使用的；这样，许多模糊的段落就会变得清晰明显起来。

第三十章——检查多纳图派信徒提科纽的规则。

42. 一位名为提科纽的人，虽然自己也是个多纳图派信徒，却写了

---

① Piscina（直译为鱼塘）这个词在后奥古斯丁时代用来指任何有水的池子，比如游泳池，或供牲口饮水的水塘。

最得意的作品反对多纳图派信徒（又不愿完全放弃他们，可见他是个极为反复无常的人），另外还写了一本称为《论规则》的书，因为他在里面立了七条规则，可以说，都是打开《圣经》奥秘的钥匙。其中第一条是关于主和他的身体的，第二条讲主的身体的二分法，第三条关于应许和律法，第四条关于"种"和"类"，第五条关于时间，第六条关于概述，第七条关于魔鬼及其身体。这些规则，就它们的作者所阐明的，如果确实能够得到认真考虑，对参透《圣经》里的奥秘是有相当大的帮助。但是它们并不能解释所有的困难段落，因为还有一些必要的方法，远不是所谓的"七条"所能够囊括的，甚至作者本人在解释许多模糊段落时也没有使用他自己的规则，因为发现根本不需要它们，事实上，许多段落的困难并不是他的规则所能应用的那类困难。比如说，他问我们该如何理解《启示录》中教会——约翰受命给它们写信——的七天使；经过大量复杂的推论之后，他得到结论说，这天使就是教会本身。纵观这冗长而详尽的讨论，虽然所问的问题确实非常模糊，但全然没有使用所立的规则。作为一个例子，这就足够了，若把《圣经》正典里包含模糊性但不需要这七条规则来澄清的段落全都罗列出来，那就太乏味太令人厌烦了。

43. 然而，作者本人在举荐这些规则时，言过其实，似乎只要彻底了解它们并充分应用，就能解释律法书，即《圣经》里所有的模糊段落了。他是这样评价自己这本书的："在我所能想到的一切事情中，我想，没有什么比写这本论规则的小书更有必要了，可以说，它为律法书里的奥秘之处设了钥匙，开了窗户。有一些神秘规则掌握着开启整部律法奥秘之处的钥匙，并使许多人无法看见的真理之财宝成为可见的。如果这套规则能完全按我所表达的意思接受，没有任何嫉妒，那么一切关闭的都将开启，一切模糊的都将清晰，这样，一个穿越广袤之预言森林的人只要遵循这些规则，把它们看作是指路明灯，就必不会迷路。"要是他说："有一些神秘的规则可以开启律法里的某些奥秘"，或者甚至说："可以开启律法里的大奥秘"，而不是如他所说的"整部律法的奥秘"；要是他说的不是"一切关闭的都将开启"，而是"许多关闭的事都将开启"，那他所说的话就是有道理的，就没有对他这本精致的且有益的作品夸大其词，就不会使读者陷入虚幻的指望之中。我想说这么多是应该的，这样既可以促使勤学者去看这本书（因为它对理解《圣经》十分有益），同时也知道不可对它有过高的期望。当然，在阅读的时候，必须小心谨慎，这不仅因为作者作为一个人必然会犯的一些错误，更主要的是因为他作为一个多纳图派信徒所提出的异端邪说。接下来我要简单地指出这七条规则所教导或建议的是什么。

第三十一章——提科组的第一条规则。

44. 第一条是关于"主和他的身体"。如我们所知道的，头和身体，即基督和他的教会常常是表现为一个人的（既然只有一位亚伯拉罕的后裔，那就是基督，那么对信徒说"你们就是亚伯拉罕的后裔"并不是枉然的），所以，无论是从头到身体的转移，还是从身体到头的转移，所论到的人本身毫无变化，对此我们必不会有任何理解上的困难。因为一个人就如经上所说的："他装扮我，好像新郎戴上华冠，又像新妇佩戴妆饰"①，当然，这是一个如何解释的问题，这两者中哪个是指头，哪个是指身体，也就是说，哪个是基督，哪个是教会。

第三十二章——提科组的第二条规则。

45. 第二条规则是关于主的身体的二分法，但这其实是个不恰当的说法，因为基督的身体确实没有哪一部分是不与他一同永在的。因

---

① 《以赛亚书》61：10（七十子译本）。

而，我们应当说这条规则是关于主的真正身体和混合身体，或者说关于真的和假的身体，或者其他诸如此类的；因为即使现在，也不能说伪善者在他里面，尽管看起来他们是在他的教会里，更不要说永恒了。因此，这条规则可以这样定名：关于"混合的教会"。这条规则要求读者当心，《圣经》如今虽然已经开始论到不同的人群，但看起来还是在论说与以前一样的人群，似乎由于两类人群共同参加了圣礼，所以构成了同一个身体。这样的一个例子就是《所罗门之歌》（*Song of Solomon*）里的一段话："我很黑，但我很俊，就像吉达尔（Kedar）的帐棚，所罗门的窗帘。"① 它没有说，我像吉达尔的帐棚一样黑，但像所罗门的窗帘一样俊。教会自称现在就是两者，这是因为好鱼和坏鱼已经混在同一张网里了②。吉达尔的帐棚涉及以实玛利（Ishmael），他"不可与自主妇人的儿子一同承爱产业"。③ 同样，当神论到教会的好的部分时，"我要引瞎子行不认识的道，领他们走不知道的路；在他们面前使黑暗变为光明，使弯曲变为平直。这些事我都要行，并不离弃他们"。④ 关于另一部分他又随即补充说，坏的已经与好的混合了，"他们必得回转"。这些话指向一群与先前完全不同的人，但因为现在这两者已经联合为一体，所以他说话时似乎句子的主语并没有发生任何变化。然而，他们必不会永远在同一个身体里面，因为其中一个是个恶仆，这是福音书告诉我们的，当他的主人到来之后，"必重重地处治他（注：或作'把他腰斩了'），定他和假冒为善的人同罪"。⑤

---

① 《所罗门之歌》1：5。

② 《马太福音》13：47—48。

③ 《加拉太书》4：30。

④ 《以赛亚书》42：16。

⑤ 《马太福音》24：50—51。

第三十三章——提科纽的第三条规则。

46. 第三条规则是关于应许和律法的，用另外的术语表述，可以说关于精意和字句的规则，后者是我在写一本这个主题的书时所用的题目。也可以称之为关于恩典和律法的规则。然而，在我看来，与其说这条规则是解决其他问题的方法，还不如说它自身就是一个大问题。正是出于对这个问题的澄清愿望，才产生了或者至少很大程度上激发了佩拉纠的异端（Pelagian heresy）。提科纽为澄清这个问题尽了大力，但最终没有完成。因为在论到信心和事工问题时，他说事工是神赐给我们作为信心的报偿的，但信心本身绝不是我们自己的，甚至也没有从神临到我们；他忘记了使徒说过的话："愿平安、仁爱、信心从父神和主耶稣基督归与弟兄们。"[①] 不过，他不曾与这种异端有过接触，因为这异端是在我们时代才出现的，并且给我们捍卫藉我们的主耶稣基督显现的神的恩典增添了很多劳苦和麻烦，这异端（按使徒的说法，"在你们中间不免有分门结党的事，好让那些有经验的人显明出来"[②]）还使我们更加当心，更加勤勉地在《圣经》里寻找提科纽所没有注意的东西，因为提科纽当时并没有直接的仇敌要面对，所以在这个问题上，即就是信心本身也是那"分给各人大小信心"的神所恩赐的，不那么精心和关心。这样说来，凡从这段话知道并相信所有这些都是神所赐的，谁能怀疑它们每一个都是神的恩赐？此外还有许多别的证据可以证明这一点，但这里不是我讨论这个教义的地方，其实关于这个问题我已多次提到，不是在这个地方，就是在那个地方。

---

① 《以弗所书》6:23。
② 《哥林多前书》11:19。

第三十四章——提科纽的第四条规则。

47. 提科纽的第四条规则是关于"种和类"的。他之所以这样称呼,意在把种理解为一个部分,把类理解为作为部分的种所属的整个类。比如,每个城市都是诸多民族组成的大社会的一部分,所以他把城市称为种,把所有民族构成的整体称为类。这里没有必要标出细微的差别,那是逻辑学家们使用的东西,因为这些人对部分和种之间也作了细致入微的区分。只要《圣经》里出现所提到的诸如此类的事,这规则就适用,不是指单个的城市,而是指单个行省、支派、王国。比如,不只是关于耶路撒冷,或某个外邦人的城市,如泰尔(Tyre)或巴比伦(Babylon)所说的,其意义是超越城市界限的,更适用于所有的民族;而且在于犹大(Judea)、埃及、亚述(Assyria),或者任何其他你所选择的包含许多城市、但还不是全世界、仍然只是世界的一部分的国家,关于它们所说的事也同样超越特定民族的界限,更适用于其所属的那个整体,或者如我们的作者所说的,更适用于种所属的那个类。因此这些话已经成为众所周知的,就算没有受过教育的人也明白,帝国所立的命令哪些是特殊的,哪些是一般的。在人也同样如此,比如,论到所罗门的事远远超出他本人的界限,唯有把它们应用到基督并他的教会——所罗门就是它的一部分——才可能正确理解[1]。

48. 当然种并不总是被超越的,因为总会有诸如此类的事物显然是适用于它的,甚至是它所专用的。但是当《圣经》——既已论到种这一点——出现了从种向类的转变,读者必须小心谨慎,能更好地、更确定地在类里找到的东西,不可在种里寻找。举一个例子来说,先知以西结说:"以色列家住在本地的时候,在行动作为上玷污那地。他们的行

---

[1] 《撒母耳记下》7:14—16。

为在我面前，好像正在经期的妇人那样污秽。所以我因他们在那地上流人的血，又因他们以偶像玷污那地，就把我的忿怒倾在他们身上。我将他们分散在列国，四散在列邦，按他们的行动作为惩罚他们。"① 我们很容易看出，这话是针对以色列家说的，就是使徒所说的"你们看属肉体的以色列人"②，因为属肉体的以色列人既行了也承受了这里所提到的一切。同样，紧接着所说的话也可以理解为是指这族人的。但当先知开始说"我要使我的大名显为圣，这名在异教中已被亵渎，就是你们在他们中间所亵渎的；他们必知道我就是主耶和华"③，读者当仔细看清，种是如何被超越，类是如此引入的。他接着说："我必在他们眼前、在你们身上显为圣。我必从各国收取你们，从列邦聚集你们，引导你们归回本地。我必用清水洒在你们身上，你们就洁净了。我要洁净你们，使你们脱离一切的污秽，弃掉一切的偶像。我也要赐给你们一个新心，将新灵放在你们里面。使你们顺从我的律例、谨守遵行我的典章。你们必住在我所赐给你们列祖之地。你们要作我的子民，我要作你们的神。我必救你们脱离一切的污秽。"④ 这是关于新约的一个预言，不仅某个族类的余民与之相关——这个族类就是经上另一处所说的"以色列啊，你的百姓虽多如海沙，惟有剩下的得救"⑤ ——而且应许给他们列祖和我们列祖的其他人也与之有关；这里还包含一个重生洗礼的应许，如我们所看到，这应许如今已经给了所有的人，凡认真领会的人谁也不会对这些信息有所怀疑。使徒在赞美新约的恩典，并将新约与旧约相比的优点时，说："你们就是我们的荐信……不是用墨写的，乃是用永生神的灵写的；不是写在石版上，乃是写在心版上"，⑥ 这话显然是

---

① 《以西结书》36：17—19。
② 《哥林多前书》10：18。这里的"异教"在和合译为"列国"。——中译者注
③ 《以西结书》36：23。
④ 《以西结书》36：23—29。
⑤ 《以赛亚书》10：22。
⑥ 《哥林多后书》3：2—3。

指先知所说的这个地方："我要赐给你们新心，将新灵放在你们里面；我要拿走你们肉体里的石心，要赐给你们肉心。"① 这里的肉心——使徒从中引出"心的肉宴"——先知意在指与石心不同的心，是藉圣洁的生活得到的；圣洁的生活就是指理智的生命。由此，属灵的以色列建立起来了，不是指一个民族，乃是指应许给他们的后裔即基督的列祖的所有民族。

49. 因而，这属灵的以色列不同于仅指一个国家的属肉体的以色列，这种不同不在于出身的高贵，乃在于恩典的更新，不在于种族，乃在于情感。而先知为了表达深层的含义，在讲到属肉体的以色列时，虽然没有指明，却已转向谈论属灵的以色列；并且虽然事实上是在说后者，看起来却仍然是讲前者；这不是因为他不满于我们对《圣经》的强烈的领会能力，似乎我们是仇敌，而是因为他像一个医生一样对待我们，为我们的灵提供全面训练。因而，对这样的话"我必引导你们返回本地"，以及稍后重复似地说的话："你们必住在我所赐给你们列祖之地"，我们不可从字面上去理解，似乎它们是指属肉体的以色列，而要从属灵意义上去领会，认为它们是指属灵的以色列。教会是从各国中聚集起来的，毫无斑点和瑕疵，必要与基督一同永远作王，它本身就是有福者的地土，永生者的地土；我们要这样理解，当神把它应许给列祖的时候，就已经赐给了他们，因为列祖相信能在那个时代赐给他们的东西，由于应许和目的永远不变，在他们看来，就等同于已经赐给了；正如使徒在写信给提摩太时论到赐给圣徒的恩典时所说的："不是按我们的行为，乃是按他的旨意和恩典；这恩典是万古之先在基督耶稣里赐给我们的，但如今藉着我们救主基督耶稣的显现，才表现出来了。"② 他讲到显现者。然而，这些话很可能是指向将来世代的地土，到那时，必

---

① 《以西结书》38：26。《以西结书》和合本没有三十八章。——中译者注
② 《提摩太后书》1：9—10。

有新天新地，不义者不能在上面居住。所以完全可以对义人说，这地土本身就是他们的，没有一部分会归与不义者，因为一旦牢牢地确定下来要把它赐给他们，就如同已经把它赐给他们了。

第三十五章——提科纽的第五条规则。

50. 提科纽所立的第五条规则他称之为"关于时间的规则"。根据这条规则，我们可以不时地发现或者推测《圣经》里没有明确指明的时间。他说这条规则可用于两个方面：或者用于称为提喻法（举隅法）的比喻形式，或者用于常规的数字。"提喻"这种比喻法就是用部分代表整体，或者用整体代表部分。比如，就时间来说，我们的主挑选了他的三个门徒，带他们登山，在他们面前变像，面容光鲜如太阳，衣服洁白如雪，关于这件事的发生，一位传福音的使徒说这事是在"八天之后"① 发生的，但另一位传福音者却说是在"六天之后"② 发生的。我们只能认为说"八天之后"的作者是把基督说预言的那天以及他指明预言的应验的那天算作了两个整天，这样加起来就是八天；而说"六天之后"的作者则只算了两件事之间的完整连续的六个整天。若不这样理解，这两种对天数的说法就不可能是对的。这种比喻法，即把部分看作整体的方法，也解释了关于基督复活这个大问题。也就是说，我们要把前个晚上与他受难的那一天后半部分合起来，算为一整天，并把他复活的那个晚上的后半部分与第二天合起来，也算为一整天，这样他才可能在地里头三日三夜③。

51. 接下来，我们的读者把那些《圣经》里更加高度喜爱的数字，诸如七、十、十二，以及其他勤勉学习《圣经》的读者当下就能知道

① 《路加福音》9∶28。
② 《马太福音》17∶1；《马可福音》9∶2。
③ 《马太福音》12∶40。

的数字称为常规数字。这类数字的意思常常正好与"我的口要不停地赞美你"①。它们的力量也正好是——或者乘以十，就是七千七百（因而《耶利米书》里所提到的七十年可能就是属灵意义上的教会在异民中旅居的整个时期）②；或者自乘，如十乘以十就是一百，十二乘以十二就是一百四十四，这后一个数字在《启示录》里代表圣徒的整个身体③。因此，显然，这些数字所确定的不仅仅是时间问题，它们的意义的应用要广泛得多，涉及许多其他主题。比如，以上提到的《启示录》里的数字就不是指时间，而是指人的。

第三十六章——提科纽的第六条规则。

52. 提科纽的第六条规则称为扼要重述。只要足够细心，在《圣经》的困难部分可以发现这种重述。在叙述某些事件时，看起来叙述是按着时间顺序，或事件顺序进行的，但事实上不经意间在回顾过去的事件，就是在各自适当的地方已经讲过的事件。如果我们不明白这一点，就会误用这里所说的规则。比如，在《创世记》里我们读到："耶和华神在东方的伊甸立了一个园子，把所造的人安置在那里，耶和华神使各样的树从地里长出来，可以悦人的眼目，其上的果子好作食物。"④ 这里似乎是指出，最后提到的事件是在神造了人并把他安置在伊甸园里之后发生的；然而事实上，简单提到的这两件事，即神立园子并把人安置在那里，是以扼要重述的方式回到前面，是一种倒叙，把前面省略的东西交代清楚：这园子是这样立起来的，神使各样的树从地里长出来，可以悦人眼目，其上的果子好作食物。另外，

---

① 比较《诗篇》119：164 与《诗篇》34：2。

② 《耶利米书》25：11。

③ 《启示录》7：4。

④ 《创世记》2：8—9。

"园子当中又有生命树和分别善恶的树"。接着讲到有河滋润园子，从那里分为四道，成为四条河的源头；这一切都是描述园子的格局。交代完这一切之后，又复述说："耶和华神将那人安置在伊甸园。"① 正是所有这些事完成了之后才将人安置到园里，如叙述顺序本身显明的；不是先把人安置在那里，然后才成全其他的事，如果我们没有准确地记住并理解重述这种规则——叙述以这种方式倒回去记叙先前所忽略了的事——就会以为《创世记》二章8、9节包含这样的意思。

53. 在同一卷书里，记载到挪亚（Noah）的后裔时，经上说："这就是含（Ham）的后裔，各随他们的宗族、方言、所住的地土、邦国。"② 列举到闪（Shem）的子孙时，也说："这就是闪的子孙，各随他们的宗族、方言、所住的地土、邦国。"③ 最后又提到他们所有人说："这些人都是挪亚三个儿子的宗族，各随他们的支派立国。洪水以后，他们在地上分为列邦。那时，天下人的口音言语都是一样。"④ 这段话里的最后一句"那时天下人的口音言语都是一样"似乎是指出当他们在地上分为列邦的时候口音言语都是一样的，但这意思显然与前面的话"各随他们的宗族、方言"相矛盾。倘若所有人都操同一种语言，就不能说各家各族各随自己的方言。这样看来，这里是在使用重述方法才说"那时天下人的口音言语都是一样"这话的，也就是说，这里虽然没有指明转折，但确实是倒叙天下人是如何从原来的同一种语言到分成各种各样的方言的。所以，我们接着就看到巴别塔的建造，以及神审判他们的傲慢，将惩罚临到他们头上；正是在这之后，他们被分散到各地，各随自己的方言。

54. 这种重述还有一种更模糊的形式；比如，我们的主在福音书

---

① 《创世记》2：15。

② 《创世记》10：20。

③ 《创世记》10：31。

④ 《创世记》10：32；11：1。

里说:"到罗得(Lot)出所多玛(Sodom)的那日,就有火与硫磺从天上降下来,把他们全都灭了。人子显现的日子也要这样。当那日,人在房上,器具在屋里,不要下来拿;人在田里,也不要回家。要回想罗得的妻子。"① 这岂是说当我们的主显明出来的时候,人才要去注意这些箴言,而不可再去看它们的背后,即不再追求他们已经弃绝的过去的生活?难道不是说现在而不是到那时就要注意它们,而当主显现的时候,每个人都可按各自所注意或鄙视的事接受报应?但因为《圣经》说的是"当那日",主显现的时间就会被认为是注意这些箴言的时间,但如果读者很谨慎,也很聪明,知道重述法,就不会产生这种误解。其实这样的读者可以在《圣经》的另一段落找到佐证,那还是在使徒时代就呼叫着说:"小子们啊,现在是末时了。"② 所以,从传福音的时候起,一直到主显现出来的时候,这就是人应当注意这些箴言的日子,这里所说到的主的显现也属于这个日子,这一天必以审判的日子为终结。③

第三十七章——提科纽的第七条规则。

55. 提科纽的第七条也是最后一条规则是关于魔鬼及其身体的。魔鬼是一切恶人的头,从某种意义上说,恶人就是他的身体,必要与他一同遭受永火的惩罚,正如基督是教会的头,教会是基督的身体,注定要与他一同承受永恒的国和荣耀。因此,就如第一条规则,即被称为"关于主及其身体的规则"的,当《圣经》论到同一个人时,引导我们尽力领会叙述的哪一部分适用于头,哪一部分适用于身体;同样,这最后一条规则也告诉我们叙述有时是关于魔鬼的,他自身的

---

① 《路加福音》17:29—32。

② 《约翰一书》2:18。

③ 比较《罗马书》2:5。

真相倒没有他身体的真相更加明显；他的身体不只是由那些显然偏离正道的人构成，还包括那些虽然事实上属于他，但还要与教会联合一段时间，直到离开此世，或者到最后伟大的扬弃之时把糠和麦子分离的时候。比如，《以赛亚书》里所说的："明亮之星，早晨之子啊！你何竟从天坠落？"① 以及上下文中以巴比伦王的形象作比喻的其他话，都是讲同一个人，当然应该理解为是指魔鬼的；但在同一个地方所说的 "你这攻败列国的，何竟被砍倒在地上"② 并不完全适用于头本身。因为魔鬼虽然派了天使到列邦，但是倒在地上的是他的身体，不是他本人，除非他本人就在他的身体里面，被击打，细小如同风从地上吹起的尘土。

56. 所有这些规则，除了关于应许和律法的规则之外，都是为了领会言外之意，意在言外这正是比喻的独特性。并且这种表达法在我看来实在传播得太过广泛，任何人都不可能对它完全了解。凡是看到所说的是一个意思，理解的应是另一个意思的，就是比喻表达，即使修辞艺术里找不到这种比喻的名称。如果这种表达出现在符合常规的地方，那要理解它的意思不会有什么困难，但如果出现在不符合常规的地方，就要费神伤脑了，有时多一点，有时少一点，反正不那么容易，就像人从神得到的理智恩赐有多有少，或者他们所能得到的外在的帮助有多有少一样。就我上面所讨论的专用词而言，表达的是什么意思，理解的也就是什么意思，但就喻词而言，表达的是一回事，理解的是另一回事，对此我想我已经谈论得够多了，学习这些可敬文献的人应当不仅熟悉《圣经》里常用的表达形式，仔细琢磨，准确记忆，而且尤其重要、最为必要的是，愿他们能领会这些表达。正是在这些他们想学的书里有这样的话："因为耶和华赐人智慧，知识和聪

---

① 《以赛亚书》14：12（七十子译本）。

② 同上。

明都由他口而出"①;他们也正是从他获得追求知识的欲望,只要它坚守虔诚。关于符号,与言语相关的符号,我已经说得够多了。在下一卷里,我要在神启示我的范围内讨论,如何把我们的思想传达给别人的问题。

①　《箴言》2:6。

| 第 四 卷 |

内容提要：作者在转向第二部分工作，即如何表达时预先指出，他不是意在写一篇讨论修辞语法问题的作品。这些东西可以在别的地方学到，当然是不可疏忽的，而且对基督教教师来说还是特别必要的，因为他应当具有卓越的口才和表达能力。他极其仔细、缜密地列举了一个演说家应具备的品质，然后举荐《圣经》的各位作者，认为他们就是雄辩的最好典范，他们把口才与智慧结合起来，在这一点上是无与伦比的。他指出，表达清楚是最重要的品质，教师应当特别注意培养这方面的能力，因为这是教导人的必要条件，当然要打动听众，使他们感到愉悦，别的素质也是需要的。所有这些恩赐应当热心向神祈求，但是我们也不可忽视自身的勤勉学习。他指出，表达风格有三类：和缓的、典雅的、威严的。第一类适用于教诲，第二类适用于称颂，第三类适用于劝勉。每一类风格他都举了例子，都是从《圣经》和早期教会教师居普良、安波罗修（Ambrose）引来的。他认为这些不同风格是可以结合起来的，并指明在什么时候、为什么目的结合，归根结底，各类风格都是为了同一个目的，就是向听众清楚地阐明真理，使他们能够领会真理，乐于倾听真理，并在自己的生活中践行真理。最后，他指明基督教教师所担当的这个职位的尊严和责任，劝勉他要按自己的教义生活，以身作则，为众人树立好的榜样。

第一章——本作品不打算成为讨论修辞学的专著。

1. 我的这篇著作定名为《论基督教教义》，一开始就把它分成两个部分。首先我在序言里预想一些人会对本著作提出异议，对此我回答说："一切《圣经》解释依赖于两样东西：确定正确含义的方式和表达意思的方式。"① 然后，我对如何确定意思作了大量讨论，并用三卷的篇幅来展开这一部分主题，所以，在第四卷里我只想就如何表达意思这一部分作简单论述。

2. 如果有读者以为我是打算确立某些修辞规则，诸如我在世俗学校所学的和所教的，那么首先我希望这个开场白能终止他们的这种指望，并且告诫他们无须从我这里寻找这些东西。倒不是我认为这些规则没有用处，只是无论它们有什么用，都可以在别的地方学到；如果有良善之人恰好有闲暇时间学习它们，也不可要求我们在本书里或在其他作品里教导修辞法。

第二章——基督教教师利用修辞术是合理的。

3. 修辞法既可用来巩固真理，也可用于加强谬误，谁敢说真理及其捍卫者就该赤手空拳面对谬误？比如说，那些试图说服别人接受错谬的人就该知道如何介绍他们的主题，使听者处于一种友好、愿听、愿学的心理状态中，而捍卫真理的人就该对这种技巧一窍不通？前者就该把他们的谬论说得简明、清晰、合情合理，而后者讲述真理时却冗长乏味、难以明白并且还不那么可信？前者就该融化听众，激发他们，并使他们心情愉快，而后者在捍卫真理时却显得死气沉沉、平淡无味，并且

---

① 第一卷第一章。

使人昏昏欲睡？谁会蠢到把这种说法视为智慧？确实，雄辩之能力是正反双方都可得到的，并且对加强双方能力都有极大的作用，恶人既然能利用它为邪恶而卑鄙的事业的得胜服务，并且进一步推进不义和错谬，那良善的人为何就不能学会把它用于真理一边呢？

第三章——获得修辞技巧的适当年龄和适当途径。

4. 关于这个题目的理论和法则（当你额外通过练习能够熟练并习惯地使用大量语词和修饰语，就有所谓的"口才"或"演讲技能"），可以在我的这些作品之外学得，只要为此在适当的年龄留出适当的时间。但除了那些能学的人，凡不能快速学会这种技术的人，就永远不可能完全学会它。不论这话是对是错，我们为什么必须这样要求呢？即使这种技艺最终很偶然地被智力迟钝的人掌握了，我也不认为它有多么重要，不至于希望人到了成年之后还要花时间去学它。儿童时代能给予一定的注意就足够了；就是这些人中间，凡要在教会里适得其用的人都不必专门去学，唯有那些还没有从事任何更急需的职业，或者显然应该获得优先权的职业的人才要这样做。因为领悟能力强、秉性日益完善的人觉得通过阅读好的作品、聆听好的讲话比遵循口才规则更容易成为善辩者。《圣经》正典不要说了——与我们大有益处的是它被固定在一个具有绝对权威的地位上——即使在正典之外，也不缺乏教会作品，阅读这些作品，天资聪明的人就能获得一些其中所用的表达技巧，尽管他并没有专门去注意它，只对所讨论的问题感兴趣；当然，如果他除了虔诚阅读之外，还动笔把在此基础上形成的观点写下来，或者口述，最后还演讲，那就更能学到修辞技巧了；凡能流利、高雅地说话的人，在说话的时候不可能老想着说话规则，力求与它们一致，除非他是在讨论规则本身。事实上，我想，很少有人能做到两者兼顾——一方面说话说得很好，另一方面，为了使话说得好，在说话的时候想着说话规则。我们必须小心，如果说话的时候想着要与修辞规则一致，就可能把想要说的话忘到脑后去。然而，我们看到，口才好的人讲话时并不想着要符合讲话规则，而他们的话恰恰贯彻了修辞规则，无论他们以前是学过的，还是从来没有接触过。正是因为他们口才好，他们的讲话才体现了这些规则；而不是相反，他们使用这些规则是为了显得有口才。

5. 因而，既然婴儿只有通过从正在说话的人那里学习词语才能学会说话，人为什么不能通过阅读、学习能言善辩之人的说话，尽可能模仿他们，而无需接受任何说话技艺的训练成为口才流利的人呢？许多例子不就表明了原来事实就是这样的？我们知道许多人虽然根本不知道修辞规则，但比那些学过这些规则的人更加能言善辩；但我们也知道，凡有好口才的人，没有一个不曾读过、听过有好口才的人的讲话和争论。就是语法，即教导如何准确说话的技术，也不是儿童非学不可的，只要他们有幸成长并生活在表达准确的人们中间。因为他们不知道任何错误的名字，习惯了准确说话，所以在听别人说话时，能捕捉到任何错误，并避免错误；正如城里人就算还没有接受教育，却能一下子听出乡下人说话的错误。

第四章——基督教教师的职责。

6. 解释教导《圣经》、捍卫真道反驳错谬的人的职责就是既要教导正确的，也要拒斥错误的，并在履行这个任务过程中，要把原来敌对的人争取过来，使原来粗心大意的人小心谨慎，让无知的人知道现在正在发生的事和将来可能发生的事。一旦他的听众显得友好、专心、愿学，无论是他发现他们这样，还是把他们变成这样，剩下的目标无论有什么要求都可以按要求完成。如果听众需要教训，所讨论的问题必须通过叙述的方式完全阐明；如果要澄清有疑惑的观点，那就需要推理和证明。如果听众需要的是唤醒他们的激情，而不是传授他们知识，好让他们积极地把已经知道的东西付诸行动，如果要使他们的情感与所接受的真理和谐一致，就需要在讲话中加上更多的朝气。为此，恳求和谴责、劝勉和训斥，以及其他能激发情感的方式都是必不可少的。

7. 其实，我所提到的所有方法，几乎每个人类似的讲话中都在不断地使用着。

第五章——对基督教教师来说，智慧比口才更重要。

但由于有些人使用这些方法显得粗俗不雅、平淡无味，有些人则显得敏锐、优雅、富有灵气，所以我所谈到的工作应当由能够富有智慧地谈论、讲演的人来担当，就算他没有口才，至少对听众有益处，当然如果同时能言善辩，那对听众的益处会更大。但我们必须当心那些空有口才、夸夸其谈的人，如果听众喜欢听不值得听的话，以为因为讲话者富有口才，所以所讲的必是真理，那就更要当心了。甚至那些认为应当传授修辞学的人也持这样的观点；因为他们承认，"虽然没有口才的智慧与国没有什么用处，但没有智慧的口才则常常可以肯定是一种危害，全然没有益处"。教导口才规则的人虽然并不知道真理，即从诸光明之父降下来的属天智慧，但迫于真理的力量不得不在讨论口才的书里承认这一点，他们尚且如此，更何况我们这些属于这更高智慧的子孙和执事的人呢，更应该认识到这一点。可以说，一个人说话时拥有的智慧的多少正如他在认识《圣经》上所取得的进步的大小。我不是指对《圣经》读得多、记得多，而是指理解得正确，对意义研究得仔细。有些人虽然读了，却仍然不知；虽然记住了句子，却不知道真实意思。显然，我们必须把那些虽然不大能记得住句子但能用心眼洞悉《圣经》精意的人大大置于这些人之上。当然既能随己愿背出句子，又能准确领会其意思的人，比这两类人都要更优秀。

8. 可以说，对准备按智慧说话的人来说，即使他不那么能言善辩，记住《圣经》句子显得尤其必要。因为他越是认识到自己表达上的贫乏，就越应当从《圣经》宝库里汲取词汇，这样，他用自己的语言所表达的内容就可以用《圣经》里的句子来证明。就他自己来说，他的语言虽然是渺小而软弱的，但可以借助于伟人的证据获得力量和权能。他自己的说话方式不能取悦于听众，但他所引用的证明却能给人快乐。但是如果人不只是想要有智慧说话，还希望富有口才（可以肯定，他若能兼具两者，必能表现出更大的作用来），我宁愿推荐他去读、去听、去模仿有口才的人，而不会建议他去花时间师从修辞学家；如果他所读、所听的人正好是如所说的那样值得赞美的人，或者平时说话不仅有好口才，还有大智慧的人，那就更是如此了。说得好听起来使人愉快；说话富有智慧则对听众有益处。因而，《圣经》不是说雄辩家越多，世界越安全，而是说"明智者越多，世界越安全"。[①] 正如我们常常要吞服有利于健康的苦药，同样我们也必须常常避免有损于健康的糖果。但是若有健康的糖果，或者美味的健康产品，那岂不更好？因为我们越是使这些东西变得甜美，就越能使它们产生有利于健康的功能。同样，教会里有许多作家在解释《圣经》的时候，既有智慧又有口才。对那些勤奋好学又有时间的人来说，花再多的时间读这些作品也不会使他们疲倦。

第六章——《圣经》作者把口才与智慧结合起来。

9. 这里，也许有人会问，受圣灵启示写下作品这些作品构成正典，具有最利于健康的权威性的作者是被认为只是明智的，还是也有口才

---

① 《所罗门智训》6：24。根据《圣经后典》，张久宣译，商务印书馆1996年版。——中译者注

的？在我看来，在那些与我一样思考问题的人看来也一样，这个问题非常容易解答。就我对这些作者的了解来看，他们不仅是最智慧的，同时也是最有口才的人。我胆敢说，凡真正理解这些作者所说的意思的人，同时也能感受到他们所说的不可能以其他更恰当的方式表达了。有一种口才更适合年轻时代，有一种则更适合年老时候，如果与说话者本人不协调，那就谈不上什么口才，所以有一种口才适合于可以称为是最高权威的人、显然受神启示的人。他们就是以这样的口才讲话的，没有别的口才能与他们相配了，而这种口才本身也不可能适用于别的人，因为它是与他们的性格保持一致的，但它虽然远远超越于其他人的品性（不是因为空洞的夸口，而是因为坚实的工作），看起来却似乎在他们之下。凡有我对这些作者所不明白的地方，虽然他们的说服力显得不如另外地方明显，但我仍然相信，这些段落的说服力与我所领会的段落的说服力是同样的。在某种专门为有益于我们的领悟力所设计的辩术中，这些神圣而健康的句子的晦涩正是必不可少的一个要素，不只是为了发现真理，也是为了训练我们的领悟能力。

10. 不过，如果我有时间，就要指出，那些吹嘘自己的语言形式如何优越于我们这些《圣经》作者（不是因为其威严，而是因为其浮夸）的人，他们所夸口的那些表达的力量和华美都可以在圣书里找到，这些作品是神出于自己的圣善为塑造我们的品性，引导我们离开这个邪恶的世界，走向上面的有福世界而设计的。但使我对这些作者的辩才产生如此难以言说的喜乐的，不是他们与那些异教演说家和诗人的共性，而是他们自己独有的一种修辞方法，这种方法使他们在使用我们的修辞时无论有无修辞都不显得惹人注目，这是最使我感到敬佩的；它使他们既不指责它，也不炫耀卖弄它；如果他们避免使用它，就会批判它；如果使它惹人眼目，就是炫耀它。在那些有识之士注意到使用了修辞的段落里，说话者在讨论问题里所使用的话语似乎不是刻意找出来的，而是它们自己自发跳出来的；就好像智慧从自己的房子里走出来——也就是从智慧人的胸口涌出来——而修辞如同不可分离的侍从，无须召唤，紧随其后①。

第七章——引自保罗书信和阿摩司先知书的 关于真正修辞的例子。

11. 看以下这段话，谁看不出使徒要说的是什么意思、他在表达这个意思上是多么明智？"我们就是在患难中也是欢欢喜喜的。因为知道患难生忍耐，忍耐生老练，老练生盼望，盼望不至于羞耻；因为所赐给我们的圣灵将神的爱浇灌在我们心里。"② 如果有受过教育但没有学通的人（如果我可以这样说）争辩说，使徒这里遵循了修辞规则，任何一个基督徒，不论受过教育的，没受过教育的，岂不都会笑他？但是我们在这里看到在希腊语里称为"krimaks"（层进法）的比喻，有人用拉丁语称为"gradatio"，如果词语或观念有一种彼此相互依赖的关联，他们不在乎称之为"scala"（一架梯子），如我们在这里所看到的，患难生忍耐，忍耐生老练，老练生盼望。另外，这里我们还可以看到另一种修饰：先是用同一种音调说几个句子，我们称之为分句和节（membra et caesa），希腊语称为"kpra"和"kommata"，然后跟上一个完全的句子（ambitus sive circuitus），希腊语称为"periodos"，它的各个分句都延留说话者的余音，直到最后一个分句出现，整个句子完成。在这些陈述中，先是由第一个分句"知道患难生忍耐"；第二个分句"忍耐生老练"；第三个"老练生盼望"构成的前一段。然后是补充的一段，也由三个分句构成，第一个是"盼望不至于羞耻"，第二个"因为神的爱浇灌在我们心里"，第三个藉"所赐给我们的圣灵"。但这些以及其他诸

---

① 参见西塞罗（Cicero），Orator《演说家》21。

② 《罗马书》5：3—5。

如此类的东西都是在演说技巧中所教的。正如我不能确定使徒是否得到修辞法的指导，同样，我也不能否认，他的智慧自然地产生雄辩，并且也伴随着雄辩。

12. 同样，在《哥林多后书》里，他拒斥某些从犹太人中出来、企图损害他的形象的假使徒，为此他不得不谈到他自己，但他认为这是自己的愚拙，他说得多么明智，多么有说服力！但智慧是他的向导，口才是他的侍从；他跟从智慧，口才则跟从他，即使口才随他左右，他也并没有吹嘘。他说："我再说，人不可把我看作愚妄的；纵然如此，也要把我当作愚妄人接纳，叫我可以略略自夸。我说的话不是奉主命说的，乃是像愚妄人放胆自夸；既有好些人凭着血气自夸，我也要自夸了。你们既是精明人，就能甘心忍耐愚妄人。假若有人强你们作奴仆，或侵吞你们，或掳掠你们，或侮慢你们，或打你们的脸，你们都能忍耐他。我说这话是羞辱自己，好像我们从前是软弱的。然而人在何事上勇敢，（我说句愚妄话，）我也勇敢。他们是希伯来人吗？我也是。他们是以色列人吗？我也是。他们是基督的仆人吗？（我说句狂话）我更是！我比他们多受劳苦，多下监牢；受鞭打是过重的，冒死是屡次的。被犹太人鞭打五次，每次四十，减去一下；被棍打了三次，被石头打了一次；遇到船坏三次，一昼一夜在深海里。又屡次行远路，遭江河的危险、海中的危险、假弟兄的危险。受劳碌、受困苦、多次不得睡；又饥又渴，多次不得食；受寒冷，赤身露体。除了这外面的事，还有为众教会挂心的事，天天压在我身上。有谁软弱我不软弱呢？有谁跌倒我不焦虑呢？我若必须自夸，就夸那关乎我软弱的事了。"[①] 善于思考、专心注意的人能体会到这些话里包含多少智慧。即使是一个昏昏欲睡的人也会注意到其中流淌着怎样的修辞之河。

13. 而且，受过教育的人会看到希腊文称为 "kommata" 的那些节，

---

① 《哥林多后书》11：16—30。

我稍前刚刚讲到的子句和完整句，以最优美的类型组合起来，可以说，构成了整篇措辞的形式和特点，就是没有文化的人也为之喜乐，受之影响。从我开始引用的地方起，段落包含几个完整句：第一句是最小的，由两个成分组成；一个完整句不可能少于两个成分，但可以多于两个："我再说，人不可把我看作愚妄的。"下一句有三个成分："纵然如此，也要把我当作愚拙人接纳，叫我可以略略自夸。"第三句有四个成分："我说的话不是奉主命说的，乃是像愚妄人放胆自夸；既有好些人凭着血气自夸，我也要自夸了。"第五句有两个成分："你们既是精明人，就能甘心忍耐愚妄人。"第六句也有两个成分："假若有人强你们作奴仆，你们能忍耐他。"接下去是三个节（caesa）："或侵吞你们，或掳掠你们，或侮慢你们。"接下来是三个子句（membra）：假若"有人打你们的脸。我说这话是羞辱自己，好像我们从前是软弱的。"然后是添加的由三个成分构成的一个完整句："然而人在何事上勇敢（我说句愚妄话），我也勇敢。"这之后，几个独立的节以反问形式出现，每节都有相应的回答，三个回答对应三个反问："他们是希伯来人吗？我也是。他们是以色列人吗？我也是。他们是亚伯拉罕的后裔吗？我也是。"但第四节虽然也是反问形式，所给的回答却不是一个节（caesum），而是一个子句（membrum）[①]："他们是基督的仆人吗？（我说句狂话）我更是。"接下来的四节一气呵成，反问形式被以最优雅的风度控制住："我比他们多受劳苦，多下监牢；受鞭打是过重的，冒死是屡次有的。"然后插入一个短句，通过宕笔法卖个关子，"被犹太人鞭打五次"可以划出来构成一个成分，与第二个成分结合成一个句子："鞭打，每次四十，减去一下。"然后回到节，写下三个节："被棍打了三次，被石头打了一次，遇着船坏三次。"然后是一个子句："一昼一

① caesum 与 membrum 的唯一看得出的区别就是前者比较长一点。英文里找不出适当的词来表达这种区别。

夜在深海里。"再就是十四个节以最恰如其分的激情喷薄而出："又屡次行远路,遭江河的危险、盗贼的危险、同族的危险、外邦人的危险、城里的危险、旷野的危险、海中的危险、假弟兄的危险。受劳碌、受困苦、多次不得睡;又饥又渴,多次不得食;受寒冷,赤身露体。"这之后出现的是由三个成分组成的一个完整句:"除了这外面的事,还有为众教会挂心的事,天天压在我身上。"对此他又加上两个子句,都是反问形式:"有谁软弱我不软弱呢?有谁跌倒我不焦急呢?"整段话似乎是气喘吁吁地说下来,最后以一个由两个成分构成的完整句作结:"我若必须自夸,就夸那关乎我软弱的事便了。"我无法完全表达出这里的优美和喜乐,因为他一气呵成地说完这些话之后,为使自己喘口气,休息一下,也让听众放松一下,就插入了一点叙述。他接着说:"那永远可称颂之主耶稣的神知道我不说谎。"然后他就极为简洁地说出了他曾陷于的危险,以及逃脱的方式。

14. 进一步讨论这个问题,或者再举出《圣经》里其他段落的例子,那会显得冗长而乏味。假若不厌其烦地——至少对我从使徒作品中所引的段落——指出修辞学中所教导的各种修辞法,那会怎样呢?认真的人岂不会认为我走得太远了,已经超过了勤勉学习者所认为的足够的范围?老师在教所有这些知识的时候,会说它们具有极大的价值,要得到它们需付出极高的代价,贩卖者会言过其实地吹嘘它们。我这样大谈这类问题,恐怕也会沾染一点吹嘘的味道。但对于那些受了不良教育的人,以为我们的作者是可鄙视的人,必须给予这样的回答,他们看得如此重要的修辞,我们的作者绝不是不懂,他们只是不炫耀而已。

15. 有人也许会想,我选了使徒保罗作例子是因为他是我们的大演说家。因为当他说"我的言语虽然粗俗,我的知识却不粗俗"① 的时候,似乎更多的是针对贬损他的人,而不是宣称他已经知道了真理。如

① 《哥林多后书》11:6。

果他说的是："我的言语确实粗俗，但我的知识并不粗俗"，无论如何，我们不会把它作另外的理解。他毫不犹豫地坦然承认他的知识，因为没有知识，他就不可能作外邦人的教师。当然，如果我们要从他的话中引出什么作为修辞的典范，我们就从那些书信里引，因为即使是那些诋毁他的人，就是认为他其貌不扬、言语粗俗的人，也承认这些信又沉重、又厉害①。

我想，我还得说一下先知书的修辞问题。在先知书里，有许多事都是隐藏在某种比喻的风格里面，但它们越是深深地隐蔽在比喻言语的后面，一旦领会了就会带来越大的喜乐。不过，在这里，我只能挑选其中的一个段落，并且不是解释问题本身，只介绍它的风格。我主要引用那位自称是牧羊人或牧人、蒙神呼召不再跟从羊群、而向神的民说预言的先知的书②。不过，我不准备用七十子译本，因为他们自己是在圣灵引导下从事翻译工作的，所以为了引导读者特别关注对经文的属灵意义的考察，对某些段落作了一些改动（因而，某些段落看起来更加晦涩，因为他们在翻译中更多地使用了比喻手法）；我所根据的是耶柔米（Jerome）长老译自希腊文的拉丁版本，耶柔米对这两种语言都十分精通。

16. 当这位笨拙的，或者说一度曾是笨拙的先知谴责不敬者、傲慢者、奢侈者，从而也是完全不关注兄弟之爱的人的时候，他大声地呼喊着说："国为列国之首，人最著名，且为以色列家所归向，在锡安（Zion）和撒马利亚山（Mountain of Samaria）安逸无虑的，有祸了！你们要过到甲尼察（Calneh）看，从那里往大城哈马（Hamath）去，又下到非利士人（Philistines）的迦特（Gath），看那些国比你们的国还强吗？境界比你们的境界还宽吗？你们以为降祸的日子还远，坐在位上尽

---

① 《哥林多后书》10：10。
② 《阿摩司书》1：1，7：14。

行强暴（注：或作'行强暴使审判临近'）。你们躺卧在象牙床上，舒身在榻上，吃群中的羊羔、棚里的牛犊。弹琴鼓瑟唱消闲的歌曲，为自己制造乐器，如同大卫所造的。以大碗喝酒，用上等的油抹身，却不为约瑟（Joseph）的苦难担忧。"① 试想，那些自诩为有知识、懂修辞的人，鄙视我们的众先知、说他们的言语粗俗、拙劣的人，让他们来看看这些人传达这样的信息，他们能找出比这更好的表达方式吗？至少那些不愿像疯子一样胡言乱语的人会否认这一点。

17. 在这样的言语中，凡听力正常的人，谁会希望有所改变，有哪一点是应该改变的呢？这段话一开始就展开猛烈抨击，如重型炮弹砸向昏昏欲睡的感官，刺激它们，使其惊醒："国为列国之首，人最著名，且为以色列家所归向，在锡安和撒马利亚山安逸无虑的，有祸了！"接着，他就利用神——就是赐给他们广阔疆域的神——的恩惠来表明他们的忘恩负义，信靠撒马利亚山，在那里崇拜偶像，他说："你们要过到甲尼察看，从那里往大城哈马去，又下到非利士人的迦特，看那些国比你们的国还强吗？"同时，在提到这些事的时候，还点缀一个个地名，就如同一盏盏灯，比如"锡安"、"撒马利亚"、"甲尼"、"大城哈马"、"非利士人的迦特"。与这些地名相连的词也各不相同且最恰如其分："安逸"、"无虑"、"过到"、"往去"、"下到"。

18. 接下来就说："你们以为降祸的日子还远，坐在位上尽行强暴（注：或作'行强暴使审判临近'）。"这就是宣告受某个暴虐之王的掳掠之时将近了。然后描述奢淫之恶："你们躺卧在象牙床上，舒身在榻上，吃群中的羊羔、棚里的牛犊。"这六个子句构成三个完整句，每个句子由两个成分组成。因为他并不是说："你们这些以为降祸日子还远的人，坐在位上尽行强暴的人，躺卧在象牙床上的人，舒身在榻上的人，吃群中的羊羔的人，吃棚里的牛犊的人。"如果他用的是这样的表

---

① 《阿摩司书》6：1—6。

达式，那也很优美，因为六个单独的子句一气呵成，同一个代词在每一句都重复出现，每个子句都是以讲话者的声音作结。但事实上的表达更优美，各个子句都在同一个代词下成双结合，构成三个句子，一个指对掳掠的预言："你们以为降祸的日子还远，坐在位上尽行强暴"；第二个指淫乱："你们躺卧在象牙床上，舒身在榻上"；第三个指暴食："吃群中的羊羔、棚里的牛犊"。这样看来，说话者可以随自己的意愿决定，是独立完成各个子句，并把六个句子联结起来，还是把声音延留在第一句、第三句、第五句，把第二句连到第一句，第四句连到第三句，第六句连到第五句，构成分别包含两个成分的三个最优美的完整句：第一句描述即将到来的灾难，第二句描写淫乱床榻，第三句描述奢侈的餐桌。

19. 接着，他谴责他们骄奢淫逸地追求听觉之乐。这里，当他说"你们弹琴鼓瑟唱消闲的歌曲"时，考虑到智慧人也可能明智地消遣音乐，于是以令人惊奇的表达技巧，控制说话的激烈语调，不是对这些人说，而是论到这些人，并向我们表明必须把智慧人的音乐与纵欲者的音乐区分开来，他并没有说："你们弹琴鼓瑟唱消闲的歌曲，以为你们有乐器，像大卫那样"；他乃是先对纵欲者说他们应当听见的话："你们弹琴鼓瑟唱消闲的歌曲"，然后转向其他人暗示说，这些人甚至连自己的技艺也不熟悉："他们以为自己有大卫一样的乐器；以大碗喝酒，用上等的油抹身。"这三个子句的最佳读法是把音延留在前面两个句子上，然后在第三句上稍作停顿。

20. 现在来看看最后的句子："他们不为约瑟的苦难担忧。"这句话是作为一个子句连着读的，还是把"他们不担忧"的音延留，再读"为约瑟的苦难"，这样就成了一个句子两个成分，就显得比较优美。无论如何，这话既没有说"他们不为自己兄弟的苦难担忧"，而用约瑟来代替兄弟，就有一点大美的味道。用一个在众兄弟中鹤立鸡群的人的专名来指代一般的兄弟——这人所受的伤害是最重的，所得的回报也是最好的——实在地说，用约瑟来表示一般意义上的兄弟，我不知道这种比喻法是否我所学并常教的那门技艺里的一种方法。但是，人若是自己没有感受到，告诉他这有多美，聪明的读者如何能够清楚地领会，都是没用的。

21. 在我所选来当例子的这个段落里还可以发现很多其他关于修辞法的要点。但是聪明的读者与其说是通过仔细分析获得知识的，还不如说是通过用灵记忆而得启示的。它也不是由人的技术和心意创造的，而是从神圣心灵的智慧和修辞中流溢出来的。智慧不是以修辞为目标，修辞也不从智慧退缩。正如某些擅长修辞、思想敏锐的人所认识、所说的，如果在演讲术中制定的规则不能被观察、记录、系统化，如果它们不是首先源于演讲家的天赋，那么在一切天赋之创造者的那位传信者中间发现这些规则，岂不令人惊奇？因此，我们必须承认，经典作品的作者们不仅是智慧的，同时也是懂修辞的，这种修辞是与他们的品性和身份相适应的。

第八章——圣作者的模糊性虽然与修辞一致，
但基督教教师不可效仿。

22. 虽然我所引的几个修辞例子是来自于理解上没有困难的作品，但我们无论如何不可以为，我们必须效法那些意思模糊的段落。在这些段落里，或者是出于训练读者心智的考虑，打破自满自足的状态，激发有心学习的人的热情，或者为了揭去蒙在不敬者心里的帕子，使他们转向虔诚，或者把某种神秘的知识排除在外，不论是出于哪一种理由，总之作者的表达带着一定模糊性，当然是有益的、健康的模糊。事实上，他们的表达方式是使那些在将来世代里准确领会并解释它们的人能在神的教会里获得尊敬，当然不是与他们自己所享受的同等的尊敬，而是仅次于他们的。所以，这些作者的解释者不应以与作者同样的方式表达，似乎他们的解释具有原文同样的权威似的；他们的一切传达都应当以能为人所理解为首要目标，尽可能使用清晰的语言，使人人都能看明白，如果还有人不理解，那只能归咎于他自己的愚钝；如果出现他们所说的话不那么容易理解或者一目了然的情况，那也不可让这种不清晰源于他们的表达方式，只能让它出于他们所要力图解释的问题本身的困难和微妙。

第九章——困难段落应怎样讨论，与谁讨论。

23. 有一些段落，无论多么详尽，多么清楚，说话者以怎样的修辞方法表达，凭其本身的力量都不能理解，或者理解起来非常困难。这样的段落绝不可拿到众人面前，最多在极少的情况下，有迫切原因的时候才能拿出来。不过，有些书的写作风格是这样的，理解了，可以说就吸引它们自己的读者，不理解，也不会对那些不想读它们也不在日常会话中用到它们的人带来任何不便，对这样的书，我们不可推诿自己的职责，无论理解上有多大的困难，无论论证要花我们多大的精力，都要把我们自己所领会的真理以众人所能领会的方式带给他们。我们所要坚持的唯有两个条件，我们的听者或伙伴应有学习真理的强烈愿望，应有接受它的理解能力，无论它以什么方式表达出来，而教师更应关心的是教义的清晰性，而不是修饰性。

第十章——表达清楚的必要性。

24. 过分追求清晰性有时会导致不太注意言语的优雅性，不关心表达的悦耳动听，只力求把原意表达、传达出来。因而有位作者在谈到这种表达方式时就说它里面有"一种仔细的疏忽"。① 然而，尽管它没有

---

① 西塞罗，Orator《演说家》23。

修饰性言语，却也不至于言语粗俗；好的教师对教义有或者应当有极大的热情，甚至会用这样一个词，如果不变得模糊或歧义就不可能成为纯粹的拉丁语，但是这样的词只要按通俗的惯用法使用就既不会产生歧义，也不会含义模糊，也就是说不按有学识的人的方法使用，而按无知无识的人的方法使用。如果我们的译者愿意听从这样的说法："Non congregabo conventicula eorum de sanguinibus"[1]，因为他们认为，这里把拉丁语里只用作单数的词译成复数形式，这对理解是至关重要的；一个虔诚的教师对无知的听众讲话时，为什么应当用"os"而不用"ossum"——如果他担心后者可能被认为是"ora"的单数，而不是"ossa"的单数，要知道非洲人对元音的长短音是不大听得清楚的。如果纯粹的言语不能使听者明白，那它有什么用呢？我们为他们说这样的话，他们却不能明白我们的意思，那这样的说话就是毫无意义的。因而，凡教导人的，都会避免一切不适用于教导的词语；如果他能找到既纯粹又容易理解的词，这当然是求之不得的，但如果他找不到这样的词，或者是因为没有这样的词，或者是因为他一下子想不起来，那么他就会使用一些不那么纯粹的词，只要他的思想实质能够完整如实地传达出来并被人领会。

25. 这必须作为我们表达清楚所必不可少的原则予以坚持，不只是在个人与个人或个人与多人的谈话中要坚持，在公众场合讲话时更要坚持。在交谈中，任何人都有权利提问，如果一个人讲话时，全场肃静，所有的脸都专注地看着他，那么提出自己所不明白的问题来问，既不符合习惯，也不够礼貌；在这种情形下，说话者应当特别注意帮助那些不能提问的人。一群急于得到教导的人从他们的举动一般可以看出是否听懂所讲的话；所以在这种迹象出现之前，所讨论的话题应当反复地解释，人不停地重复预先准备并记住了的话语仍不能理解，这样的东西就

---

[1] 《诗篇》16：4（拉丁本《圣经》）。

要用各种图形、样式，多种多样的表达方式进行解释。一旦讲话者确定他所说的已经为人理解，就当结束这个话题，或者转向另一个话题。若说阐明人所想要知道的问题是给人愉快，那么老是纠缠于众所周知的问题那就是令人厌烦了，尤其是当人所指望的是除去段落里难以理解的障碍时就更如此。即使是众所周知的事，如果注意力不指向事物本身，而是指向描述事物的方法，也可以给人带来喜乐。不仅如此，就算表达风格本身也已经是众所周知的，如果它使听者感到喜乐，几乎就会忽视说话者究竟是说话者，还是读者。因为以优雅得体的风格记载下来的事往往不仅使那些第一次接触的人读来感到喜悦，那些已经认识它们的人再次阅读时也同样会有喜悦之感；不仅如此，这两类人就是听别人复述这些事也会感到高兴。如果人遗忘了什么，那么当他得到提示想起来的时候就是得到了教诲。但是我现在不是在讨论如何使人快乐，我所要谈论的是应当如何教导愿意学习的人。最好的方法就是保证听者所听的是真理，保证他所听的能够听懂。一旦这两者能同时保证，就不需要再对真理本身花费什么心思了，它不需要更多的解释；但为了使心灵对它有深切的感受，也许还要费些工夫来加强它的力量。即使这样做是正当的，也当适度，免得引起厌烦和不耐。

第十一章——基督教教师必须说话清楚，
但并不意味着可以粗俗。

26. 当然，就教导来说，真正的说服力不在于使人喜欢他所讨厌的东西，也不是使他去做不愿做的事，而是把原本模糊的东西阐述清楚。但如果把问题阐述清楚了所用的言语却粗俗不堪，那只能对极少数热切的学生有益，因为他们急切地想要知道一切知识，并不在乎它的表达方式是粗俗还是高雅，这样的人，一旦实现自己的目标，就会发现，平淡的真理就是令人喜悦的粮食。大智慧的一个杰出特点就是不爱辞藻，只爱词语所表达的真理。试想，如果不能打开我们想要打开的门，就算是一把金钥匙又有什么用呢？只要能开门，就算是木头钥匙又何妨呢？因为我们所想要的无非就是把关闭着的东西打开。但是，按学习与饮食之间的某种可比性来说，维持生存、没有就不能活的食物必须符合大多数人的品味才行。

第十二章——根据西塞罗，演说家的目标是教诲人、愉悦人和感动人，其中教诲是最重要的。

27. 所以，一位伟大的演说家说得很有道理："一个懂修辞的人说话应当做到使人受教，使人愉悦，使人信服。"① 后来又说："使人受教是一种需要，使人愉悦是一种美，使人信服是一种胜利。"这三者中间，第一个提到的就是教诲，作为必不可少的事，它依赖于我们说什么；另两者所依赖的是我们怎么说。所以，人若以教诲为目的而说话，只要他所说的话还没有被人理解，就不能认为已经说了必须说的话；因为尽管他所说的对他自己来说是明白易懂的，但对没有理解的人来说等于什么也没有说。只要他被人充分理解了，不论他是以什么方式表达的，就可以说已经表达清楚了。当然，如果他希望同时也使听者感到愉悦和信服，就不能只关心如何把自己的思想讲清楚，而不管表达方式，就这个目的而言，表达方式乃是至关重要的。正如为吸引听者的注意力，必须使他感到愉悦，同样，为推动听者行动，必须使他信服。你只要以甜美而高雅的方式说话，他就会感到愉悦；同样，只要你的许诺吸引他，你的威吓使他惊畏；你所谴责的，他拒绝，你所举荐的，他珍爱；当你列举忧愁的事物时，他就忧愁，当你指出喜乐的事物时，他就高兴；你向他显示可怜的人，他就同情，你把要畏惧要回避的人放在他

---

① 西塞罗：《演说家》21。奥古斯丁的引用不很准确。

面前，他就退缩，这样他就是完全信服了。强有力的修辞还能在许多别的方面推动听者的心灵，我不必一一列举了，你不必告诉他们应做什么，只要催促他们去做他们已经知道该做的事。

28. 然而，如果他们还不知道该做什么，当然就要先告诉他们，让他们知道，然后才能让他们感动。也许仅仅让他们认识到自己的职责不需要花很多力气，不像要感动他们那样得费口舌。但是一旦需要，就应当这样去做。当人已经知道该做什么但没有去做的时候，就需要费口舌了。因此，教导是必不可少的。就人所知道的事，是去做还是不做就由他们自己来定夺。但他们所不知道的事，谁能说他们必须去做？出于同样的道理，信服不是必然的，事实上并非任何事都要求人信服。比如某人只是教导或者只是逗乐，听者表示同意和接受。也正因为如此，信服是一种胜利，因为一个人可能得到了知识，享受了快乐，但并不表示同意。如果我们不能实现第三个目标，前两个目标有什么用呢？使人愉悦也不是必须的，因为当真理在讲话过程中清楚地显明出来时（这就是教育的真正功能），说话风格应当使真理显得可爱吗？或者风格本身应当给人愉悦吗？事实并非如此，也不应当如此。当纯粹的真理毫无装饰地展示出来的时候，本身就使人愉悦，因为它是真理。因此，就快乐而言，谬误也常常是快乐的源泉，显现出来的时候也会使人愉悦。当然，产生快乐的不是它们的错谬；因为它们是错的，这一点是真的，所以表明这一点的话就给人愉悦。

第十三章——听者得到知识，也必须受到感染。

29. 有些人极爱挑剔，若不用令人愉快的语言表达真理，就不能引发他们对真理的兴趣，对于这样的人，修辞学就要发挥作用，因为它有很大一部分就是属于取悦人的艺术。但对于那些心里顽梗的人，就算让他们听懂教师的谈话，也得到了享受，但如果不能使他们从中得益，仍然是不够的。如果讲话者字斟句酌地宣讲真理只是为了能够得到听者的赞同，那么听者虽然承认这是真理，也赞美它的文采，却不表示赞同，那对他有什么用呢？如果教导真理的目的只是使人相信并了解真理，那么表示同意也就意味着承认它们是真的，这就够了。但如果所教导的真理是必须付诸实践的真理，之所以教导真理就是为了贯彻真理，那么只对所说的真理表示信服，只对表达风格感到愉悦，而最终不学以致用，就是白搭。所以，富有口才的圣者在劝勉某种实践真理时，不仅要教导人使他获得知识，愉悦人使他保持注意力，同时还必须影响人的心灵，使他顺服于意志。人若是没有被真理本身的力量感动，——虽然它证据充分，风格优美——那就只有通过修辞的力量来征服他。

第十四章——优美的表达必须与问题本身保持一致。

30. 人在追求这里所谈论的高雅表达上花费了极大的心思，应该说，我们有必要这样做，但是对于邪恶小人借大量修辞方法举荐的许多令人发指的邪恶、卑鄙行径，我们必须退避三舍，他们这样做，不是为了取得认同，只是为了阅读享受。但愿神使他的教会避开耶利米先知论到犹太会堂所说的事："国中有可惊骇、可憎恶的事：就是先知说假预言，祭司藉他们把持权柄，我的百姓也喜爱这些事，到了结局你们怎样行呢？"① 修辞啊，它的纯粹性越是可怕，它的坚固性就越是可摧？毫无疑问，它是"打碎磐石的大锤"。② 神自己也通过该先知把他自己藉圣先知所说的话比作这样的大锤。这样看来，神禁止我们中间祭司与假先知同流合污，禁止神的百姓喜爱这样的人、这样的事。我是说，神禁止我们中间出现如此可怕的疯狂！不然到了结局

---

① 《耶利米书》5：30—31（七十子译本）。

② 《耶利米书》23：29。

我们要怎样行呢？毫无疑问，人们宁愿所说的话不那么明白易懂，不那么悦耳动听，也不那么令人信服，也希望真理能够在讲述中享受快乐，公义而不是不义听起来使人愉悦，但是这是不可能的，除非真理和公义以高雅的风格表达。

31. 而且，在某种严肃的集会中，比如经上所论到的"我在民众中赞美你"①的那种大会中，那类修辞诚然没有什么虚假的东西，却也毫无愉悦可言，琐碎的、无关紧要的真相掩埋在一大堆泡沫一样的修饰语中，这样的修辞即使用来装点伟大而基本的真理，也显示不出文雅和高贵来。在圣居普良的一封信里就有这类修辞，我想，之所以出现这种情形，若不是出于偶然，就是故意插进去的，目的是为了让后来人明白健全的基督教教义原则是如何根除他那种冗长的语言习惯，使他遵循一种更高贵更恰当的表达方式，我们可以在他后来的书信里看到这种修辞法，一种使人油然产生敬意的风格，需要真诚追求、不花大力气就得不到的一种风格。他曾在一处说："我们要寻求这样一个地方：邻近的空旷地带能提供退隐静思、修身养性之处，有葡萄树蔓延的枝条低垂、盘绕，在支撑的苇秆上悄然生长，团团树叶覆盖，使葡萄架成为一个门廊。"②这里的语言是十分流畅而丰富华美的，但过于华丽，华而不实，不受严肃的思想家欢迎。但喜欢这种风格的人往往会认为，那些没有使用这种风格而使用一种更简洁朴实风格的人之所以如此是因为他们做不到前者，而不是因为他们的判断教导他们避免这样做。因而，这位圣人既表明他是能够用那种风格表达的，因为他以前就是这样做的；又表明他不想这样做，因为他再也没有继续使用那种风格。

---

① 《诗篇》35：18。

② 居普良（Cyprian），ad Donat《致多纳图》。

第十五章——基督教教师在传道前要先祷告。

32. 所以，我们的基督教演说家在传讲公义的、圣洁的和良善的事物（这之外的事他永远不可说）时，尽其所能使听者明白、愉悦、信服；要做到这些，与其说靠演说的天赋，还不如说靠虔诚的祷告，所以他在开始演讲之前应当为自己祷告，也为那些准备听他讲的人祷告。当时间将到，他必须讲话的时候，在他张口之前，应当向神提升他饥渴的灵魂，把他准备要倾倒出来的东西汲取进来，使自己充满准备分配出去的东西。因为关于信心和爱的每一件事都有许多东西可说，并且有许多说的方式，谁知道在某个特定的时候我们该说什么、怎么说，或者该让听者听到什么？唯有神知道，因为唯有他洞悉众人的心思。谁能使我们说该说的，怎样说该说的？唯有那决定我们的话语的神。所以，凡急于知道和教导的人都要学习一切知识，获得与牧师相符合的表达能力。但到了要说话的时候，当把我们主所说的话看为更符合虔诚之心的需要："不要思虑怎样说话，或说什么话。到那时候，必赐给你们当说的话，因为不是你们自己说的，乃是你们父的灵在你们里头说的。"[①] 圣灵既然在那些为了基督的缘故被交给逼迫者的人里面说话，为什么不也在那些把基督的福音带给缺乏学习动力者的人里面说话呢？

第十六章——虽然是神造就了真正的教师，
但也不可轻视人的引导。

33. 如果有人说，既然圣灵使人成为教师，那我们就不需要指导他们怎样教导，或教导什么；他还会说，既然我们的主说："你们没有祈

---

① 《马太福音》10：19—20。

求以先，你们所需用的，你们的父早已知道了"①，我们就不需要祈求了；或者说使徒保罗本来就不该指导提摩太（Timothy）和提多（Titus）如何教导别人或者教导什么。这三封使徒书信应当时时呈现在第一个已经获得教会教师资格的人面前。在《提摩太前书》里，我们岂没有读到这样的话："这些事，你要吩咐人，也要教导人？"② 至于这些事是什么，先前已经交待清楚。我们岂不是读到："不可严责老年人，只要劝他如同父亲？"③ 在《提摩太后书》里岂不是说："你从我听的那纯正话语的规模，要常常守着？"④ 他"按着正意分解真理的道"⑤，岂不是无愧的？在同一封书信里又说："务要传道！无论得时不得时，总要专心，并用百般的忍耐，各样的教训，责备人，警戒人，劝勉人。"⑥ 同样，在《提多书》里，他岂不是说一个主教应当"坚守所教真实的道理，就能将纯正的教训劝化人，又能把争辩的人驳倒了？"⑦ 又说："但你所讲的，总要合乎那纯正的道理。劝老年人要有节制"等等⑧。又说："这些事你要讲明，劝戒人，用各等权柄责备人，不可叫人轻看你。你要提醒众人，叫他们顺服作官的、掌权的。"⑨ 如此等等。读到这些话我们该作何感想？使徒一方面说人成为教师是圣灵运行的结果，另一方面他自己又指导他们如何教导、教导什么，这是不是他自相矛盾？或者我们应当这样理解，得赐了圣灵，人甚至教师的教导之职责仍不能停止，但栽种的算不得什么，浇灌的也算不得什么，只在那叫他生

---

① 《马太福音》6：8。
② 《提摩太前书》4：11。
③ 《提摩太前书》5：1。
④ 《提摩太后书》1：13。
⑤ 《提摩太后书》2：15。
⑥ 《提摩太后书》4：2。
⑦ 《提多书》1：9。
⑧ 《提多书》2：1—2。
⑨ 《提多书》2：15；3：1。

长的神?① 这样说来，尽管有圣人帮助我们，甚至有圣天使协助我们，若没有神使我们能够从他学习，谁也不可能按正意知道与神同在的生命有关的事，神在《诗篇》里如是说："求你指教我遵行你的旨意，因你是我的神。"② 同样，该使徒对提摩太本人说，就像老师对学生说一样："但你所学习的、所确信的，要存在心里，因为你知道是跟谁学的。"③ 就如同人提供给同胞身体所用的药物，若没有神所赐的美德，就毫无效用（神没有它们的帮助能治好病，它们没有神的帮助就不行），但它们仍然广泛应用着；如果这是出于责任感，那就是一项可敬的怜悯或仁慈的工作；同样，通过人的中介所使用的教训的辅助性工作，唯有当神使它们有益时才是有益的，其实神能够不借助于人的帮助或代理直接把福音传给人。

第十七章——各种说话风格的三分法。

34. 凡在讲话中以加强良善之事为目标的，就不可轻看这三种目的中的任何一种：教导人，愉悦人，感动人，并且如我们上面所说的，应当祷告，力求让听者听得明白，听得快乐，听得信服。如果他采用的是高雅而适当的形式，就算没有得到听者的认同，也可以恰当地称他为懂修辞的人。因为那位伟大的罗马演说家本人似乎就认为以下的三个方向就应当服务于这三大目标："凡能以低沉的风格说细小的事，以平和的风格说中等的事，以威严的风格说重大的事的，就是雄辩家"④，他这话似乎也把上面提到的三个目的也吸收进去了，一句话就把所有的东西囊括在内了："凡能以低沉的风格说细小的事，以便给人知识，以平和

---

① 《哥林多前书》3：7。
② 《诗篇》143：10。
③ 《提摩太后书》3：14。
④ 西塞罗：《演说家》29。

的风格说中等的事，以便给人愉悦，以威严的风格说重大的事，以便影响心灵的人，就是雄辩家了。"

第十八章——基督教演说家总是讨论重大问题。

35. 可以说，我所引用的这位作者已经在法律问题上实现了他自己所定下的三个方针，但他不可能在传教问题上也做到这一点，而我想要描述的讲话所涉及的唯有这些问题。法律问题是与经济上的交易行为相关的，是细小的；那些与人的生活或自由相关的问题则是重大的；与这两者都无关，目的不是促使听者行动，也不是使他论断什么事情，只是获得快乐，这样的讲话可以说就处在这两者之间，因此称之为中等的。其实中等问题这个名称就是从"modus"（尺度）来的，若把"moderate"（中等的）译成"little"（微小的）就不是一种正当使用，而是误用了。就我们的问题来说，其中所涉及的一切事，尤其是那些从权威之地对人说的事，应该都是与人的得救相关的，并且不是指人的暂时得救，而是永远得救，同时，要提防警惕的也是永恒的毁灭，所以我们所说的一切事都是重要的；甚至可以说，传道者所论到的与钱财有关的事，无论是失去，是得到，无论数量是大，是小，都不可看作是无足轻重的。因为公义从来不是无足轻重的，就是在有关钱财这类琐碎事务上，也必须遵守公义原则，如我们的主所说的："人在最小的事上忠心，在大事上也忠心。"① 最小的事当然是极琐碎的，但对最小的事也忠心就是伟大的。就像圆的性质，即从圆心到圆周的所有线都是等同的，在大碟上是这样，在最小的硬币上也仍然是这样。所以，体现公义的事物很小，但公义之大并没有丝毫减损。

36. 当使徒论到世俗事务的磨难（这些事不就是钱财问题吗？此外

---

① 《路加福音》16：10。

还能是什么事呢?)时说:"你们中间有彼此相争的事,怎敢在不义的人面前求审,不在圣徒面前求审呢?岂不知圣徒要审判世界吗?若世界为你们所审,难道你们不配审判这最小的事吗?岂不知我们要审判天使吗?何况今生的事呢!既是这样,你们若有今生的事当审判,是派教会所轻看的人审判吗?我说这话是要叫你们羞耻。难道你们中间没有一个智慧人能审断弟兄们的事吗?你们竟是弟兄与弟兄告状,而且告在不信主的人面前。你们彼此告状,这已经是你们的大错了。为什么不情愿受欺呢?为什么不情愿吃亏呢?你们倒是欺压人、亏负人,况且所欺压、所亏负的就是弟兄!你们岂不知不义的人不能承受神的国吗?"① 使徒为什么如此义愤,又是指责,又是痛斥,又是鞭策,又是威胁?他的口气为什么如此变化频频,如此陡然峰转,证明他的痛切之深?总之,他为什么对如此琐碎的事用如此高雅的口气说呢?世俗之事值得他如此对待吗?断然不是,事实上他所做的一切都是为了公义、仁爱和虔诚,这些东西在每一个理智健全的人看来都是大的,就是应用于最小的事物时也不减损它们的伟大。

37. 当然,如果有人问我们应该怎样在教会的法庭上处理世俗案子,或者为他们自己,或者为与其相关的人,我们会严肃地告诫他们要把它们看作是瞬间即逝的东西坦然面对。但我们这里所讨论的是一个作为教导真理、使我们脱离永恒的悲境、引我们走向永恒的喜乐的人的说话方式。无论这些真理是在什么场合宣讲,是在公众场合,抑或私下里,不论是对一人讲还是众人讲,不论是以论文形式,还是书卷形式,是长信或短信形式讲,都是极为重大的。除非我们是想说,因为一杯凉水是非常渺小而普通的东西,所以我们主所说的话——把一杯凉水给他的众门徒中的一个喝的人不能不得赏赐②——就是极为无聊,没有意义

---

① 《哥林多前书》6:1—9。
② 《马太福音》10:42。

的。或者当一位传道者论到这样的话的时候，认为自己的话题没有什么意义，因而讲解时既不讲究任何文采，也没有什么力量，只以低沉而卑微的风格说话。事实岂不是这样的：当我们正好向人说到这个题目时，神与我们同在，使我们所说的话完全与题目相配，于是从凉水里升起一股火舌，把人的冰冷的心也给点燃了，使他们热心行怜悯之事，期望得到永恒的赏赐。

第十九章——基督教教师必须因材施教，
不同场合使用不同风格。

38. 我们的教师诚然应当说大事，但他不能总是用威严的语调谈论，而是要分不同的场合，教训人时用低沉的语调，称颂或谴责时用平和的语调。如果某个事必须做，而该做的人却不愿意去做，这时我们对他们说话就要加强语气，用足以影响心灵的方式谈论这样的事。有时同一个重要问题在不同时候分别用这些方式说：教导时说得平静，强调其重要性时说得温和，要迫使悖逆真理的人转而拥抱真理时就要说得铿锵有力。有什么事能比神本身还大吗？他岂是没有什么可学的吗？或者教导三位一体的人应当以另外的方式用平静讨论的方式谈它，以至于对一个不易理解的题目，讲解到什么程度，我们就理解到什么程度？在这种情形中，我们该去寻求粉饰，而不是寻找证据吗？或者应当让听者受感动，而不是受教导从而获得某种知识？当我们开始称颂神的时候，不论是称颂他本身，还是他的作品，人的面前就展现出一个多么需要优美而辉煌的语言的领域，只要他能竭尽全力赞美神——虽然谁也不能对神表达出足够的赞美，但谁都在一定程度上赞美着神。但是如果敬拜的不是神，或者把偶像——不论是魔鬼还是某种受造物——与他一同敬拜，或者崇拜偶像胜过拜他，那么我们就要用强有力的、威严的语调说话，指明这是怎样的一种大恶，这样才能劝他们脱离这种恶。

第二十章——引自《圣经》的关于多种风格的例子。

39. 现在我们来看一些比较具体的事情。关于平静、沉着风格我们有一个使徒保罗的例子，他说："你们这愿意在律法以下的人，请告诉我，你们岂没有听见律法吗？因为律法上记着，亚伯拉罕有两个儿子，一个是使女生的，一个是自主之妇人生的。然而那使女所生的，是按着血气生的；那自主之妇人所生的，是凭着应许生的。这都是比方，那两个妇人就是两约。一约是出于西奈山，生子为奴，乃是夏甲（Hagar）。这夏甲二字是指着阿拉伯（Arabia）的西奈山，与现在的耶路撒冷同类，因耶路撒冷和她的儿女都是为奴的。但那在上的耶路撒冷是自主的，她是我们的母"[1]，如此等等。他这样推导的话也是出于同样的风格："弟兄们，我且照着人的常话说：虽然是人的文约，若已经立定了，就没有能废弃或加增的。所应许的原是向亚伯拉罕和他子孙说的；神并不是说'众子孙'，指着许多人，乃是说'你那一个子孙'，指着一个人，就是基督。我是这么说：神预先所立的约，不能被那四百三十年以后的律法废掉，叫应许归于虚空。因为承受产业，若本乎律法，就不本乎应许；但神凭着应许，把产业赐给亚伯拉罕。"[2] 因为听者很可能会问，如果产业不本乎律法，那为何要立下律法呢？他自己预见到这样的异议，所以就问："这样说来，律法是为什么有的呢？"并且给出回答说："原是为过犯添上的，等候那蒙应许的子孙来到，并且是藉天使经中保之手设立的，但中保本不是为一面作的，神却是一位。"这里又可能出现一种疑义，如他自己所陈述的："这样，律法是与神的应许反对吗？"他回答说："断乎不是！"然后说明理由如下："若曾传一个

---

[1] 《加拉太书》4：21—26。

[2] 《加拉太书》3：15—18。

能叫人得生的律法，义就诚然本乎律法了。但《圣经》把众人都圈在罪里，使所应许的福因信耶稣基督归给那信的人。"① 做教师的，不仅要解释模糊的意思，解除问题的困难，同时还要对付其他可能产生的问题，免得它们使我们所说的笼罩上疑惑或不可信之阴影，这是教师的一部分职责。然而，如果这些问题本身一出现，其答案也随之出现了，那我们去琢磨那些不可能解决的问题是毫无意义的。况且，一个问题可能生出其他一些问题，从这些问题又生出更多的问题，如果所有这些问题都要讨论、解决，那么除非记忆极端强大、活跃，否则，推论者就会看到根本无法回到他出发的那个原初问题。不过，把心中所能想到的可能的异议都提出来并给予驳斥，这倒是极为可取的做法，免得到了人都不在了，无法回答的时候出现这样那样的异议，或者人虽然还在世，但对这种异议不曾置过一词，就很可能永远无法彻底驳斥它——这种做法也可以避免这种情形出现。

40. 使徒以下的话体现的是温和风格："不可严责老年人，只要劝他如同父亲；劝少年人如同弟兄；劝老年妇女如同母亲；劝少年妇女如同姐妹。"② 还有："所以弟兄们，我以神的慈悲劝你们，将身体献上，当作活祭，是圣洁的，是神所喜悦的，你们如此侍奉，乃是理所当然的。"③ 几乎这整段劝告的话都是采用了温和的修辞法，它的各个部分都是极为优美的，似乎各司其职，彼此所属的事物通过高雅的方式组合在一起。比如："按我们所得的恩赐，各有不同：或说预言，就当照着信心的程度说预言；或作执事，就当专一执事；或作教导的，就当专一教导；或作劝化的，就当专一劝化；施舍的，就当诚实；治理的，就当殷勤；怜悯人的，就当甘心。爱人不可虚假，恶要厌恶，善要亲近。爱弟兄，要彼此亲热；恭敬人，要彼此推让。殷勤不可懒惰。要心里火

---

① 《加拉太书》3：19—22。

② 《提摩太前书》5：1—2。

③ 《罗马书》12：1。

热，常常服侍主。在指望中要喜乐，在患难中要忍耐，祷告要恒切。圣徒缺乏要帮补，客要一味地款待。逼迫你们的，要给他们祝福；只要祝福，不可咒诅。与喜乐的人要同乐；与哀哭的人要同哭。要彼此同心。"① 这一切被极为高雅地用一个包含两个成分的完整句囊括作结："不要志气高大，倒要俯就卑微的人！"稍后又说："凡人所当得的，就给他；当得粮的，给他纳粮；当得税的，给他上税；当惧怕的，惧怕他；当恭敬的，恭敬他。"② 这些虽然都是用单独的子句表述的，但最后用一个包含两个成分的完整句作结："凡事都不可亏欠人，惟有彼此相爱。"稍后又说："黑夜已深，白昼将近，我们就当脱去暗昧的行为，带上光明的兵器。行事为人要端正，好像行在白昼。不可荒宴醉酒，不可好色邪荡，不可争竞嫉妒。总要披戴主耶稣基督，不要为肉体安排，去放纵私欲。"③ 如果把这段话翻译成这样："et carnis providentian ne in cancupiscentiis feceritis"，毫无疑问，听来更为和谐，更为悦耳，但是我们的译者宁愿严格保留句子的顺序。在希腊语里，也就是使徒所用的语言里，这话听来如何，应由那些对那种语言更有研究的人来定夺。就我个人来说，按句子的原序翻译出来的内容即使在原文里也不是那么和谐统一的。

41. 诚然，我必须承认，我们的作者在那种由和谐尾音组成的高雅话语上极为欠缺。我不敢断定这是译者的过错，还是——我更倾向于相信——这是作者故意避免这种修饰之故；我得说我确实不知道。但有一点我是知道的，如果有谁精通这种和谐律，把这些作者的结尾句按照和谐律来安排，就可以很轻松地知道，他在语法学校、修辞学校作为重点学习的，这些受圣灵启示的人一点也不缺乏；他还会在他们的作品中看到许多华美的语言——翻译成我们的语言还是很美，更不要说他们的原

---

① 《罗马书》12：6—16。

② 《罗马书》13：7。

③ 《罗马书》13：12—14。

文了——这样美的语言在那些自吹自擂的人的作品中是不可能看到的。但是我们必须注意，在添加和谐音的时候，不可对这些神圣而富有权威的话语的分量有任何减损。要知道，我们的先知远非缺乏音乐素养，——我们所说的这种和谐最完全地体现在音乐上——耶柔米，极为博学的一个人，甚至描述了他们中一些人所使用的韵律①，至少在希腊文里是这样；虽然为了准确地翻译句子的含义，他没有在译本中保留这些韵律，但我（就我自己的感受来说，因为我比别人更了解自己的感受，我自己的感受也比别人的感受更为我所了解）虽然在自己的讲话中——不论我认为它有多文雅——没有忽视这些和谐尾词，却仍然高兴地看到它们在圣作者那里极为少见。

42. 威严的风格有别于刚刚讨论的温和风格，主要在于它没有太多词语上的修饰，不至于用心理上的情绪来强化激情。诚然，温和风格所用的一切修饰，它也几乎都用，但如果它们恰好不在手边，它也不会刻意去寻找，因为它担负着自己的激情；使它遇到美的表达就能一一手到擒来的不是它对修饰的欲望，而是思想本身的力量。热烈的情感自身能找到恰当的词汇，这对它的目标足够了，这些词汇也不需要经过仔细、精致地筛选。如果一个勇敢的人配饰有金银珠宝的兵器，在战场上热血沸腾，那不是因为它们价格昂贵，而是因为它们是兵器；就算他所佩的兵器是从地里挖出来的，只要心怀怒火，他照样杀敌如麻。使徒在以下话里要求我们忍耐此生的一切邪恶。他说："看哪，现在正是悦纳的时候，现在正是拯救的日子。凡事不可叫人有妨碍，免得这职分被人毁谤；反倒在各样的事上表明自己是神的用人，就如在许多的忍耐、患难、穷乏、困苦、鞭打、监禁、扰乱、勤劳、警醒、不食、廉洁、知识、恒忍、神的大能；仁义的兵器在左在右。荣耀、羞辱；恶名、美名；似乎是诱惑人的，却是诚实的；似乎不为人所知，却是人所共知

---

① 在他《约伯记》的序言里。

的；似乎要死，却是活着的；似乎受责罚，却是不至丧命的；似乎忧愁，却是常常快乐的；似乎贫穷，却是叫许多人富足的；似乎一无所有，却是样样都有的。"① 请看他还在燃烧："哥林多人哪，我们向你们，口是张开的，心是宽宏的"，如此等等，不必一一引用，免得令人厌烦。

43. 同样，在《罗马书》里，他也用既有力又优美的语言论到逼迫这个题目，他说："我们晓得万事都互相效力，叫爱神的人得益处，就是按他旨意被召的人。因为他预先所知道的人，就预先定下效法他儿子的模样，使他儿子在许多弟兄中作长子。预先所定下的人又召他们来；所召来的人又称他们为义，所称为义的人又叫他们得荣耀。既是这样，还有什么说的呢？神若帮助我们，谁能抵挡我们呢？神既不爱惜自己的儿子为我们众人舍了，岂不也把万物和他一同白白地赐给我们吗？谁能控告神所拣选的人呢？有神称他们为义了。谁能定他们的罪呢？有基督已经死了，而且从死里复活，现今在神的右边，也替我们祈求。谁能使我们与基督的爱隔绝呢？难道是患难吗？是困苦吗？是逼迫吗？是饥饿吗？是赤身露体吗？是危险吗？是刀剑吗？（如经上所记：我们为你的缘故终日被杀，人看我们如将宰的羊。）然而，靠着爱我们的主，在这一切的事上已经得胜有余了。因为我深信无论是死、是生，是天使、是掌权的、是有能的、是现在的事、是将来的事、是高处的、是低处的、是别的受造之物，都不能叫我们与神的爱隔绝，这爱是在我们的主基督耶稣里的。"②

44. 同样，在《加拉太书》里，尽管整封信是以低沉的风格写的，结尾处升为温和风格，但是他插入了一般饱含情感的话，这段话尽管没有刚刚提到的那些段落的修饰，却毫无疑问是充满力量的："你们谨守

---

① 《哥林多后书》6：2—10。

② 《罗马书》8：28—39。

日子、月份、节期、年份，我为你们害怕，惟恐我在你们身上是枉费了工夫。弟兄们，我劝你们要像我一样，因为我也像你们一样，你们一点没有亏负我。你们知道，我头一次传福音给你们，是因为身体有疾病。你们为我身体的缘故受试炼，没有轻看我，也没有厌弃我，反倒接待我，如同神的使者，如同基督耶稣。你们当日所夸的福气在哪里呢？当时，你们若能行，就是把自己的眼睛剜出来给我，也都情愿。这是我可以给你们作见证的！如今，我将真理告诉你们，就成了你们的仇敌吗？那些人热心待你们，却不是好意，是要离间你们，叫你们热心待他们。在善事上常用热心待人，原是好的，却不单我与你们同在的时候才这样。我小子啊，我为你们再受生产之苦，直等到基督成形在你们心里。我巴不得现今在你们那里，改换口气，因我为你们心里作难。"① 这里有比照的对偶吗？有一步步推向高潮的句子吗？有华丽的子句、成分和完整句吗？然而，尽管如此，其中仍闪耀着一种强烈的情感，使我们感受到火热的文采。

第二十一章——引自基督教教师，尤其是安波罗修和
居普良的关于多种风格的例子。

45. 众使徒的这些作品虽然很珍贵，但也太艰深，如果你不满足于表面的了解，想要透彻地领会，光是读和听是不够的，还必须有一位解释者。所以，有那么些人通过研读《圣经》已经获得了救人的神圣真理，并把它交托给教会，我们要学习体现在这些人的作品中的多种表达方式。具有可敬记忆的居普良用低沉的风格写专著讨论杯的圣礼。在这本书中他解决了主的杯是只应盛水，还是酒与水混合起来的问题。不过我们必须引一段来具体说明。作了常规的介绍之后，他就开始讨论问题

①　《加拉太书》4：10—20。

的要点。他说:"我们务要注意,举杯时要遵守从主传给我们的习俗,凡不是主所事先为我们成就的,一律不可为,所以,为纪念他所献的杯应混合酒。如基督所说:'我是真葡萄树'①,由此可知,基督的血是酒,不是水;如果没有酒,这杯就不可能装盛他的血,就是使我们得救赎、得洁净的血;酒就是象征了基督的血,这血在《圣经》的所有预表和宣称里都作了预示和说明。我们在《创世记》里看到关于这一圣礼的环境作了预示,挪亚的故事就从预表的角度阐明了我们主的苦难。挪亚喝了酒之后醉了,赤着身子躺在自己的帐棚里,他的二儿子怕他赤身露体暴露出去,他的大儿子和小儿子则小心翼翼地掩盖起来②。没有必要再详细提到别的环境,只需注意这一点,即挪亚预示着将来的事实,他喝的是酒,而不是水,由此指明了我们主的受难。同样,我们还可以看到,祭司麦基洗德(Melchizedek)的故事也预示了我们主的晚餐之圣礼,因为按《圣经》的见证,'撒冷王(king of Salem)麦基洗德带着饼和酒出来迎接;他是至高神的祭司。他为亚伯拉罕祝福。'③ 麦基洗德就是基督的一个预表,这一点圣灵在《诗篇》里作了宣告,那是父对子说的:'你是照着麦基洗德的等次永远为祭司。'④⑤ 这段话,以及后面的全部内容都采用了低沉的风格,这样,读者就很容易弄清楚。

46. 圣安波罗修也是这样,虽然讨论的是一个极为重大的问题,圣灵与父和子的同等性,但也采用了低沉的风格,因为他所考虑的问题要求的不是华美的词藻,不是要用煽情的影响心灵,而是事实和证据。所以,在他作品的序言里我们看到有这样的段落:"基甸(Gideon)从神得了这样的信息,尽管成千上万的人要败落,但神要藉一人救自己的百

① 《约翰福音》15:1。
② 《创世记》9:20—24。
③ 《创世记》14:18—19。
④ 《诗篇》114:4。
⑤ Ad. Caecilium, Ep. 《致凯西利的信》63, 1. 2.

姓脱离仇敌之手，基甸听了这话就感到惊慌，于是拿了一只山羊羔，按天使的指示把它与无酵饼一起放在磐石上，把汤倒出来；神的使者伸出手内的杖，杖头一挨到肉和无酵饼，就有火从磐石中出来，烧尽了供品①。这神迹似乎指出，磐石就是基督身体的一个预表，如引文所说的：'他们所喝的是出于随着他们的灵磐石，那磐石就是基督。'② 当然这不是指基督的神性，乃是指他的肉身，他那永流的血泉曾满足他百姓饥渴的心灵。这样说来，正是在那里就以神秘的形式宣告了主耶稣被钉十字架的时候，必以自己的肉身来洁净全世界人的罪，不只是他们的罪行，还除去他们心里的恶念。因为羊羔肉指外在的罪行，而汤指里面的恶念，如经上所说的：'他们中间的闲杂人大起贪欲的心，以色列人又哭号说：谁给我们肉吃呢?'③ 当天使伸出手里的杖，再加上神的圣灵，必把人类的一切罪恶全都烧尽。因此主也说：'我来要把火丢在地上。'④" 他还以同样的风格讨论题目，主要致力于证明并坚固自己的观点⑤。

47. 关于温和风格的一个例子来自居普良对贞洁的赞颂："现在我们开始讨论贞女，她们所得的荣耀很高，被关注的程度也很大。这些人是教会之树上盛开的花朵，是属灵恩典的荣光和装饰，是高贵和美名的喜乐，是完美无瑕的作品，是神的形像，应和着主的圣洁，是基督之族中更明亮的部分。她们的母亲教会以他们荣耀的果实为喜，因她们更加枝繁叶茂而乐。多少孩子变得贞洁，母亲的喜乐就增加多少。在另一封信的结尾处他说：'我们既有属土的形状，将来也必有属天的形状。'⑥ 贞洁就有这样的形状，正直有这样的形状，圣洁和真理都有；凡满有主

① 《士师记》6：14—21。
② 《哥林多前书》10：4。
③ 《民数记》11：4。
④ 《路加福音》12：49。
⑤ De Spiritu Sancto《论圣灵》第一卷，前言。
⑥ 《哥林多前书》15：49。

的纯洁，遵守公义和虔诚，有坚定的信心，谦卑地敬畏，忍辱负重，在患难下坚韧，受伤害时柔顺，心怀慈悲，弟兄之间一心一意，和睦相处，凡这样的人都有这样的形状。你们圣洁的贞女要遵守、珍视并成全所有这一切事，有为神和基督的从容之心，选择了更大更好的部分，引导并指明走向主的道路，向主发誓要服侍老人，鼓励同辈，彼此劝勉，相互激励，效法美德的榜样，争取得荣耀，勇敢地忍耐，取得灵性上的进步，怀着喜乐走完一生，当你们的贞洁开始堆积荣耀的奖赏，务要只记住我们。"①

48. 安波罗修在提到贞女以自己的行事为人树立了学习榜样的时候也使用了温和而富有修饰的风格。他说："她不只是在身体上是个贞女，而且在心灵上也同样如此；她纯洁的情感不沾染一丝伪善的渣滓，她言语严谨，不守财富，只为穷苦人潜心祷告；她勤勉劳作，虔诚地说话，常常把神而不是人看作她良心的向导；她不加害于人，只祝福众人；她对长辈尽职，对同辈不嫉妒，避免夸口，遵循理性，热爱美德。她可曾使父母伤心，哪怕一个眼神？她可曾与邻人争吵？可曾鄙视卑微者，嘲笑弱者，躲避穷人？她常去的地方是那些需要同情、也不影响端庄的地方。她的眼里没有傲慢，话里没有狂妄，举止一点也不放荡；她的穿戴不暴露，步态不随意，声音不粗野；她的外表就是她心灵的写照，就是一幅纯洁的画卷。因为好的房子就应当表现出这样的门槛，显示出这样的入口，让人知道里面没有任何暗昧的陷阱，因为里面有一盏灯放射出光芒一直照到外面。我还有必要细谈她在食物上的节俭和尽职上的不遗余力吗？——一个是降到正常需要范围之下，一个却是升到能力所及范围之上。后者没有中断的间歇，前者一天一天禁食，需要恢复精力时，也只吃仅能维持生命的食物，绝不会饕餮大吃。"② 我所引用

---

① De habitu Virginum《论圣洁的生活》十八章。
② De Virginibus《论贞洁》第二卷第 1 章。

的这几个段落都是温和风格的例子，因为它们的目的不是要诱导那些还没有献身的人发誓守贞洁，而是为了表明那些已经宣誓的人应当成为怎样的人。要说服人走出如此重要的一步，需要通过庄严的风格把听者的心灵激动起来，燃烧起来。然而，殉道者居普良没有论到接受这种贞洁之事业的职责，而是论到贞女的服饰和举止。当然就是在这些方面，这位伟大的主教还是用一种庄严的修辞劝勉他们尽自己的职责。

49. 我要从他们两人都涉及的主题的讨论中挑选几个威严风格的例子。两人都痛斥妇女用颜料往脸上着色，或者毋宁说玷污脸色。在论到这个话题时，第一个人说："设想有一位画家用各种色彩描画，达到与自然本色相符，勾勒出一个人的面貌。当他以卓绝的技艺完成这幅画之后，却有另一个画家来插上一手，似乎是要以他更高超的技艺把已经完成的画再提上一个档次。可以肯定，第一位艺术家会认为此举实在无礼，他的愤怒自然要油然而生。这样说来，你岂能认为自己行了如此放肆的邪恶之行，对神这位伟大的艺术家如此侮辱，而能不受惩罚，安然无恙？就算你没有对人举止不轨，心里没有被这些骗人的伎俩玷污，但你若是改坏并篡改属神的东西，就表明你甚至比奸淫者更可恶。你自以为藉这样的技艺就可以装扮自己，变得妖艳美丽，这本身就是对神的作品的质疑，对真理的悖逆。请听关于发酵的警告。'因为我们逾越节的羊羔基督被杀为我们献祭了。所以我们守这节不可用旧酵，也不可用恶毒、邪恶的酵，只用诚实真正的无酵饼。'① 倘若诚实的东西被玷污了，真正的东西因俗艳的色彩和江湖骗子的招摇撞骗而成为一处虚旦，那么诚实和真理还能存在吗？主说：'你不能使一根头发变黑变白'；② 你是否希望拥有更大的权能，使主的话都归于虚无？你宁可用你那鲁莽而渎圣的手改变你头发的颜色。我以一个先知的视野看将来，但愿你把它染

---

① 《哥林多前书》5：7—8。

② 《马太福音》5：36。

成火焰的颜色。"① 因为太长了不可能把以下所有的话都引过来。

50. 安波罗修也同样对这种做法深恶痛绝，猛烈抨击，他说："因此就产生了这些引人作恶的动机，妇女担心自己对男人的吸引力不够，就用精心挑选的颜料描画自己的脸蛋，从而使形体上的污点进而渗透到贞洁。把自然本色变成那些浓妆艳抹，从而担心招致丈夫的不满，到公开声称她们招惹了自己的不满，这是多么愚蠢啊！因为想要改变自己的本来面目的妇女就是在定她自己的罪；她尽一切努力要愉悦另一个人，这就表明她首先已经使她自己不满。女人哪，你既然担心展示本真的自我，我们还能找到比你自己更确定无疑的证据来证明你的丑陋吗？如果你是俊美的，为何要掩盖自己的美丽呢？如果你相貌平平，又为何假装是美的呢？事实上，无论是你自己的良心，还是另一个人的良心，都不可能享受虚谎的快乐。因为他爱另一个女人，而你想要取悦于另一个男人；他爱别人，你很愤怒，但他的荒淫是你教的，你是你自己的伤害的邪恶诱因。就算成为拉皮条男人的猎物的女子也不愿扮演助恶者的角色，她虽然淫恶，但她所侵犯的是她自己，而不是别人。淫乱罪还比你更能忍受呢。因为奸淫损害的是节制，而你损害的是自然本性。"② 我想，这足以表明，这种修辞激情澎湃地呼吁女子避免用骗人的技艺篡改损害她们的外表，而要培养节制和敬畏的美德。由此，我们看到，这种风格既不是低沉的，也不是温和的，而是完全威严的。在这两位作者——我已经挑选了一些段落作为样本——以及其他说得真又说得好——也就是说得有见地、一针见血，所用的表达式优美，有力量的教会作家中，可以看到许多三种讲话风格的例子，分散在他们各种各样的作品和讨论中，勤勉的读者通过坚持不懈的研读，再加上自己的践行，可以对它们有全面的了解。

---

① 居普良：《论圣洁的生活》十二章。
② 安波罗修：《论贞洁》第二卷。

第二十二章——多种风格的必要性。

51. 但我们不可以为把这些不同的风格结合起来是违反规则的。因为我们若是从头至尾只单调地使用一种风格，就无法留住听者的注意力；相反，若是不断地变换风格，尽管篇幅可能会变得更长，但可以更加高雅地展开讨论。再说，每一种风格都有自己的变化，能防止听者注意力分散，或者变得疲倦。然而，就拿威严风格与低沉风格来说，我们可以更长时间地忍受后者。因为为使听者与我们产生共鸣，必须激起其心中的情绪，但当这种情绪已经被充分激发出来之后，越是往上提，其持续的时间就越短。因而，我们必须注意，免得在我们努力把已经激发的情感提到一个更高程度时，反倒丢失了已经得到的东西。但只要插入我们必须用更平和的风格讨论的问题，就可以有效地回到必须以强烈的语气讨论的问题上，于是就产生了有涨有落、像潮水一样的修辞法。由此可以看出，威严风格如果要长时间地连续使用，就不可毫无变化，而应不时地穿插一下另两种风格，但从整体来看，说话或文章仍属于主要的那种风格。

第二十三章——多种风格应如何结合。

52. 一个重要的问题是要决定哪种风格应与哪种风格穿插，在什么地方使用哪种具体的风格。比如，使用威严风格时，前言介绍时应是温和的，这永远或者几乎永远是可取的。说话者可以自行决定可以用威严风格的地方使用低沉风格，这样一旦用上了威严语调，就在比较中更显威严，就像光线从黑暗的背景下射出来更显耀眼。同样，无论说话或写作时使用的是什么风格，一旦出现了棘手的问题要解答，需要准确的区分，这就必然要求使用低沉的风格。同样，无论何时，只要出现了那类问题，这种风格也必须与其他两种风格交替使用；正如无论讨论中使用的主要语调是什么，只要给予赞美或谴责但不进一步指向对某个人的定罪或赦罪，或者不谋求某个人在某种行为上的认同，就必须使用温和风格。所以，在威严风格中，其他两种风格也要适时出现，这对温和风格同样适用。另外，温和风格并不总是、只是偶然需要低沉风格。比如，如我已经说过的，出现了棘手问题需要解答时，或者某些易受修饰影响的观点变得毫无装饰、只用低沉的风格表述，以便进一步突出修饰的热情洋溢（可以这么称呼）。但温和的风格永远不需要威严风格的协助，因为它的目的是感激，绝不是激动心灵。

第二十四章——威严风格产生的效果。

53. 就算不时有热烈的掌声向讲话者响起，但我们不可因此就认为他是在用威严的风格讲话，因为低沉风格的准确区分和优美的温和风格也常常会产生这种效果。另外，威严风格倒常常因其强烈的情感性而使听众沉默无语，甚至引得他们泪流满面。比如，我在玛勒泰尼（Mauritania）的凯撒利亚（Caesarea）时为劝说百姓放弃他们称为"Caterva"的内战，或者说比内战更邪恶（因为不只是同胞，还包括邻人、兄弟甚至父亲和儿子，所有的人分成两派，在每年的某个季节手拿石块相互殴打，每个人都可以随意地杀死任何人），尽自己所能用激烈的讲话吩咐他们把这种如此残忍又根深蒂固的恶从他们心灵和生活中剔除出去；然而，不是因为我听到了他们的掌声，而是因为我看见他们的眼泪，我才认为我的讲话产生了一定效果。因为掌声表明他们受了启示，感到兴奋，而眼泪则表明他们被折服了。当我看见他们流下了眼泪的时候，即使还没有事实的证据，我也相信这种可怕而野蛮的习俗（从他们的父辈、古老的先祖那里传下来、就像一个仇敌围困着他们的心灵，或者毋宁说完全控制着他们的习俗）被摒弃了。所以我的讲道一结束，我就呼吁他们用心灵和声音向神表示称颂和感谢。看哪，在基督的恩佑下，这事至今已经有八年或更多的年头了。此外，我注意到在许多其他的情形中也同样如此，一个智慧人用强有力的修辞对听众产生的效果与其说是通过热烈的鼓掌来表达的，还不如说是通过悲叹，甚至眼泪，最好是生活上的改变。

54. 低沉的风格也给许多人带来了变化；但它是教导他们所不知道的事，或者说服他们接受他们认为不可思议的东西，而不是敦促他们去做知道该做但不愿做的事。为了消除这类困难，讲话需要带着激情。同样，赞美和指责如果利用修辞来表达，就算是用温和风格也会对一些人产生这样的一种效果：使他们不仅喜欢颂扬和责备的修辞，还引导他们去按可赞美的方式生活，避免招致谴责的生活方式。但谁也不会说，凡从中得到愉悦的，人人都能最终改变自己的习惯，凡得到低沉风格教导的人都能知道或相信他们先前所不知道的真理。

第二十五章——怎样使用温和风格。

56. 关于我稍前所定的凡希望用智慧和修辞说话的人所必须满足的三个条件①，即清楚明白、风格优美以及具有说服力，我们不可认为这三种性质各自对应于三种说话风格，清楚是低沉风格特有的效果，优美是温和风格的效果，说服力是威严风格的效果。相反，所有的讲话，不论使用什么风格，都应当始终致力于并且尽可能地表现出这三种效果。因为我们不愿意只让人听清楚，还要给人愉悦。同样，我们为什么要藉神圣的见证来加强我们的教义？不就是希望获得听者的赞同，希望借助于神——因为经上说："你的见证最的确"②——迫使他同意吗？当人

① 第十五章和十七章。
② 《诗篇》93：5。和合本译为："你的法度最的确。"——中译者注

讲故事的时候，就算是以低沉的风格讲，不就是希望别人相信吗？但倘若他不用某种优美的风格来吸引注意力，谁愿听他讲？如果他连话都讲不清楚，那么显然，他既不可能给人愉悦，也不可能使人信服。同样，低沉的风格就其本身纯粹的质朴性来讲，当它解开极为困难的问题，并以出人意外的方式阐明它们时，当它从一个不曾指望的方面摆脱并揭示某些非常尖锐的评论时，当它抓住并揭露某种反对意见的错谬——乍看一下这种意见似乎还是无可辩驳的；尤其是当所有这些都伴随着一种自然而贴切的高雅表达，一种和谐而均衡的风格，看上去一点也不显得突兀，倒像是问题本身自然流溢出来的，当这种风格这样使用时，就会引来极为热烈的掌声，热烈得使人难以相信这是低沉风格。虽然它毫无修饰，也无保护，只是以自己纯粹的质朴性作兵器，但这并不妨碍它以精力和体力摧毁对手，仅凭自己兵器就征服并毁灭了对立面的谬误。这样说话的人总是能得到持久而热烈的掌声，为什么呢？不就是因为看到真理如此无可辩驳地确立起来，得到如此完备的证明，如此自然地显现出来而喜乐吗？因此，基督教教师和演讲者在使用低沉风格时应当不只是力求清楚明白，还要给听者愉悦，使他信服。

57. 就基督教演讲者来说，温和的风格也同样如此，既不能全无修饰，也不能过分修饰，不能把愉悦人作为唯一的目标，这一目标要由另外的目标来完成；在赞美和谴责时，它的目标是促使听者追求值得赞美的，避免或放弃受谴责的。另外，没有清晰性，这种风格是不可能给人愉悦的。所以这三种品质，清晰、优美和说服力，也应当是这种风格所追求的，当然优美是最主要的目标。

58. 同样，如果需要用威严的风格激动、影响听者的心灵（当对方承认你所说的是对的，可接受的，但不愿意将它付诸行动时，往往需要这种风格），那你就必须用威严的风格讲话。但如果他连什么意思都听不明白，怎可能受感动呢？如果他听的时候毫无愉悦可言，又怎能耐心听下去呢？因此，当说服一个顽固不化的人顺服而使用这种风格时，你也必须说得既清楚又令人愉悦，这样才能使人听从劝告。

第二十六章——为人师表的人的教导更有效果。

59. 无论这种风格多么威严，演讲者自身的生活更能促使听者顺从。诚然，说得明智而神采飞扬的人可以教导许多急于学习的人，但如经上所说的，他"不能教育他自己"①。因而，使徒也有话说："这有何妨呢？或是假意，或是真心，无论如何，基督究竟被传开了。"② 基督就是真理；我们看到，虽然不是真心传，真理仍然可以传开去，也就是说，公义而正直的东西本身是可以由心里悖逆充满欺诈的人传讲的。因而可以说，那些只求自己的而不是耶稣基督的东西的人也传讲着耶稣基督。因为真正的信徒遵守的不是任何人的话语，而是主本人的话语，他说："凡他们所吩咐你们的，你们都要谨守遵行；但不要效法他们的行为，因为他们能说不能行。"③ 因此正是那些不能教育自己的人教育了别人。因为他们虽然追求自己的目的，但不敢教导自己的理论，虽然在身居教会权威的要位，但这权威是根据健全的教义建立起来的。所以，我们的主在讲到我刚刚引用的这些人之前，作了这样的观察："文士和法利赛人坐在摩西的位上。"④ 也就是说，他们所占的这位置，不是他们自己的，乃是摩西的；他们虽然行邪恶的事，但这位置迫使他们说良善的话。所以，他们在生活中遵循自己的道路，但因所在位置是属于别人的，不可能传讲他们自己的教义。

60. 这些人虽然自己不行，但他们的传讲为许多人带来益处；但是如果他们言行一致，为人师表，就能给更多的人带来更多的益处。

---

① 《便西拉智训》37∶19。根据《圣经后典》，张久宣译，商务印书馆1996年版。

② 《腓立比书》1∶18。

③ 《马太福音》23∶3。

④ 《马太福音》23∶2。

因为有许多人为自己的恶行找借口，就拿教义与教导者的行为作比较，然后在心里，或者更有甚者，直接说出来：你吩咐我做的事为什么你自己不做呢？对一个不听从自己所说的话的人，他们也就不想顺服地听从，并且出于对教导者的轻视，他们也渐渐鄙视所传讲的道了。因此，使徒写信给提摩太告诉他："不可叫人小看你年轻"，随即补充应怎样避免被人轻看："总要在言语、行为、爱心、信心、清洁上，都作信徒的榜样。"①

第二十七章——真理重于表达，争论言语意味着什么。

61. 这里所描绘的教师为保证听者顺服，不仅可以用低沉和温和的语调说，甚至可以充满激情，无损于节制，因为他的生活使别人不敢轻看他。他在追求正直生活的同时，注意保持良好的声誉，在主和人面前都行光明的事②，敬畏神，关心人。即使讲话想要愉悦人时，也宁愿以问题本身而不是以言语来取悦人，认为一件事在事实上真实到什么程度，就能说得精彩到什么程度，一个教师应当支配自己的言语，而不能让言语来支配他。这就是使徒所说的："不要用高言，免得基督的十字架毫无果效。"③ 出于同样的目的，他对提摩太说："在主面前嘱咐他们：不可为言语争辩，这是没有益处的，只能败坏听见的人。"④ 但这并不意味着当仇敌抨击真理时，我们不可说任何言语来捍卫真理。当他描绘主教应当成为怎样的人时所说的不就是这个意思吗？"他就能将纯正的教训劝化人，又能把争辩的人驳倒了。"⑤ 为言语争辩不是为了如

---

① 《提摩太前书》4：12。
② 《哥林多后书》8：21。
③ 《哥林多前书》2：17。和合本《圣经》中没有这节话。——中译者注
④ 《提摩太后书》2：14。
⑤ 《提多书》1：9。

何用真理来战胜谬误，而是急于想使自己的表达方式比别人的更为人所接受。不为言语争辩的人，不论讲得低沉、温和，还是激烈，所用的言语不为别的，只是为了使真理显明、可爱和富有成效；就是爱，作为诫命和律法的目的①，若是所爱的对象不是真的，而是假的，也不可能正当施行。就如一个人有俊美的身体，但品性恶劣，那还不如连他的身体也残缺了，同样，人若教导谎言，并且恰好又善于言辞，那就更加可怜。所以，说得精彩和明智，正是为了表达真理，真理应当以适当而准确的言语来教导，也就是说，低沉的风格言语要适当，温和的风格言语要高雅，威严的风格言语要有力。但既不能说得好听，也不能说得明智的人，应当牺牲修辞力求明智，而不是相反，为求修辞而牺牲智慧。

第二十八章——传道者可以把另外比他自己更擅长言辞的人所写的内容传给人们。

然而，如果他连这一点也做不到，那么就当使自己的生活不仅能为自己赢得奖赏，还能为别人树立榜样；当使自己的生活方式本身成为一种动人的讲道。

62. 确实有那么一些人，在演讲上头头是道，但不能组织演讲的内容。这样的人若是把别人以智慧和修辞写下来的内容拿来，记住，然后讲给人听，那是无可指责的，这样做不带任何欺骗性质。许多人就是这样成为真理的传讲者（这当然是可取的），但不是教师；因为他们都传讲某个真正的教师所写的道，并且他们中间没有任何分工。先知耶利米的话也不是警告这样的人的——神藉他反对那些从邻舍偷窃他的话语的

---

① 《提摩太前书》1：5；《罗马书》13：10。

人①，因为那些偷窃的人所拿的是不属于他们的东西，而神的话是属于一切遵守它的人的；正是那说得好听但行为恶劣的人，拿了属于别人的话语，因为他所说的好事似乎是出于他自己的思想，但它们与他的生活方式毫无共同之处。所以神说，那些在传讲神的话语上显得良善、但事实上恶劣的人偷窃了他的话语，因为他们只遵从自己的方式。如果你仔细分析，就知道其实说良善之事的不是说话的人自己。不然，他们怎么口里说着，行为上却不做？使徒论到这样的人并不是毫无目的的："他们说是认识神，行事却和他相背。"② 从一种意义看，他们确实说了，但从另一种意义上看，他们并没有说；因为这两句话都必须是真的，都是作为真理的神所说的。在论到这样的人时，他曾说："凡他们所吩咐你们的，你们都要谨守遵行；但不要效法他们的行为。"——也就是说，从他们嘴里听来的，你要行；但从他们生活中所看见的，你们不可行；——"因为他们能说不能行"。③ 所以，他们虽然没有行，但说了。但在另一处，他指责这样的人说："毒蛇的种类，你们既是恶人，怎能说出好话来呢?"④ 由此可见，就算他们说了，但当他们说好话时，不是他们自己在说，因为在意志和行为上他们其实否认自己所说的话。因此情形恰好是这样，一个善于言辞的恶人写出一篇阐述真理的讲稿，然后由一个不善言辞的善人来讲演；当出现这种情形时，前者从自己汲取不属于他的东西，而后者则从别人接受真正属于他的东西。但如果真正的信徒为真正的信徒提供这种服务，双方说的都是属于自己的东西，因为神就是他们的神，他们所说的一切都属于神；就算那些不能创作教义的人也可能通过根据这种教义设置自己的行为使它成为他们自己的东西。

---

① 《耶利米书》23：30。
② 《提多书》1：16。
③ 《马太福音》23：3。
④ 《马太福音》12：34。

第二十九章——传道者讲道前要先向神祷告。

63. 不论是向人讲演，还是记录别人要讲演的内容，或者向人宣读，都应祈求神把适当的话放入他的口中。当王后以斯帖（Esther）准备去面见王谈论本族人的世俗之福时，祈求神把适当的话放入她的口中①，她尚且如此，何况为人的永恒福利在话语和教义上劳作的人呢？岂不更应当祈求同样的恩赐？同样，那些准备传讲别人为他们创作的道貌岸然的人在接受讲道之前应当为那些付出心血的人祷告；接受了之后也要祷告，既祈求他们自己能讲好，也祈求听者能听好；当讲道顺利，结果喜人时，就当感谢神，他们知道这样的恩赐就是从他而来的，这样，所有的赞美都归于他——"我们自己和我们的言语都处在他的权势之下。"②

第三十章——为本书篇幅太长致歉。

64. 本卷的篇幅超过了我预想或希望的范围。不过能从中找到喜乐的读者和听众必不会认为它太长。凡认为太长，但急于知道它的内容的人，可以只读其中的一些章节。至于不想接触它的人，当然无须抱怨它的长度了。不管怎样，我要感谢神，使我以仅有的一点点能力在这四卷本中努力刻画了一类理想的人，不是像我自己这样的（因为我的缺乏非常之多），而是凡渴望在美好的即基督教教义上劳作——不仅为自己获得知识，也为教导别人——所应当成为的那种人。

---

① 《以斯帖记》4：16（七十子译本）。

② 《所罗门智训》7：16。

论灵魂及其起源[*]

---

[*] 四卷本，约成于419年末。

| 第 一 卷① |

致僧侣莱那图

奥古斯丁从莱那图（Renatus）收到维克提乌·维克多（Vincentius Victor）的两本书，后者不同意奥古斯丁关于灵魂本质的观点，对他在灵魂起源上犹豫不决态度不明朗也表示反对，就此，奥古斯丁指出，这位年轻的反对者过于自信地对如此艰深的问题作草率的论断，从而陷入了不可容忍的错误。然后他又表明，维克多从《圣经》引用了一些段落，以为可以证明人的灵魂不是源于繁殖，而是神在每个人出生时吹给他的一口气，但是这些段落是含义不明的，也不足以确证他的这个观点。

第一章 ［Ⅰ］——莱那图把写给他的书寄给他是好意。

亲爱的弟兄莱那图，你对我们的真诚，兄弟般的情谊，以及我们彼此之间的友好，我们早已清楚地知道；但如今，你又向我们更清楚地表明了这一切，因为你把一个我实在完全不认识的——当然并不能因此就轻看他——名叫维克提乌·维克多（因为我看到他署在书的封面上的名字是这样写的）的人写的书寄给我。你是去年夏天寄出的书，

---

① 约写于418年末。

但由于我一直离家在外，到了秋天才收到它们。你对我如此深情厚谊，对于这类作品，不论是谁写的，只要落到你的手里，就算是写给另外一个人的，怎可能不想着或者不采取一定方式让我知道呢？若是提到并读到我的名字，对我所发表的一些小书中说的话提出反对意见，那就更不要说了。你所做的这一切都表明你确实是我最真诚、最亲爱的朋友。

第二章［Ⅱ］——他怀着宽大、忍耐的心情接受一个
　　　　　　初出茅庐的年轻人用傲慢的语调
　　　　　　反驳他的书。维克提乌·维克多
　　　　　　放弃罗格派（Sect of the Rogatian）。

然而，你远远没有我希望的那样理解我，这多少使我有点痛心；因为你担心我收到你的书信，让我知道另一个人对我的意见，可能会对我造成伤害。事实上，你可以看到，我心里完全没有这种感觉，因为遭受任何人的误解，就算是像他这样的年轻人，我也毫无怨言。既然他有不同于我的看法，难道应该保持沉默吗？毫无疑问，他这样打破沉默，把它表达出来，让我们看到他的不得不说的话，倒是我所喜欢的。我当然认为，他原本应当直接写给我，而不是写给另一个人时谈论到我；但因为他并不认识我，所以不敢冒昧面对面地驳斥我的话。他认为，在一个尤其在他看来很容易被质疑、但应持有众所周知的确定观点的问题上，没有必要牵涉到我。而且他告诉我们，他是遵照他的一个朋友的要求，在这个朋友的强迫下写的。如果他在对我无礼谩骂的争辩中表达了什么观点，我宁愿支持他这样做，这倒不是说我希望别人粗暴地对待我，而是考虑到必须有不同于我的思考方法。无论在什么情况下，如果一个人对另一个人的基本态度还不能确定，无法知晓，我想与其对未显露的动机找岔，还不如假设动机是良好的。也许他是出于对我的爱才这样做的，知道他所写的书很可能会到我手上；同时不愿我在这些他特别认为

自己完全正确的观点上陷于错谬。因而，我应当感谢他的好意，尽管我得说我不赞同他的观点。所以，就他所持观点错误的问题来说，在我看来，也应当温和地纠正他，而不是断然否定他；更何况，如果我所得到的信息无误，他最近已经成为一名公教信徒，这是一件值得向他庆贺的事。因为他先前曾与多纳图派教徒（更确切地说是罗格派教徒）有牵连，如今终于摆脱了他们的分裂和错谬。如果他按要求明白大公教的真谛，就会对自己的皈依由衷地喜乐。

第三章 ［Ⅲ］──维克提乌的雄辩，它的危险性及可容忍性。

因为他能说会道，善于解释自己的所思所想，所以，我们也必须这样对待他。我们必须这样希望：他可能主张正确的观点，可能不会把无用的东西作为欲求的对象；似乎也不会把他用修辞表达的东西都当作真理提出来。但是在他直言不讳的表达中，可能会有许多东西需要纠正，许多地方要删去多余的辞藻。事实上，他的这种特点已经令你大为不快，因为你是个严肃的人，如你自己的作品所表明的那样。然而，这种毛病是很容易纠正的；如果是轻浮的人出于喜爱不断使用，或者是严肃的人与生俱来的，就不会对他们的信心有任何损害。我们中间就有这样的人，虽然讲话空洞无物，信心却是健全可靠的。所以我们不必绝望，即使在他身上，这种特点也是可以控制和消除的（然而，就算它表现得很顽固，也是可以容忍的）──事实上，可以延伸到或者诉求于一种完全而可靠的标准，更何况据说他还很年轻呢，勤能补缺，无论他的幼稚使他有着什么缺陷，都可以靠勤勉来弥补，并且粗鲁的饶舌所难以接受的，随着年龄的成熟也会慢慢接受。麻烦、危险、有害的事情在于，对修辞的赞美引起愚拙，精美的酒杯里倒出来的却是有毒的液体。

第四章 ［Ⅳ］——维克提乌·维克多的书里所包含的错误。
他说灵魂来自于神，但既不是从无造
出来的，也不是从受造物造出来的。

　　现在我要接着指出在他的争辩中主要应当避免的东西。他说，灵魂其实是神所造，但它不是神的一部分，也不是神的本性——这是完全正确的陈述。但是，他拒绝承认它是从虚无中造出来的，也没有提到任何其他受造物可以作为灵魂的母体；他把神作为它的造物主，意思是说，我们必须认为神造它既不是从任何非存在的事物中造出来的，即从虚无中造出来，也不是从任何神之外的存在者中造出来，而是从他本身中造出来的。这里，他几乎没有意识到，他革命性的思想已经回到了他自以为已经避免的观点，甚至认为灵魂不是别的，就是神的本性，因而就有一种现实的东西是自我同一的神从神的本性中造出来的，因为这种东西的创造和创造的质料就是创造了它的神自身。这样，神的本性就成为可变的了；神的本性既变出了低级的事物，就必招来自有永有之神的谴责！这一切与你所理解的信心相去有多远，与大公教徒的心灵多么格格不入，多么需要避而远之，你自然能看得一清二楚。灵魂或者是从气中造出来的，或者是神的气造成的，不管怎样，都不是从他自身造出来的，而是他从虚无中造出来的。事实上，这与人的情形是不同的，人呼吸的时候，不可能从无中形成气，而要借助于空气，他吸进空气才能生成气。我们可以按这样的方式设想，神周围有一定的空气，他先吸进一些空气，然后又呼出来，当他把气吹在人的脸上的时候，就形成了人的灵魂。过程果真如此，那灵魂就不可能出于他本身，而是出于周围气体性的质料，他所呼出的必然已经升上来。然而，这绝不可以说，万能者不能从虚无中造出生命之气来，这气使人成为活的灵魂；更不能把我们自己逼进这样的死胡同，使我们要么认为在他之外已然存在他物，他就从他物造出气来，或者认为他是从自身造出气来的，如我们看到的，这必然使他成为可变的存在。然而，无论他从自身创造了什么，他必然保持自我同一的本性，因而是不变的；但灵魂是（如所允许的）可变的。因而它不是从他出来的，因为他事实上是不可变的。另外，它也不是从另外的东西中创造出来的，既如此，那它必然是从虚无中创造出来的，当然是神自己创造出来的。

第五章［V］——维克多的另一个错误就是 认为灵魂是有形体的。

至于他所争辩的"灵魂不是灵，而是体"，他所要指出的意思不就是说，我们不是由灵魂和身体构成的，而是由两个或三个身体构成的？此外还会有什么别的意思呢？因为他说我们是由灵、魂和体构成的，又坚称这三者全是身体。由此就可以推出，他认为我们是由三个体构成的。这样的结论，我想，与其向你表明有多荒谬，还不如向他表明。但是对一个还没有发现存在着这样一种东西，虽然它本身是非形体的，但可以与身体有某种相似性的人来说，这并不是一种不可容忍的错误。

第六章［VI］——出于他第二卷书的另一错误，大意是 说灵魂该受身体的玷污。

但他在第二卷里所说的话完全超过了可容忍的限度。他努力要解决关于原罪的一个极为困难的问题，但如果灵魂不是从父辈的血缘承袭来的，而是神吹给人的新鲜之气，那么这原罪怎么能属于身体和灵魂呢？为了解释这个棘手而艰深的问题，他这样表达自己的观点："灵魂藉着身体正好恢复它原初的状态，这种状态似乎是因身体而逐渐丧失的，这样它就可以藉这肉体得以重生，它原本是该受这肉体的污染的。"你看，这个人因为不自量力地从事超出自己能力范围的事，于是就陷入了这样的险境，竟然说灵魂是该被身体玷污的；但是他绝不可能说出它在穿戴身体之前，缘何就该被玷污。既然它最先是从肉体得到这种该得的罪，那么请他告诉我们（如果他能），在沾染罪之前，它是从哪里得到这种该被肉体玷污的罪过的。因为这种把它推入罪恶的肉体使其受玷污的罪过，自然要么是出于它自身，要么出于神——这就更加冒犯了我们的心灵。在它还没有披戴肉身之前，当然不可能从肉身接受那种罪过，使它投入肉体，以便被肉体玷污。倘若它是从自身得到这种罪过的，那么它是怎样得到的？因为它在穿上肉身之前根本没有犯罪。倘若硬说它是从神获得这种罪过的，那么请问，谁能听从如此渎圣的话？谁能忍受？谁能允许他说这样的话而不受惩罚？要记住，这里的问题不是使灵魂变成肉身之后该受指责的是什么样的罪过，而是在接受肉身之前它有什么罪过，使它注定要披上肉身，从而同流合污？既然他敢说灵魂该受肉身的玷污，那么如果他能够，就请他解释这个问题。

第七章［Ⅶ］——维克多纠缠于一个极其困难的问题，神的预知不是罪的原因。

同样，在另一段里，他对这个自己纠缠于其中的问题提出解释，站在反对者的角度说："他们问，神为何要如此不公地惩罚灵魂，下令把它降级到身体里面，它原本可以是毫无罪恶的，却因与肉身的结合而开始成为有罪的？"要知道，在这样一个问题上，就如同处在充满暗礁的大海中，他的职责当然是当心翻船，造成海难；也不可冒着危险前行，要绕过这些暗礁是不可能没有危险的，所以他要保证安全的唯一机会就是掉转船头，换言之，指望悔改。他试图通过神的预知来使自己摆脱，但那是徒劳无益的。因为神的预知只是预先标出那些他打算治愈的罪人。既然他使那些灵魂摆脱罪是因为他在它们纯洁清白的时候亲自使它们陷入了罪，那么他所治愈的是他自己加在我们身上的伤，而不是在我们中间找到的伤。然而，但愿神禁止，但愿我们永远不说这样的话：神既藉叫人重生的洗礼之水洁净了婴儿的灵魂，就是纠正了他自己为它们设立的恶，即在它们还未有罪之前，把它们与有罪的肉身结合，使它们沾染肉身的原罪。至于这个诽谤者所谓的该被肉体玷污的灵魂，他根本不能告诉我们它们在与肉身结合之前怎么就该有如此大的恶。

第八章 ［Ⅷ］——维克多的谬论，灵魂该是有罪的。

他既然徒劳地以为自己能够藉神的预知解决这个问题，就始终陷在错误的泥潭里。他说："原本不可能有罪的灵魂该是有罪的，但它并没有滞留在罪里，因为如基督所预示的，它原本不是必然要在罪里，甚至不可能在罪里。"他所说的"原本不可能有罪的"，或"（原本）不可能在罪里"，在我看来，其言外之意不就是说"如果它没有进入肉身"，此外还能意指什么呢？当然，灵魂若不是从母体来的，那么没有肉身，它就不可能因原罪而成为有罪的，或者根本不会沾染原罪。这样，我们明白它藉恩典脱离了罪，但我们不明白它为何就该陷入罪里。此外，他所说的"虽然灵魂该有罪，但它并不滞留在罪里"是什么意思？如果我问他，它为何不滞留在罪里，他必会非常准确地回答，因为基督的恩典把它从罪里释放出来了。既然他告诉我们婴儿的灵魂是如何脱离罪性的，也请他进一步告诉我们它缘何就该是有罪的。

第九章——维克多完全不能解释无罪的
灵魂为何就该成为有罪的。

他在序言里所说的临到他头上的谎言是什么意思？他在提出那个问题之前，作为引子断言："在那些抱怨我们的人的牢骚话后面还有别的辱骂性的话；我们就像在飓风里摇晃，一次又一次地在巨石中间撞来撞去。"如果是我用这种口气论到他，他很可能会恼怒。但这些话是他说的；立了这些前提之后，他才提出问题，向我们表明他所撞击并遭受损失的岩石是什么。他被带到了这样远的地方，被推到如此可怕的暗礁上，漂流、击打，若不后退，就不可能逃脱这个困境——简言之，要纠正他所说的话。因为他不能指出灵魂是因何罪过而成为有罪的，当然他会毫无顾忌地说，在它还没有犯罪之前就已经注定该成为恶的。但是，既然没有犯罪，谁该受这样大的惩罚，还没有离开母腹的时候就要担当别人的罪，并且从此再也不能脱离罪？要知道，神的恩典要使在基督里重生的婴儿之灵魂脱离这种惩罚，不需要他们先前有什么功绩，是白白赐给的恩典——"不然，恩典就不是恩典了"。① 而这个人，既然学识如此渊博，智慧极为深刻，对我们的谨慎大为不满——因为在我们看来，凡是没有完全了解的事物都应当保持慎重——那么请他告诉我们（如果他能够），究竟是什么样的罪过（merit，或功过）使灵魂招致这样的惩罚；恩典是赦免，它是不需要任何功绩的。如果他能够，请他说明有什么理由可以为这种断言作辩护。事实上，他若不是宣称灵魂该成为恶的，我也不想对他提出这么多的要求。但他既如此说，那就请他告诉我们，它究竟为什么该？是有功绩还是有罪过？如果是功绩，那是该受奖赏的，怎么导致了邪恶呢？如果是罪过，在没有犯罪之前哪来的过？我还得指出，如果是功，那么灵魂得救就不是出于白白的恩典，就会归于它先前的功绩，这样"恩典就不再是恩典了"。若是过，那我就要问是什么过。能不能说，灵魂现在进入了肉体，但若不是那自身全无罪过的神派它来的，它就不可能进入肉体？因而，他若不是在错误的泥潭里越陷越深，就不可能构造出这样的观点，竟然断言灵魂是该成为有罪的。在那些通过洗礼洁净了原罪的婴儿的例子里，他勉强找到可说的

---

① 《罗马书》11：6。

东西，大意是说卷入别人的罪不可能对他们有什么害处，可以说，神的预知已经注意他们要得永生。若不是他纠缠于这样的公式，坚称灵魂该是恶的，这话还可以容忍，还有一点合理的意思。要摆脱这个难题，他唯有放弃自己的言论，为自己说了这样的话而感到遗憾。

第十章［IX］——维克多的另一个错误：未受洗
　　　　　　　　就死了的婴儿可以到达天国。
　　　　　　　　还有：基督的身体必须祭献给
　　　　　　　　受洗前就死了的婴儿。

然而，为对那些因为死亡无法在基督里受洗的婴儿表示尊敬，他胆大妄为到不仅应许乐园，还应许天国——因为发现无法避免说神把清白、不曾有任何罪过的灵魂定为永死，所以就引入有罪的肉身。然而，他多少还是意识到自己说了怎样的恶语，他的话语里暗示了没有基督的恩典婴儿的灵魂就被赎得到永生和天国，还暗示就它们来说，没有基督的洗礼就可以除去原罪——这原本是赦免罪才可能的事；由于注意到这一切，看到自己在沉船之海里陷入了何等的困境，所以他说："事实上，我认为，应当由圣洁的祭司来为它们不停地祭献、供奉。"这里你可以看到另一种危险，除非他对自己所说的话痛恨、悔改，不然绝不可能摆脱这样的危险。因为若不是为了那些成为基督肢体的人，谁能祭献基督的身体？而且，从基督说："人若不是从水和圣灵生的，就不能进神的国"① 以及 "为我失丧生命的，将要得着生命"② 起，成为基督的肢体的，唯有在基督里受洗的，或者为基督而死的③。

---

① 《约翰福音》3：5。

② 《马太福音》10：39。

③ 奥古斯丁这里承认血洗即殉道的有效性，殉道可以代替洗礼，见下一章及二卷十七章。

第十一章——为基督殉道提供了洗礼之处。与基督
　　　　一同钉十字架的盗贼的信心就是殉道，
　　　　因而就是洗礼。

因而，这盗贼虽然在钉十字架之前并不是主的跟从者，但钉了十字架之后成了他的告解者——有时这个事例被作为质疑洗礼这种圣礼的理由和根据——在圣居普良看来①，这个盗贼就是一位殉道者，就是在自己的血里受洗的人，在大逼迫时期许多未受水洗的人就是这样的。因为这盗贼认信了钉十字架的主，知道如何重视并估量此类证据的主对此非常看重，认为它有极高的价值。确实，这盗贼的信心在十字架上兴旺，而众门徒的信心却丧失殆尽，若不是因主的复活重新点燃，这因对主的死的恐惧而失落的信心就可能无法恢复。他们看到主要死了就对他绝望，而他因与主一同将死而产生盼望；他们逃离生命的主，而他向受刑的同伴祈求；他们心里忧愁，似乎死的是一个人，而他相信主死后必要作王；他们抛弃拯救他们的人，而他荣耀钉十字架的同伴。在他身上体现出了一个殉道者的全部内容，当原本应当成为殉道者的人逃离基督的时候，他却信靠基督。事实上，这一切在主面前都是显明的，所以主立即就赐给他如此的大福，他虽然不曾受洗，却可以说在殉道的血里得了洁净。然而，就是我们中间，谁能不想一想，他活着时为基督死，将死时祈求他活，他该是经历了多大的信心、多大的盼望和多大的热爱！而且，还有这样的情景，从记载看并不是不可思议的，那就是当时信了主的盗贼吊在钉十字架的主旁边时，从救主的肋旁流出来的水溅洒到他身上，就如同接受了最神圣的洗礼。没有人能证明的事，我是绝不会说

_____

① 居普良：*letter to Jubianus*《致尤比亚图的信》。同样见奥古斯丁著的 *Against the Donatists*《驳多纳图派信徒》4. 29；*On Leviticus*《论利未记》第 84 个问题；及他的《订正录》ii. 18, 55。

的，因为我们谁也不知道他在被定罪之前不曾受过洗。当然，每个人都可以按自己的喜好解释这里的意思，只是不可让关于洗礼的规则影响从盗贼这个例子里推出来的救主自己的戒律；谁也不可为未受洗的婴儿应许某个处在地狱和天国之间的他所喜悦的和他乐于向往的安息幸福之地，因为佩拉纠（Pelagians）的异端邪说就是这样应许他们的。佩拉纠认为婴儿没有原罪，所以不怕他们下地狱；他也不给他们关于天国的盼望，因为他们没有接受洗礼之圣礼。然而，我们所说的这个人，虽然承认婴儿也分有了原罪，但他放胆应许他们，就算没有洗礼，也可盼望天国。这样的应许，就连佩拉纠主义者也不敢说，尽管他们坚称婴儿是绝对无罪的。所以，请看，这个人所陷入的是怎样的狂妄意见之网，他唯一能做的就是对自己发表了这样的观点表示遗憾。

第十二章［X］——据说，殉道者圣培帕图亚（Perpetua）的兄弟狄诺克拉底（Dinocrates）在圣徒的祷告下得以脱离了受罪状态。

然而，关于圣培帕图亚的兄弟狄诺克拉底，《圣经》正典里没有任何记载；圣徒本人，或者其他记载的人，也没有说这个七岁就死了的孩子死前没有受过洗；说她即将殉道的时候，为他祷告，愿他脱离不得安宁的刑罚，她的祷告得以灵验。要知道，那个年龄的孩子既能够说谎话，也能够说真话，既能够承认，也能够否认。因而，当他们受洗时他们口称信经，为他们的利益回答这些向他们提出来考查他们的问题。那么谁能说，那个孩子是不是受洗之后，由于邪恶的父亲，在某个逼迫时代脱离基督转向了偶像崇拜，并因此招致死亡的刑罚，唯有为基督的缘故，交托给他姐姐临死前所作的祷告才能脱离这样的刑罚？

第十三章［XI］——基督的体和血的献祭对未受洗礼的人
　　　　　　无效，也不可能为大多数未受洗
　　　　　　就死去的人献祭。

　　就算我们认可这个人的观点（对大公教信仰和教会的法规的安全
来说，这无论如何都是不允许的），基督的体和血可以为每个未受洗的
人作祭，似乎朋友的这种虔诚可以帮助他们到达天上的国；即便如此，
还有成千上万的婴儿生于邪恶的家庭，并且从未曾藉神或人的怜悯得到
虔诚朋友的监护，他们在还未成年之前就离开了他们那可怜的生命，没
有接受重生的水洗，关于这些孩子我们所持的反对意见，他能说什么
呢？只要他能，请他告诉我们，为何那些灵魂就该成为罪孽深重的，甚
至以后绝不可能从罪中得释放。如果我问他，为什么说他们没有受洗就
该受惩罚，他必会正确地回答我：因为原罪。如果我接着问他们从哪里
得的原罪，他必回答，当然是从有罪的肉身。我再问他，他们既然在进
入肉身之前不曾作恶，为何就该受罚进入罪恶的肉身，并且要浸淫于他
者的罪，洗礼不能使他们重生，因为他们生来就在罪里；祭献也不能使
他们脱离污秽。请他对此作出一定的回答。因为在这样的环境中，曾拥
有这样的父母，或者现在仍然在这样的家庭中，他们不可能得到这些东
西的帮助。不管怎么说，在这里，一切论证都是苍白无力的。我们的问
题不是：它们与罪恶的肉身结合之后为什么该受责罚？我们问的是，既
然它们在与肉身结合之前根本没有罪，那为什么就该受这样的责罚，承
受与罪恶的肉身的这种结合？他不留余地地说："它们暂时感染他者的
罪对它们并没有什么损害，因为神的预知已经预先为它们准备了救
赎。"因为我们现在讨论的是那些救赎也不可能帮助他们的人，因为这
些人在还未受洗之前就离开了身体。同样，他说这样的话也是不适宜
的："洗礼没有清洁的灵魂，为它们献的许多祭必能使其清洁。神预先

就知道这一点，所以让它们暂时感染另一者的罪，但不会导致永远灭亡，而是带着永远快乐的盼望。"因为我们现在所讨论的是那些出生在邪恶的人中间并且父母也不虔诚、绝不可能得到这些保护和帮助的人。可以肯定，即使可以利用这些措施，它们对未受洗礼的人也不可能有什么益处；正如他提到的《马加比书》里的祭献对罪恶的死者不可能有任何用处，因为他们从不曾受过割礼①。

第十四章——维克多的困境：他必须要么说所有的婴儿
都得救，要么说神杀死了清白者。

如果他能，那就请他回答，没有任何罪的灵魂，既没有原罪，也不曾个人犯罪，为何就该受到这样的刑罚，要经受另一者的原罪，以至无以解脱；让他看看在非此即彼的选择中他会选择哪一个：或者说就是没有受过重生的洗礼、也没有为其献过主的身体作祭的将死的婴儿的灵魂，也得了赦免，脱离原罪的捆绑——但使徒教导说："因一人犯罪（众人）就定罪"②，——也就是说，恩典不能对他们有所帮助，这样就可以因一人使众人脱离罪得救赎。或者说没有任何罪恶的灵魂，既没有自己犯罪，也没有原罪，在任何方面都是清白、单纯、纯洁的，公义的神却定了它们的万劫不复之罪，亲自把它们推入罪恶的肉身，不得与之脱离。

第十五章 ［Ⅻ］ ——人的生命若没有长成，神不会根据
他可能成就的事来论断他，只是
根据他实际上做的事来论断。

在我看来，我得说，这两种选择都不应接受，可能还会有第三种观

---

① 《马加比书下》12：43。
② 《罗马书》5：16。

点，即灵魂在进入肉体之前在某种状态中犯了罪，因而该受罚与肉体结合，这种观点也是不可取的。因为使徒曾非常清楚地指出："孩子还没有生下来，善恶还没有作出来。"① 由此可见，婴儿只可能传染原罪，从而要求罪之赦免。另外，我也不赞同第四种论点：没有洗礼就死的婴儿被公义的神弃绝、定罪进入罪恶的肉身，因为他预先就知道，如果他们长大成人，能够运用自由意志，就会过邪恶的生活。就是我们所论到的这个人，虽然陷于这些困境尴尬万分，也不曾放胆到作出这样的论断。相反，他简洁但不失明确地反对这种虚枉的观点："倘若神立意审判还没有出生的，不曾作过任何出于自由意志的事的人，那他就会是不义的神。"这是他为反对那些问"神既凭自己的预见知道人会作恶，为何还要造他"的人所处理的一个问题时说的。如果他因为预先知道人最终不会是善的就不愿意造人，那他就是在人还没有出生之前就论断他了。毫无疑问，甚至如人自己所想的，万能者的正确做法是根据人所成就的事来论断他，而不是根据所谓预见的，或者可能会做的这事或那事来论断。如果人死的时候，按他还活着可能犯的罪（尽管事实上他不曾犯这样的罪）来惩罚他，那么当他离开时没有得到任何益处，从而也没有任何邪恶可能改变他的心灵；因为对他的审判是根据他可能会产生的邪恶，而不是事实上他身上所体现出来的正直。即使受洗之后死的人，也没有一个是绝对安全的，因为人在受了洗之后，我不说犯这种或那种罪，但事实上完全可能变节。这怎么讲呢？假设一个人生前是受了洗的，如果他还没死，可能就会成为一个变节者，那么我们是否就认为他没有得到任何益处，因为他的心灵被邪恶改变，从而脱离可怜的境地，得了救？我们是否就认为，他就应当按神的预知被论断为一个变节者，而不是忠诚的基督的肢体？这样说来——如果不是按人所犯所酝酿的罪来审判，而是按万能者所预知、所推测的罪来惩罚，那么可以肯

---

① 《罗马书》9 : 11。

定，最好是在第一对人还没有堕落之前就把他们赶出乐园，免得罪发生在如此神圣而有福的地方！同样，如果所预知的事并没有发生，如何评判预知本身的失效？对事实上不会发生的事的预知，怎么能称其为预知呢？根本没有的罪，也就是说，在穿戴肉身之前没有犯过——因为那时生命本身还不曾开始；穿上肉身之后也还没有作恶——因为死亡阻断了这种可能性——如何能责罚呢？

第十六章 [XIII] ——认为灵魂不是由繁殖而来的 观点的困难所在。

这意味着要解决这样的问题：灵魂从哪里被送入肉体，到什么时候它该脱离肉体——假设的一个例子就是还没有长到有自由意志的婴儿的灵魂，——找不出别的原因解释为什么它没有接受洗礼就该定罪，唯有一个原因，那就是原罪。因为原罪，我们不能否认灵魂受罚是公义的，因为神公义的律法已经命定对罪的责罚。但我们要问的是，灵魂若不是从那原初的灵魂，就是在人类的第一个祖先里犯了罪的灵魂来的，为什么注定要浸淫于这种罪恶状态。因此，如果神没有定罪清白者——如果他没有把那些他看为清白的人定为有罪的——如果除了基督教会里基督的洗礼，没有任何东西能使灵魂从原罪或个体罪里释放出来——如果罪恶在还没有犯下之前，甚至从来没有犯过，任何公义之律法都不能定它们的罪，那么这位作者就不可能引证这四种例子的任何一种。如何他能，就必须解释，就婴儿的灵魂来说，因为它们放弃生命之前没有洗礼，就被定了罪，它们究竟何罪之有，不曾犯过任何罪，却被交给罪恶的肉身，传染肉身的罪，终使它们罪有应得。而且，如果他放弃这四个好的教义所谴责的例子，——也就是说，他没有勇气主张，当灵魂还没犯罪时就被神定为有罪的；它们无须基督的圣礼就脱离它们里面的原罪；它们在进入肉身之前在某种别的状态已犯了罪；它们因从未犯的罪而被定罪——我是说，如果他没有勇气告诉我们这些观点，因为它们实在不值得一提，而应当认为，婴儿没有承继原罪，也没有任何理由说明他们为何没有接受重生的圣礼而离开此世就该定罪，那么毫无疑问他必自己定自己的罪，必与可恶的佩拉纠异端同流合污。为避免这一点，对他来说，最好的办法就是像我一样在灵魂的起源问题上谨慎又谨慎，不可放胆地断言人的理性所不能领会的、神圣权威也不能辩护的问题！所以，他既然害怕承认自己的无知，就不可说出愚拙的话。

第十七章 [XIV] ——他指出维克多所引证的《圣经》段落不能证明神造灵魂的方式不是通过繁殖生成的：第一段。

也许这里他可以说，他的观点是有神圣权威佐证的，因为他认为他是通过《圣经》里的段落来证明灵魂不是神通过繁殖的方式创造的，而是神在独特的创造活动中吹入每个个体的新鲜的气。如果他能，就请他证明这一点，我愿意在这个我一直在倾尽全力努力追寻的问题上向他学习。但他必须寻找别的辩护方法，也许他找不到，因为他并没有在他大大展开的段落里证明自己的观点。他认为这个题目所用的一切材料在一定程度上都肯定是恰当的，但它们对他所提出的灵魂的起源观点都只能是可疑的证据。可以肯定，神已经赐给人气和灵，如先知所见证的："创造诸天，将地和地所出的一并铺开，赐气息给地上的众人，又赐灵性给行在其上之人的神耶和华，他如此说。"[①] 他希望把这一段话按自己的意思理解，来维护自己的观点，所以"赐气息给众人"这话就被认为暗示了神为众人造出的灵魂不是靠繁殖而来的，而是通过吹气使每个人得到全新的灵魂。既如此，那他就该进一步放胆指出，神并没有赐

———————

① 《以赛亚书》42：5。

给我们肉身，因为我们的肉身是从我们的父母来的。同样，在使徒所引证的例子里，"神随自己的意思给它一个形体"①，如果他胆敢，就让他否认玉米生于玉米，杂草生于杂草，各个物种生于各自的种子。如果他不敢否认这一点，那他怎知道"他赐气息给众人"这话是在什么意义上说的？是指从父母的繁衍，还是吹入每个个体的新鲜之气？

第十八章——"气息"有时指圣灵。

再说，他怎知道"赐气息给地上的众人，又赐灵性给行在其上之人"这话不可以理解为用两个不同的术语来表达同一个意思，所以它不是指人得以存活的命或灵，而是指圣灵？因为如果"气息"不可能指圣灵，那主在复活之后，向他的门徒们"吹一口气"时，就不会说"你们受圣灵"② 这样的话了。《使徒行传》里也不会记载说："忽然，从天上有响声下来，好像一阵大风（气）吹过；又有舌头如火焰显现出来，分开落在他们各人头上，他们就都被圣灵充满。"③ 可以认为，先知说"赐气息给地人的众人"这话所预言的正是这一点；并且为了解释他所说的"气息"是指什么，就接着说："赐灵性给行在其上之人。"确实地，当他们充满圣灵的时候，这样的预言得到了最直接的应验。然而，如果"众人"不适用于无论什么情形都聚集在一个地方的那一百二十个人——当信徒的数量上升到四五千之后，受了洗就是领受了圣灵④——那么毫无疑问，那时接受圣灵的就是"众人"，甚至就是"行在地上的人"。因为赐给人与其本性相连的灵，不论是通过繁殖赐给的，还是作为某种新的东西吹入个体的（我还没有决定应当宣称哪

---

① 《哥林多前书》15：38。
② 《约翰福音》20：22。
③ 《使徒行传》2：2—3。
④ 《使徒行传》4：31。

种方式，至少要等到其中一种可以确定无疑地肯定之后才能这样说），当人还关闭在母腹里的时候（虽然也"行在地上"了）是不会赐给的。当众多的人一起成了信徒，一起充满了圣灵之后，"他赐气息给地上的众人，又赐灵性给行在其上之人"。神把自己赐给他的百姓，但不是同时赐给所有的人，而是在他自己的时间赐给每个人，经过一代代人的离世、进入神的国，最终满了他百姓的数目。因此，在这段经文里，"气息"和"灵性"不是两种不同的东西，而是在重复同一个思想。正如"那坐在天上的"与"主"不是两位，"发笑"与"嗤笑"也不是两件事，我们所读到的"那坐在天上的必发笑；主必嗤笑他们"①是对同一个意思的重复表述。再看一个完全相同的例子，"我就将列国赐你为基业，将地极赐你为田产"②，这话当然不是说"基业"是一件事，"田产"是另一件事；"列国"是一件事，"地极"是另一件事；这只是对完全相同的事物的不同说法。事实上，只要他认真思考所读到的经文，就可以在《圣经》里找到数不胜数的类似例子。

第十九章——"气息"在《圣经》里的意思。

然而，希腊文本中所用的"ipnoe"这个词，在拉丁文中有几种不同的翻译，有时译为"flatus"，即气息；有时译为"spiritus"，即灵性；有时译为"inspiratio"，即呼吸。这个词出现在我们刚刚回顾的这段话"赐气息给天上的众人"的希腊文版中，这里的"气息"就是对"ipnoe"的翻译。在讲到人得了生命时也用到这个词："耶和华神将生气吹在人脸上。"③ 同样，在《诗篇》里也有这个词："凡有气息的，都要赞美耶和

---

① 《诗篇》2：4。
② 《诗篇》2：8。
③ 七十子译本：《创世记》2：7。

华。"① 同一个词也出现在《约伯记》里："全能者的气使人受教诲。"②
虽然译者所看到的正是"ipnoe"这个词，但他没有把它译为"flatus"
（气息），而是译成"adspiratio"（气）。在我们所思考的先知书里也是这
样的。我想，我们几乎可以肯定，在《约伯记》的这段话里，这个词所
指的就是圣灵。所讨论的问题是关于智慧，它是从哪里进到人里面的：
"它不是源于年高；但在人里面有灵，全能者的气使人受教诲。"我们完
全可以明白，他这里使用的是重复句，"人里面有灵"不是指人自己的
灵。他想要指明人从哪里得了智慧——不是从他们自己；所以就用重
复句来表达他的观点："全能者的气使人受教诲。"同样，在该书的另
一处，他说："我嘴里的聪明要沉思纯洁。圣灵造了我，全能者的气使
我受教诲。"③ 这里，他所说的"adspiratio"或"inspiration"，就是希腊
词"ipnoe"，就是先知书里所引用的那段话里译为"flatus"即气息的词。
因此，尽管我们不能草率地说，"赐气息给地上的众人，又赐灵性给行在
其上之人"这话不是指人的魂或灵——事实上，把它理解为比圣灵更为
可靠——但我要问，谁能有根有据从而放胆认定，先知这话是指使我们
的肉身有了活性的魂或灵。（而不是神藉繁殖过程赐给我们的?）当然，
如果先知非常直白地说："他赐灵魂给地上的人"，仍然可以问，神是亲
自从先前的生育中赐给的，就像他从这样的原材料赐给身体一样，并且
不仅这样随己愿赐给人、牲口，也这样赐给谷物，以及其他任何一种形
体；还是作为一种新的恩赐吹给每个个体，就像第一人从神领受的那样?

第二十章——对这段话的其他理解。

对先知的话"他赐气息给地上的众人"，还有一些人是这样理解

① 《诗篇》150：6。
② 《约伯记》32：7—8；和合本译为："使人有聪明。"——中译者注
③ 《约伯记》30：3—4，根据七十子译本。

的，"气息"即"flatus"就是等同于"灵魂"，即"anima"；至于下一句"赐灵性给行在其上之人"，他们解释为圣灵；他们还认为，先知这里所遵循的顺序与使徒所提到的是一样的："属灵的不在先，属血气的在先，以后才有属灵的。"[1] 毫无疑问，从这个角度去看先知的话，就可以得到一种与使徒的意义相一致的高雅的解释。"给行在其上之人"这个短语在拉丁语里就是"calcantibus eam"，直译就是"踏在其上"，我们可以认为这里面暗含着轻视的意思。因为凡受了圣灵的，就轻视地上的事物，只爱天上的事物。然而，无论认为"气息"和"灵性"这两个词是与人性相关，还是认为两者都是指圣灵，或者认为其中一个"气息"是指人的灵魂，另一个"灵性"则指圣灵，所有这些观点都不违背信仰。但是，如果这里人的灵魂和灵性是神赐给他的礼物——毫无疑问，这是理所当然的——那么我们必须追问，神是怎样给人这个恩赐的？是通过繁殖，如他赐给我们身体一样？或者不是通过繁殖，而是通过吹气，分别赐给每一个人，就像每个人都是新造的那样？这些问题一点也不像这个人所提的那样模糊，但我们希望有最可靠的经文证据来为它们辩护。

第二十一章——维克多引用的第二段经文。

根据同样的原则，我们来看神所说的："因为我的灵要从我出来；我造了一切的气息。"[2] 这里前半句"我的灵要从我出来"必须理解为是指圣灵，论到他，救主还说过类似的话："他从父出来。"[3] 但另半句"我造了一切的气息"毋庸置疑是指每个个体灵魂。不过，神还造了人的整个身体，并且众所周知，他造人体是通过繁殖的过程造的，因此关

---

① 《哥林多前书》15：46。
② 《以赛亚书》57：16。
③ 《约翰福音》15：26。

于灵魂仍然可以问（既然它显然是神的作品），他造它是像造身体一样的方式，即通过繁殖，还是像造第一个灵魂一样，吹气而成的。

第二十二章——维克多的第三处引文。

他又进而给了我们第三段经文："造人里面之灵的耶和华。"① 好像有人否认这一点似的！其实不然；我们的问题只是关于形成的"方式"。我们不妨拿身上的眼睛来说，请问除了神还能有谁造出它呢？我想，神造眼睛不是造在外面，而是在它里面，并且完全可以肯定是通过繁殖形成的。既然他还造了"人里面之灵"，问题仍然存在：它究竟是各个人从神所吹的气里得来的，还是通过繁殖得来的。

第二十三章——他的第四段引文。

我们念过马加比兄弟们的母亲的故事，她生养了众多儿子，是位多产的母亲，但她面对儿子们受难表现出了更多的美德；她始终如一地劝告孩子们，这样对他们说："我的孩子，我不知道你们的生命是如何在我的腹中形成的。因为不是我给了你们生命和呼吸，也不是我将你们身体的各部分结合在一起。做这事的是神，是神创造了宇宙和世上的万事万物，还使人类繁殖生息，探究众生的行为。他是大慈大悲的，他必亲自重新给你们生命和呼吸。"② 这是我们知道的，但它如何支持此人的论断，我们就不明白了。因为哪个基督徒会否认神赐给人灵魂和灵性（或生命或呼吸）？同样，我想他也不能否认是神赐给人舌头、耳朵、手脚、所有的感觉器官，肢体的形状和性质。他若没有忘记自己是一个

---

① 《撒迦利亚书》12：1。

② 《马加比书下》7：22—23。

基督徒，怎可能否认所有这些都是神的恩赐？然而，显然易见，正如这些原是他所造的，是通过繁殖的方式赐给人的，同样，问题也必须产生：他是以什么方式造出人的灵性和灵魂的；通过什么功能赐给人——是从父母，还是从虚无，或者（如此人所主张的，在一定意义上也是我们必须全力警惕的）从神圣之气的某种现存本性，不是从虚无造，而是从他自身造的？

第二十四章 ［XV］——灵魂是否从自然派生（遗传）来的，他所引的段落并没有证明。

　　既然他所提到的《圣经》段落并没有证明他所努力巩固的观点（事实上，它们对我们所讨论的问题没有丝毫关系），他所说的这些话能是什么意思？"我们坚定地认为，灵魂来自于神的气息，而不是来自于自然繁衍，因为它是神所赐的。"多奇妙啊，似乎身体还可能是另外的东西赐给的，而不是造它的神赐给的，就是"万有都本于他，倚靠他，归于他"① 的主；不是说它们出于他的本性，乃是说出于他的手艺。此人说："它不是出于虚无，因为它出于神。"（我们得说，）事实是否如此不是我们这里所要考虑的问题。同时，我们毫不犹豫地断言，他所推论的前提，即人的灵魂既不是出于遗传，也不是出于虚无，肯定是错误的，对此，我们要断然否认。因为这两者必居其一，灵魂若不是从父母自然遗传来的，就是从虚无中来的。妄称它源于神，甚至是神性的一部分，简直就是亵渎神圣的下流行为。迄今为止我们一直在要求并寻求一些能确证灵魂是否非父母遗传而来这个观点的《圣经》段落，但我们不要他所引证的这些段落，因为它们对我们所面对的问题没有提供任何说明。

---

　　① 《罗马书》11：36。

第二十五章——正如母亲不知道自己的孩子是怎样
孕育在腹中，同样，我们也不知道
灵魂是从哪里来的。

在这个如此深奥的问题上，只要他不知道该说什么，我多么希望他能效仿马加比年轻人的母亲！尽管她非常清楚地知道她的孩子是她与丈夫一起怀的，知道孩子是万物之造主创造的，包括他们的身体和灵魂，但她却说："我的孩子，我不知道你们是怎么在我腹中形成的。"现在，我只希望此人能告诉我们她究竟不知道什么。就他们的身体实体来说，她自然是知道（在我所提到的几点上）他们是怎样在她肚腹中形成的，因为她不可能怀疑自己是从丈夫那里受孕的。她又进而承认——由此可知，她当然也知道得很清楚——正是神赐给他们灵魂和灵性，也同样是神形成他们的容貌和肢体。那么，她究竟不知道什么呢？有没有可能是这样的问题（就像我们也同样不能断定一样），灵魂和灵性，无疑是神所赐予的，但他们是从自己的父母那里获得的，还是神一个一个地吹气给他们，就像把气吹给第一个人那样？无论她所不知道的是这个问题，还是其他关于人性的构成上的具体问题，她总是坦然承认自己的无知，并没有肆无忌惮且随心所欲地为自己所不知道的东西辩护。此人羞于对我们所说的，也不会对她说："尊贵的人不能明白；他不过如同非理性的畜类，与它们没有两样。"① 请听妇人是怎样对她儿子们说的："我不知道你们是怎样在我腹中形成的"，然而，她并没有被比作没有理性的畜类。她先是说，"我不知道"，接着，似乎他们会问她为什么不知道，她又说："因为不是我赐给你们生命和呼吸。"因此，唯有把这恩赐给

---

① 《诗篇》48：12。这节经文在和合本《圣经》里无法找到。和合本的本节经文是，"你们当周游锡安，察看他的宫殿，数点城楼"。——中译者注

予他们的神才知道他所赐予的是从何处造的，是通过繁殖传下来的，还是作为一种新鲜的东西吹出来的——后者（就是此人所说的）就我来说，我是一无所知。"也不是我将你们身体的各部分结合在一起。"那造出他们的神自然知道他是在造人的时候就造了灵魂，还是先造了身体然后再赐给灵魂。她不知道她的儿子是以这种还是那种方式出现在她肚腹里的；唯有一件事她是确定的，就是赐给她一切的神会把他所赐给的东西重新给她。但是在关于我们人性的如此深奥而晦涩的一个问题上，此人会挑选那妇人所不知道的东西；只是尽管她有错误，尽管有不知道之处，他却不能把她论断为、比作无理性的畜类。无论她不知道的是哪一点，都必然是与人的本性相关的；但是对这样的无知谁也不会感到可耻。因此，就我来说，论到我的灵魂，我不能确定它是怎样进入我的身体里面的；因为不是我把它赐给我自己的。唯有那赐它与我的神才知道他是从我父亲那里分给我的，还是为我新造的，如他为第一人所造的那样。但到了他自己的美好世代，他必亲自教导我，我就知道了。只是如今我是不知道的，我也不会像此人那样，羞于对自己所不知道的东西承认自己的无知。

第二十六章 ［XVI］——维克多引用的第五段经文。

他说："要用心学习聆听使徒所教导你的。"没错，如果使徒教导，我必会学习，因为唯有神才会藉使徒教导人。但是请问，使徒的教导究竟是什么？他又说："看哪，他在对雅典（Athens）人说话时，是如何强烈地提出这一真理的，他说：'看神赐给万有生命和灵性。'"谁想要否认这一点？他说："要明白使徒所说的话：他赐给，而不是他已经赐给。他用的是连续的不确定的时间，没有用过去时，也没有用完成时。也就是说他赐给的行为是没有停止的，他始终都在赐给，就如赐予者本身是永远存在的一样。"我是在你寄给我的第二卷书里看到这些话的，把它们准确无误地引过来。首先，我恳请你注意他在努力论断自己一无所知的问题时都走到哪里去了。他竟敢说，神永不停息地，不仅在现在，还要永永远远地在人出生的时候赐给他们灵魂。"他始终都在赐给，就如赐予者本身是永远存在的一样。"他如是说。我绝不是说不明白使徒的意思，因为意思是非常清楚的。但是此人所说的话，他自己也应当知道，是与基督教信仰相悖的。他应当小心，不可再提出这样的论断了。因为显然，当死人复活的时候，就不会再有人出生了，因而到那时，神必不再赐给人灵魂；而那些他现在连同身体一起赐给人的灵魂，到那时他必审判它们。所以，他确实是永恒存在的，但并不是永远赐给，只是现在在赐给。何况，从使徒的表述"神赐给"（不是"已经赐给"）里根本推不出这位作者想要推出的观点，即神不是按繁殖的方式赐给人灵魂。因为即使说灵魂是从繁殖中来的，也不否认仍然是神所赐给的。其实人体的各个部分，诸如四肢、感官、形状，事实上整个实体都是神亲自赐给人的，但是他是藉繁殖赐给的。同样，主曾说①："野地里的草今天还在，明天就丢在炉里，神还给它这样的妆饰"（没有用表示过去的完成时"已经给"，如第一次造质料那样，而是用了现在时形式，也就是说，他现在还在给），但我们能因此就说，百合不是从它们的母体中产生出来的吗？因此，是否可以说，人的灵魂［魂］和灵是神亲自以同样的方式赐给的（无论在什么时候赐给），也同样是藉各自属类的繁殖赐给的呢？对于这个观点，我既不坚持，也不拒斥。然而，如果必须捍卫或驳斥，我自然希望能有清楚而不是可疑的证据来证明。我也不该因为承认自己没有能力解决这个问题就被比作无理性的畜类，毋宁说属于谨慎的人，因为我没有草率地教导自己所不知道的东西。当然我不会以牙还牙地把此人比作畜类；但我要劝他就如同劝孩子那样，对自己所不知道的东西，要承认自己真的不知道，知之为知之，

① 《马太福音》6：30。

不知为不知；不可试图教导人自己还没有学会的东西，免得与使徒所提到的"想要作教法师，却不明白自己所讲说的，所论定的"① 那些人成为一丘之貉。

第二十七章 ［XVII］——奥古斯丁不敢对灵魂的 繁殖问题有任何界定。

他为何对他所论到的经文如此漫不经心，在读到人类源于神的时候没有注意到它不只是指人的灵魂［魂］和灵，也指人的身体？对使徒的话"我们也是他所生的"②，这人认为必不是指身体，只是指灵魂［魂］和灵说的。如果我们的身体真的不是神所生的，那么经上所说的话"万有都是本于他，倚靠他，归于他"③ 就是错的。同样，就同一位使徒所说的"因为女人原是由男人而出，男人也是由女人而出；但万有都是出乎神"④，请他说一说在这一过程中所生出的是什么，是灵魂，是身体，还是两者？他当然不会让灵魂从生殖中出来，那么，根据他以及所有反对灵魂繁殖的人的看法，当使徒说"因为女人原是由男人而出，男人也是由女人而出"时，指的只是男人和女人的身体；女人原是从男人中造出来的，以便后来通过生育过程由女人生出男人来。如果使徒说这话真的只指两性的身体，并不包括灵魂［魂］和灵，那么他为什么要马上接着说："但万有都是出乎神？"⑤ 原因只能是一个，就是身体也是出乎神的。他的整个句子是这样说的："因为女人原是由男人而出，男人也是由女人而出；但万有都是出乎神。" 就让我们的争辩者

---

① 《提摩太后书》1：7。其实应为《提摩太前书》1：7，疑是英译者笔误。——中译者注

② 《使徒行传》17：28。

③ 《罗马书》11：36。

④ 《哥林多前书》11：12。

⑤ 同上。

来判断这话的意思吧。既然人的身体都是出乎神的，那么这人在经上读到讨论人时所出现的话"出乎神"，怎么就认为其意思不是指人的身体，而只是指他们的灵魂［魂］和灵？如果"万有都是出乎神"这话既指两性的身体，也指他们的灵魂［魂］和灵，那么可以推出，在一切事上女人都是出乎男人，因为女人原是由男人而来的，而男人也是由女人而出的；但万有都是出乎神。至于"万有"的意思，不就是指他所论到的那些人，即原初分出女人的男人，原初由男人生出的女人，以及后来由女人而出的男人？因为原初的男人不是由女人而出的，相反，女人是由他而出的；只是后来的男人是由女人生出来的，正如今天所生的男人一样。由此可知，当使徒说我们所引用的这话时，指的是人的身体，那么毫无疑问，男人和女人的身体都是出乎神的。而且，如果此人坚持认为，人里面除了灵魂［魂］和灵，没有其他是出乎神的，那么女人属于男人只是指她的灵魂［魂］和灵；若是这样，对那些反对灵魂繁殖的人来说，就没有什么可争论的了。但是如果他把问题这样划分，说女人属于男人是指她的身体，但她的灵魂［魂］和灵出乎神，那么使徒所说的话"万有都是出乎神"怎能说是对的呢？因为女人的身体是出乎男人的，而不是出乎神的呀。因而，就算承认使徒作为一个权威必然比此人更可能说出真理，但女人属于男人，只是指她的身体，还是指构成人之为人的整体（但我们不主张这些观点是绝对确定的，而认为它们的真理性仍然需要探讨）；男人由女人而来，是指他作为男人的整体出于他的父亲、并藉女人生出来，还是仅指他的肉身；究竟孰是孰非，仍然没有定论。"但万有都是出乎神"，这一点是没有疑问的；并且这句话里应当包括男人和女人的身体、灵魂［魂］和灵。因为就算他们不是生于或源于神，不是作为神性的一部分分离而来，仍然可以说他们是出乎神的，因为他所创造的、所形成的、所生产的，无论是什么，都是出乎他的存在的实在（from Him the reality of its existence）。

第二十八章——比喻的说法不可按字面意思强调。

　　他接着又说："使徒所说的'自己倒将生命、气息赐给万人'，以及'从一本造出万族的人（注：本有古卷作血脉）'①，就是把这灵魂［魂］和灵的起源归于造物主，把身体的起源归于繁殖。"凡不愿意在明确认定这意见是对是错之前就随意否定灵魂的繁殖的人，自然有理由从使徒的话中看出，他所说的"从一本"的意思等同于"从一人"，这是以部分借代整体的比喻法。既然此人可以用从部分理解整体的方法解释经文"他就成了有灵的活人"②，认为这话也暗示了灵的意思，尽管《圣经》里根本没有论到，那么别人就不能把同样宽泛的意思归到"从一本"这一表述里，从而认为它也包括了灵魂［魂］和灵？因为"本（或血脉）"所指代的人不只是有身体，还有灵魂［魂］和灵。一方面，正如主张灵魂繁殖的争辩者不可因为《圣经》论到第一人时说："因他众人都犯了罪"③（这话没有说在他众人的肉身都犯了罪，因为人不只是肉身，所以说"众人"，即"所有的人"）而过分压迫此人——我再说一遍，他不可因为经上恰好写着"众人"，完全可以只理解为指肉身就过分压迫自己——另一方面，同样，他也不可因为"从一本造出万族"的话就过分压迫那些主张灵魂繁殖的人，似乎这话证明了唯有肉身是通过繁殖传递的。如果如他们所坚称的，灵魂真的不是从灵魂遗传来的，唯有肉身是从肉身来的，那么"从一本"这表述就没有根据部分指代整体的原则表示整个人，而只是指一个人的肉身；而另一表述"因他众人都犯了罪"也必须这样理解，它只是指众人的肉身，是从第一人传递下来的，《圣经》用了整体指代部分的方法。如果相反，每个

---

　　① 《使徒行传》17：25。参看和合本 26 节。——中译者注
　　② 《创世记》2：7。
　　③ 《罗马书》5：12。

人的整体都是从繁殖而来的，而人的整体是由身体、灵魂［魂］和灵构成的，那么"因他众人都犯了罪"的话必须从它专有的字面意思上去理解；而另一个表述"从一本（血脉）"则是在比喻意义上使用的，就是由部分来指代整体，也就是说，由"血脉"来指代灵魂和肉体构成的整个人，或者由（如此人所喜欢用的）灵魂［魂］、灵和肉体构成的人。因为这两种表达方式都是《圣经》常用的。比如，用部分来代表整体的例子有："凡有血气的都要来就你"①，用"有血气的"来表示整个人。有时候也用整体来暗指部分，如经上说到基督被埋葬了，事实上被埋葬的只是他的肉体。至于引用使徒的话——大意是说"他将生命、气息赐给万人"——所作出的论断，我想，有了上面的这些讨论，不会再有人被它感动。毫无疑问"他赐给"，这是不争的事实；我们的问题是，他是怎样赐给的？是每一次都吹入新鲜的气息，还是通过繁殖的方式？我们知道，他赐给人的肉身是极为完美恰当的，但同时不可否认，他是藉繁殖把它赐给人的。

第二十九章［XVIII］——维克多所引的第六段经文。

现在我们来看一下引自《创世记》的经文，就是论到从男人的肋骨造出女人，并把她领到男人面前，他就说："这是我骨中的骨，肉中的肉。"我们的反对者认为，"如果灵魂［魂］和灵也是由亚当而来的，那么他就应当说：'我魂中的魂，灵中的灵。'"但是事实上，坚持灵魂繁殖观的人认为他们有更无懈可击的证据来捍卫自己的立场，因为从《圣经》的叙述中我们知道神从男人的身上取了一根肋骨，用它造出女人，但没有接着说神把生命之气吹在她的脸上，因为，如他们所说的，她已经从男人那里得了灵魂。他们说，如果她不

---

① 《诗篇》65：2。

曾得着灵魂，那《圣经》自然不会使我们处于无知状态，不了解真相。至于亚当所说的"这是我骨中的骨，肉中的肉"①，而没有加上灵中的灵，魂中的魂，他们会回答说，正如已经表明的，"我的肉和骨"可以理解为由部分来指代整体，只要从男人身上取出来的那部分没有僵死，就赋有灵魂。因为没有充分的理由可以否认万能者能够成就这一切，更何况找不到一个人能够把人体的某一部分连同灵魂一同剪除。然而，亚当接着说："可以称她为女人，因为她是从男人身上取出来的。"② 请问，他为什么不干脆说（从而确证我们对手的观点）："因为她的肉身是从男人来的？"事实上，照目前的情况，持反对意见的人很可能会心满意足，因为经上写的不是女人的肉身从男人出来，而是说女人本身是从男人身上取出来的，这样我们必须认为她就是赋有灵魂［魂］和灵的整体。虽然灵魂未因性别有所区分，但这并不必然表示提到女人时可以认为她们是没有灵魂的。使徒在自我装饰上对她们提出的告诫不可能基于别的原则。"不以编发、黄金、珍珠和贵价的衣裳为妆饰；只要有善行，这才与自称是敬神的女人相宜。"③ 这里的"敬神"当然是一种灵魂或灵性里面的内在原则；但虽然涉及她们本性的内在部分的妆饰是没有性别区分的，但仍然称她们为女人。

第三十章——争论沉默问题的危险性。

尽管争辩双方各执一词，针锋相对，在我看来，他们所依凭的证据都不是不确定的，也不是对自己所不了解的问题作出狂妄论断。如果《圣经》说了"神把生命之气吹在女人脸上，她就成了一个有灵的人"，

---

① 《创世记》2：23。
② 同上。
③ 《提摩太前书》2：9—10。

那就不能推出说，人的灵魂不是从父母繁殖而来的，除非对他们的儿子也说同样的话。因为情形完全可能是这样的，从身体出来的没有灵魂的肢体要求得到灵魂，然而儿子的灵魂是从父亲的遗传、藉母亲的生育而充满的。然而，在这个问题上，《圣经》绝口不置一词，它完全保持了沉默，我们完全不得而知。什么也没有否定，同时什么也没有肯定。其实，《圣经》若可能不完全缄默不言，无论在什么地方，这问题都需要有更清楚的证据来证明。由此可以说，主张灵魂繁殖的人并没有因为神没有吹气给女人的脸而得到任何帮助；否认这种理论的人也不应当因为亚当没有说"这是我魂中的魂"而使自己相信他们其实一无所知的东西。正如《圣经》可以对女人是否像男人一样由神所吹的气而得灵魂讳莫如深，不置一词，不但没有丝毫解决我们的问题，反而使它更加悬而未决；同样，因为《圣经》对亚当是否说过这是我魂中的魂没有谈及，该问题也仍然处于无法定论的状态。因此，如果第一女人的灵魂是从男人来的，男人所说的"这是我骨中的骨，肉中的肉"就是以部分借代整体；如果它不是从男人来的，而是神吹入她里面的，如第一男人一样，那么"她是从男人身上取出来的"这话就是用整体来借代部分，认为从男人身上取出来的她不是指她的整体，而只是她的肉身。

第三十一章——亚波里拿流派（Apollinarian）证明 基督没有与人同类的灵魂的论证。

虽然这个问题并未因这些经文段落得到解决，就我们所面对的这个问题而言，这些经文确实是没有决断力，但是我非常确信的一点是，那些因为经上只说"肉中之肉"，没有说"灵中之灵"就认为第一女人的灵魂不是出于她丈夫的灵魂的人，其论证方式其实与亚波里拿流派完全一样，没有任何区别。亚波里拿流派反对主有人的灵魂所依据的理由不是别的，就是因为他们在经上读到"道成了肉身"① 这样的话。他们说，如果主里面也有灵魂，那经上就应该说"道成了人"。但是这伟大的真理之所以用这样的术语来表述，其实就是因为《圣经》常常用"肉身"来描述人的整体，如"凡有血气的都要见神的救恩"。② 因为光有肉身没有灵魂是不可能看见任何东西的。此外，《圣经》里还有许多段落都毫不含糊地表明，基督所成的人不只是肉身，而是一个人，也就是说，也包括理性的灵魂。由此，主张灵魂繁殖的人也可以明白，"我骨中的骨，肉中的肉"这话是用部分来借代整体，从而知道其中也暗含了灵魂在内，就像我们相信道所成的肉身并不是没有灵魂的。他们所要做的是，应当引用含义明确的经文段落来支持灵魂繁殖的观点，正如经上有另一些段落向我们表明基督是拥有人的灵魂的。对于另一方，就是反对灵魂繁殖的人，我们也完全根据同样的原则劝告他们，要找出确定无疑的证据证明他们所坚称的灵魂是神一个一个地吹气造出来的，并且坚持认为，"这是我骨中的骨，肉中的肉"这话不是用部分借代整体的比喻方式说的，没有把灵魂包括在应有的含义里面，而是纯粹的字面意思，仅指肉身而已。

第三十二章 ［XIX］——维克多在灵魂起源问题上的自相矛盾。

在这种情况下，我想本文也必须及时煞尾了。事实上，它已经包括了在我看来是所讨论的话题必不可少的主要内容。读者只要仔细阅读就必知道该如何当心不至于与你寄给我的这两卷书的作者同流合污，不至与他一样相信灵魂是神所吹的气息产生的，而不是从虚无中产生的。说

---

① 《约翰福音》1：14。
② 《路加福音》3：6；《以赛亚书》11：5。

实在的，这样认为的人，无论他在话语上如何否认，事实上却在肯定这样的结论，即灵魂具有神的本质，是他所生的，不是赋予，而是本性上的分派。因为人无论是从谁那里获得自己的本性的，都必须严肃真诚地承认，他也分有了那源头的本性。但这位作者终究是自相矛盾的，一会儿说"灵魂是神所生的，但不是本性上的，而是赋予上的"；一会儿又说："它们不是从虚无中造出来的，是从神起源的。"由此毫不犹豫地把它们归于神的本性，站在了他先前所否定的立场上。

第三十三章——奥古斯丁不反对被驳斥的灵魂繁殖论，也不反对他们所坚持的灵魂注入论。

至于新的灵魂都是通过注入而不是繁殖产生的观点，我们当然一点也不反对他们的固执己见，只是希望坚持这种观点的人已经成功地找到了一些新的证据，可以是在正典《圣经》里找到的能解决一个最为棘手的问题的明确证据，或者是他们自己的推论，只要不与公教真理相违背，而不希望由与此人的所作所为一样的人来主张。此人因为找不到值得说的话题，同时又不愿搁置他好争的秉性，所以不自量力，只是为了避免陷入什么都没说的境地，就放胆断言"灵魂该被肉身玷污"，"灵魂该成为罪恶的"，事实上，他根本不可能发现灵魂在成肉身之前有什么功过。而且还说"未受洗礼就离世的婴儿可赦免原罪，基督的身体必须为他们祭献"，但他们不曾在基督的教会里藉他的圣礼被纳入他里面；"他们虽然没有经过重生的水洗就离开了此世，但不仅可以得安息，甚至可以进入天国。"他还提出了大量其他的谬论，要在本文中一一列举，并加以讨论显然是乏味无趣的。如果灵魂繁殖论是错误的，但愿不是由这样的争辩者来驳斥它，希望有比较优秀的人提出对立原则，即新的灵魂都是在每个创造行为中注入的，并为之辩护。

第三十四章——那些说人的灵魂不是从其父母而来，而是神——注入的人必须要避免的错误。

因而，凡想要主张新的灵魂都可以说是出生时吹入每个人里面的，而不是从其父母遗传而来的人，必须尽一切可能当心我已经提到的四点。也就是说，不可断言灵魂因另一者的原罪成为有罪的；不可断言死前未受洗的婴儿可以以任何其他方式赦免原罪获得永生，进入天国；不可断言灵魂在成肉身之前在另外地方已经犯了罪，因而它们不得不进入有罪的肉身；也不可断言事实上没有出现的罪，因为神预先知道，尽管根本没有活到可能犯那样罪的时候，也该受责罚。只要他们不提出这些论点，因为它们每一个都是完全错误并且是不敬神的，那么他们若能够，就可以提出这个问题上的任何结论性的经文证据。他们也可以坚持自己的观点，我不仅不会阻止，还会赞同，表示由衷的感谢。然而，如果他们不能在圣言里找到什么决断性的权威证据，从而只能诉求于这四点中的某一点，那就让他们克制自己的想象力，免得在困境中阐述可怕的最近备受谴责的佩拉纠异端，其大意是说婴儿的灵魂是没有原罪的。说实在的，对自己一无所知的东西承认自己的无知，总比鲁莽大胆、一次又一次地提出只能显示其无知的观点，从而陷入已经受到谴责的异端，或者创设某种新的异端更好一点。此人还犯了其他一些可笑的错误，这样的错误实在还不少，都偏离了常规的真理之道，但还没到危险的边缘。如果主允许，我愿意写信给他本人，讨论他书里所论到的问题；如果可能，我要把全部错误都一一向他指明；即使我不可能注意到全部错误，但总可以指出其中的许多。

第三十五章 [XX] ——结论。

至于本文，我原想专门写给你本人，而不是其他任何人，因为你对我们共有的信仰和我本人的性格都有友好而真正的兴趣，但作为真正的公教信徒和好朋友，凡你所能找到对这个问题感兴趣或认为值得依赖的人，你都要让他阅读并复制。在本文中，我专门压制并驳斥了这位年轻人的傲慢论断，但这是为了表明我对他的爱，希望他得到改正，而不是被定罪，并在大屋里即公教教会里取得长足的进步，无论到哪儿都有神圣的怜悯引导他，使他藉着圣洁的生活和正确的教训成为"贵重的器皿，成为圣洁，合乎主用，预备行各样的善事"。① 但我得进一步说：对他我尚且要给出我真诚的爱，更何况你呢，我的兄弟，你对我的感情和公教的信心，有最确凿的证据向我表明是谨慎而严肃的，我岂不应当更加爱你吗？由于你的忠心，出于一个兄弟的真正的爱和职责，你小心翼翼地把这些书抄出来寄给我，因为你发现里面提到我的名字的方式与你的喜好相悖，令你不快。对于你这种充满爱心的行为，我绝不会因为你这样做了就见怪于你，相反，你若没有这样做，我想我倒有权利出于真正的友谊对你发怒。因此我要向你表示最真挚的谢意。而且，我已经得到一个更清楚的属灵的指示，所以我接受你的侍奉，一看完他的那些书卷，就一气呵成地写出了这篇论文，作为对你的报答。

---

① 《提摩太后书》2：21。

| 第 二 卷 |

写给长老彼得的一封信

他劝彼得不可招致对维克多写给他的论灵魂起源的书表示赞同、利用它们的罪名，也不可把此人与基督教信仰相反的胡言乱语当作是公教的教义。维克多的各种错误，以及那些非常严重的特点，他都一一指出，并作出简明扼要的驳斥；最后他劝彼得亲自努力说服维克多改正自己的错误。

致我最亲爱的弟兄并同为长老的彼得阁下，主教奥古斯丁在主里面向你问候。

第一章 [Ⅰ]——堕落的雄辩是一种有害的技能。

我收到维克提乌·维克多的两本书，就是写给阁下的书，由我们的兄弟莱那图转交给我。莱那图虽只是个平信徒，但他对自己并他所爱的一切人的信心都有一种谨慎而虔诚的关心。读了这两本书之后，我发现它们的作者是一个极富口才的人；但在他想要教导的问题上却显得知之不多。如果主出于慷慨的恩赐，在这种先决条件上也使他满足，那他必会对许多人都有益处。因为他在很大程度上具有把自己的所思所想清楚而优美地表达出来的能力；他所需要的就是首先应注意如何正确思考。

堕落的雄辩是一种有害的技能，因为对了解信息不够的人，它那悦耳的言语里往往只包含真理的表象。我诚然不知道你是怎样得到他的书的，但如果我所得到的消息没错的话，据说你读了这些书之后，简直就是欣喜若狂，忍不住（尽管你是长辈和长老）亲吻这位年轻的平信徒的脸，感谢他让你知道了你先前所不知道的道理。就你的举止来说，我并不反对你的谦卑；事实上，我对之极为赞赏，因为不是你所称颂的这个人，而是真理本身屈尊藉他向你言语，我只是希望你能够为我指明你藉他得到的真理究竟是什么。因而，如果你能在对此信的回复中向我指出，他教导你的真理究竟是什么，我将不胜荣幸。既然你不以受教于一个平信徒为耻，我更不会以向一位长老学习为羞，这是宣扬并效仿你的谦卑行为，只要你所得到的教训是真的。

第二章 ［Ⅱ］——他问维克多传授的是什么大知识。

因而，最亲爱的弟兄，我切望知道你从他那学到了什么，这样，我若也拥有这种知识，就可以与你同乐；如果我恰好不知道，那就可以向你学习。你岂不明白有两样东西，魂（soul）和灵（spirit），如经上所说的："你要将我的魂与灵分开?"① 两者都与人性有关，因而人就是由灵、魂和体构成的? 然而，这两者有时合在一起通称为"soul"（灵魂）；比如，"他就成了有灵（living）的活人"。② 这里其实暗含"spirit"。同样，也有很多段落把两者合起来通称为灵（spirit），如"他便低下头将灵交给神了"③，这里必须明白灵也包括了魂在内。那么这两者是属于同一实体吗? 我想你已经知道这一切了。但如果你不知道，那么你也该知道你并没有得到任何大知识，而这种无知必会导致大危

---

① 《约伯记》7∶14（七十子译本）。
② 《创世记》2∶7。
③ 《约翰福音》19∶30。

险。如果要对这样的问题更细致地讨论，最好采取与他相反的方式，他的遣词造句我们已经看到了。我们可以思考的问题有：当讲到魂的时候，是否就包括了灵在内，可以说，两者合成了魂，灵就是它的一部分，——事实上，是否（如此人所认为的）"魂"这个名称就可以用部分来指示整体；或者相反，两者是否一起构成灵，灵魂就是它的一部分；或者即使把"灵"这个词用在极为宽泛的意义上，也就是把魂也包括在内，如此人所设想的，但一个部分其实不能称之为整体。只是这些都是极为细微的区别，所以即使对之不甚了了也不会有什么大的危险。

第三章——身体感觉与灵魂识别之间的分别。

同样，我不知道此人是否教导你身体的感觉能力与灵魂的识别能力之间的区别；你在接受此人的教训之前已是一个有一把年纪、一定地位的人，是否曾把两者完全等同为同一种能力。其实一种是分别黑白的，这是连麻雀也分得出来的，另一种则是分别义与不义的，多比在失明之后仍有这种辨别能力①。如果你听到或念到这样的话"求你使我眼目光明，免得我沉睡至死"② 只能想到肉眼，那么你肯定是把两种能力等同起来了。如果这话所指晦涩，无论如何当你回想起使徒的话"照明你们心中的眼睛"③，你必会认为我们在前额和双颊之间的某处有一颗心。说真的，我完全不是这样看待你的，但愿你的这位老师不会这样教你。

---

① 《多比传》4：5—6；比较《多比传》2：10。
② 《诗篇》13：3。
③ 《以弗所书》1：18。

第四章——相信灵魂是神的一部分是渎神的。

假若你在未得到这位老师的教导——你乐于得到这样的教导——之前就认为人的灵魂是神的本性的一部分，那么你原本就不知道这种观点是多么错误、多么危险。如果你只是因这人的教导才知道灵魂不是神的一部分，那么我要叫你尽最大的真诚感谢神在你离世前能学到如此重要的一课，因为你将远离一种大异端、可怕的渎神者的生活。然而，我怎么也不能相信，你这样一个既是公教信徒，又是一位受尊敬的长老的人，竟然会认为灵魂的本性是神的一部分。因而我忍不住要向你表示我的担心，此人究竟是用什么方法让你接受与你原本坚守的信心完全相反的观点的?

第五章 ［Ⅲ］——在什么意义上受造物出于神。

正因为我不认为你这样一个公教会的成员，会相信人的灵魂是神的一部分，或者灵魂的本性在一定程度上与神的本性等同，所以我有些顾虑，担心你可能已经被引诱接受此人的观点，即"神不是从虚无造出灵魂，灵魂是从他而来的，也就是从他释放出来的"。他既说出了这样的话，联系他的其他观点，可见他在这个问题上已经脱离常规跑到了一个巨大的悬崖面前。如果他教给你的是这样的观点，我不希望你也把这种观点教给我;不仅如此，我宁愿你根本不知道他给予你的这种教导。因为仅仅不相信不宣讲灵魂是神的一部分是不够的。我们还不可宣讲子或圣灵是神的一部分，但是我们认定父、子和圣灵是同一个本性。所以，我们不能只是不说灵魂是神的一部分，极为重要的一点是，我们应当说灵魂与神不是一个自我同一的本性。因而此人所说的"灵魂是神所生的，不是作为本性，而是作为恩赐"是对的，当然这灵魂不是众人的灵魂，乃是信徒的灵魂。但是后来他又回到原本已经避开的论点，断言神与灵魂同属一个本性——其实并没有用很多言辞，只是简单而明确地传达了这样的要旨。他既说灵魂是出于神的，神造它不是从别的本性，也不是从虚无，而是从他本身造出来，那么他要我们相信的不就是他所否定的东西吗？换言之，灵魂属于自我同一的本性，就如神本身一样。所有的本性若不是神——他没有主——就是出于神，即以神为主。以神为主的本性，即出于神的本性要么是受造的，要么不是受造的。非受造的且出于神的本性要么是神所生育的，要么是神所流溢的。神所生育的就是他的独生子，神所流溢的就是圣灵，这三位一体乃是一个自我同一的本性。因为这三者其实是一，每一者都是神，三者合起来乃是同一个神，是不变的，永恒的，没有开端，也没有终末。另外，受造物的本性就是"造物"，神或者说圣三位一体就是造它的主。因而，可以说，受造物出于神的意思不是指从他的本性受造。说它是出于神的，是因为它以神作为它存在的主，而不是说它是他所生的，或者是从他流溢出来的，而是说是他创造、塑造、形成的。有些东西的受造不借助于任何别的实体，也就是说是绝对从虚无中造的，比如天地，或者创世时与世界同时的宇宙的整个质料；有些东西则是从已经造好存在的另外东西中造出来的，比如男人就是从尘土中造出来的，女人从男人中造出来，人类从各自父母中造出来。总之，一切受造物都出于神，只是出于神以神为造物主的可以是从虚无中造的，也可以是从已经存在的其他东西中造的，但绝不是神从其本身中生育或生产出来的。

第六章——神的本性能是可变的、罪恶的、不虔诚的，甚至永劫难逃的吗？

然而，这一切我是要对一个公教信徒说的，劝告他而不是教导他。因为我不认为这些东西对你来说是新知识，或者是你很久以前听说过却不相信的。我相信我的这封信你读了必会认出那也是你自己的信心的表述，这是我们在公教会里从主所得到的厚恩，是我们共同的财富。既然如我所说的，我是要对一个公教信徒说话，因此我恳求你告诉我，你是否认为灵魂——我不说你的灵魂或我的灵魂，只说第一人的灵魂——是赐给他的？如果承认它出于虚无，但是神造好并吹入他里面的，那么你的信念与我的是一致的。如果相反，你认为它出于某种受造物，可以说，神圣的工匠把它作为一种质料，从这种质料造灵魂，正如他把尘土作为质料造出亚当，或者以亚当的肋骨作为质料造出夏娃，或者造出鱼类和飞禽的诸水域，或者造出陆上活物的地面，那么这种观点就不是公教的，也不是真的。而且如果你认为神圣的造物主既不是从虚无，也不是从某种已造的东西造了人的灵魂，或者现在还在造着，而是从他自己本身，也就是说从他自己的本性中造出来的——这是神所禁止的——那么这是你从你的新老师那里学来的，但我不能祝贺你，也不能恭维你有了这样的发现。你与他一起远远偏离了公教的信仰。你与其这样，还不如相信灵魂是从某种神早已造好的实体中造出来的——尽管这也同样不可能是真的——这比认为它是从神自己从非受造的实体中造出来的倒更好些，免得那可变的、罪恶的、不敬的若在不敬中坚持到底就必遭永劫的东西归与神的本性，这是多么可怕的渎神行为！弟兄啊，我恳求你远离这样的行为，我不会称之为信心，那完全是可恶的不敬神的错误。你这样一个严肃的人，一位长老，但愿神使你不致陷入被一个年轻的平信徒诱惑的悲惨境地；假设你的观点是公教信仰，但愿神使你不致被悲惨地割除出信徒的数目。我必不会像对待他那样对待你，若是你犯这么巨大的错误，也不会像宽容他那样宽容你，尽管是他传授给你的。因为他只是刚刚找到路走进大公教会寻找治疗和安全①，而你属于那教会里的一个牧者。但是我们可不愿那来到主的羊群里来寻求庇护、逃离错误的羊首先以他的传染病来感染并毁灭牧者，从而得以去除他自己的病痛。

---

① 见本书第二卷十四章 [X]。

第七章　[Ⅳ]　——认为灵魂有形体是错的。

　　如果你对我说，他并没有教你这个，你无论怎样被他甜美的口才和优雅的谈吐所吸引，也不会对他的这种错误观点表示赞同；若是这样，那我就要真诚地感谢神。但我仍然忍不住要问，你为何如所传言的，在还没有听到他的讲演之前，就向他表示感激，甚至亲吻他，因为他告诉了你原来不知道的知识。如果传闻你这样这样做，那样说的报告是虚假的，那么我恳求你行行好给我保证好让我相信，这样，无聊的谣言就会因你本人所写的权威宣告而自动中止。然而，如果你真的对此人表示了如此谦卑的感谢，我实在是应当高兴的，只要他没有教导你相信我已经指出是极为可恶、必须小心避免的那个观点。如果你对你老师表示谦卑的感谢还是因为你从与他的讨论中获得了别的真实而有用的知识，那我也不会找你的茬。但是我能否请教你这是什么知识？是否就是灵魂不是灵，而是体？我真的不认为在这样一个问题上的无知对基督徒的学识有什么大的害处；如果你沉溺于更为晦涩的论题，比如各种不同的形体实体，我想先不说你所得到的信息是否有用，就是要得到有关的信息也是极为困难的。然而，主若愿意，我要写信给这个年轻人本人，我很想这样做，那样，也许你因为自爱①就会知道你的知识在多大程度上归功于他，当然你对从他那里学到的知识欣喜若狂。现在我请你不要为给我复信而心里恼怒，免得对我们必不可少的信仰来说显然有用且相关的东西由于偶然因素最终变成了另外的东西。

---

　　①　Dilectio tua.

第八章——财主在地狱里的干渴并不
证明灵魂是有形体的。

至于他带着完全恰当而极为正确的目的相信的观点，即灵魂离开身体之后受到审判，但不是最终审判，最终审判是当它们的身体复活时必须交付的，并且在它们各自在此世原有的肉体里或者受折磨，或者得荣耀，对此，我要问一下，你真是一无所知吗？谁的心灵能顽固到拒斥福音，不听或者听了也不相信这些真理，即寓言里所说的穷人乞丐死后被接到亚伯拉罕的怀里，而财主死后在地狱受苦？① 这人有否教导你灵魂离开身体之后为何要祈求这乞丐用指尖蘸的一点水②；他自己在何时承认，灵魂需要食物只是为了保护将朽坏的身体，包裹它不致分解？他的话是这样的：他先问："是因为灵魂想吃肉想喝水，所以我们认为食物进入了它里面？"稍后他又说："由此可见，需要吃肉喝水的不是灵魂，而是身体；除了食物之外，它也同样需要服饰。所以，对它来说提供食物似乎是必不可少的，穿衣戴帽也是适宜的。"他的这个观点说得足够清楚了，但他还要进一步用形象的比喻来说明，他说："我们认为房子的主户检查住处之后会做什么？如果他看到房顶摇晃了，墙壁倾斜了，地基不牢了，岂不要去拿来大梁建造扶垛，保证以自己的警醒和勤勉支撑住摇摇欲坠的房子，即使在危险的困境中也能避免显然要倾覆的危机？"他说："从这个明喻可以看出灵魂如何渴望它的肉身，毫无疑问它就是从肉身产生这种渴望本身的。"显然，这些话非常清楚而恰当地表达出了这个年轻人的思想，他坚持认为，需要食物的不是灵魂，而是身体，无疑，正是出于前者对后者的细心关怀，如房屋的住户那样，并

---

① 《路加福音》16：22—23。
② 《路加福音》16：24。

且由于精心的修补，才避免了肉体这房屋所面临的倒塌危险。既如此，请他进而向你解释，这个财主既不再拥有可朽坏的身体，其灵魂还可能需要避免什么样的毁灭，还遭受干渴，祈求穷人手指尖上的一滴水。这是这位敏捷的教导长者的老师所面临的一个非常棘手的问题；如果他能，就请他探究一下，找到一个解答方法：地狱里的灵魂既然再也没有什么将倒塌的房子要支撑，为什么还要祈求食物，甚至一滴水这么一点点东西？

第九章 ［Ⅴ］——无形体的神怎能从自身

吹出一种有形的实体？

就他相信神实际上是无形体的来说，我要向他表示祝贺，无论如何，他没有被德尔图良（Tertullian）的胡言乱语所影响。因为德尔图良认为，正如灵魂是有形体的，同样神也是有形体的①。因而，令人倍感奇怪的是，我们的作者既在这一点上与德尔图良分道扬镳，却费尽口舌要我们相信无形体的神不是从虚无中造出灵魂，而是从他自身呼出灵魂，就像呼出有形体的气息一样。那必是一种极为了不得的知识，不然，为何每个人都对它竖起耳朵，为何使一大把年纪的人甚至长老们也成为它的门徒！请这位杰出的人士念念他所写的话，在公众场合念诵一下；让他邀请知名人士和无名人士、知识者和文盲都来听一听。长者们，与你们年轻的老师一起集合起来，学习你们以前一无所知的事情，聆听你们以前不曾听说的道理。看哪，这位文士教导说，神造气息不是从已经以这种或那种方式存在的某种东西，不是从那绝对没有存在的东西造的，而是从自我同一、完全无形体的他自身造的，这就是说，他呼出一个形体，从而实际上在还没有进入罪恶的

---

① 德尔图良著作：《论灵魂》。

身体之前就把自己无形的本性变为了一个形体。他是否说神在造气息的时候并没有改变自己的本性？果真如此，神就没有从自身造出气息，因为他自身与他的本性乃是一回事，不是两个不同的东西。这个疯狂的人会怎么想呢？如果他说神从自己的本性造气息，但同时完全保持完整的自身不变，这并不是问题所在；问题在于，那不是出于某种先前受造的实体，也不是出于虚无，而是出于神的东西是否就是他的所是，换言之，是否与他同一个本性和本质。事实上，神在生了自己的子之后仍然保持绝对的整体，但因为他是从自己的本性生的子，所以他所生的不是与他本身的所是不同的他者。考虑到道穿上人性，成为肉身，道作为神的儿子与神有区别，但不是另一个存在，也就是说，他是另一位格，但不是另一本性。之所以如此，唯一的原因就是道不是从另外的东西中受造的，也不是从虚无中产生的，而是神自己所生的；不是说他可能成为比原来更好的，而是说他可能完全等同于那生育他的（他之所是）；换言之，他们同属一个本性，完全平等，同为永恒，各方面相同，同样的不可变，同样的不可见，同样的无形体，是同一位神；总而言之，他完全可能就是他父的所是，当然实际上他是子，不是父。但如果认为他始终保持同一位神的整体，未有任何减损，但又造出某种不同于自身并且逊色于自身的东西，不是从虚无中造出，也不是从另一种受造物中造出，就是从他自身里造出来的，也就是说，那被造的作为一个形体从无形体的神发出来，那么神禁止公教信徒接受这样的观点，因为这不是出于神圣的源泉，只是人头脑里的臆想而已。

第十章 ［Ⅵ］——孩子身上可以看到与父母相同的性格，也可以看到不同的性格。

再者，他又是如何不理智地想要使灵魂——在他看来是有形的——脱离身体的情欲，提出有关灵魂的婴儿期问题，灵魂麻痹、压抑时的情绪问题，肢体截去灵魂没有截去或分离的问题。但是在这样一些问题上，我的职责是与他讨论，而不是与你讨论；要求他对自己所说的一切提供理由。所以，在一个年轻人从事的题目上我们似乎不可太过苛求于一位年长者的严肃性。至于孩子身上所体现出来的与父母相似的性格，他不认为它是从灵魂的种子来的。这也是那些反对灵魂繁殖论的人所持的观点。但主张这一理论的另一派并不把立足点放在这上面。因为他们也看到孩子的性格有与父母不同的一面。这其中的原因，如他们所认为的，就是同一个人自己往往会表现出不同的性格，彼此不一致——当然不是说他得到了另一个灵魂，而是说他的生活发生了或好或坏的变化。所以他们说，一个灵魂所拥有的习性与生育它的人的灵魂不一样并不是不可能的，因为自我同一的灵魂可以在不同的时代有不同的习性。因而，如果你认为你从他学到了这一点，即灵魂不是通过生殖中的自然传递来到我们身上的——我只希望你在他身上看到了事实的真相——我会以最大的愉悦投身到你门下学习全部真理。但真正去学是一回事，看起来学了则是另一回事。如果你以为自己已经学了，但现在仍然不知道，那显然你并没有学，只是随意地相信了一种使人愉悦的道听途说。你在谦和中已经悄悄滋生了错谬。我这样说不是因为确定地觉得这个命题，即灵魂不是源于父母的生育，而是神所吹出的新鲜气息，是错误的，我只是认为这是仍然需要那些自以为能授之与人的人进一步证明的观点；我这样说的理由是，此人在讨论整个话题时不仅没有解决争论中的问题，反而大放厥词，使其错谬一览无余。他原是想要证明含义不清的事物，却肆无忌惮地说了无疑该遭谴责的话。

第十一章 [Ⅶ] ——维克多暗示灵魂在成肉身之前
有一种"状态"和"事工"。

对他关于灵魂所论到的话你是否还不想坚决谴责呢？他说："你必不

会认为灵魂从罪恶的肉身感染健康，你可以看到，在预定的时候，它的神圣状态因肉身而成为过去，因肉身而失去原有的功绩，从而改变原有的状态。或者因为洗礼洁净了身体，因而被认为藉洗礼而给予的东西没有临到灵魂或灵上？灵魂唯有藉着肉身修复原状——这原状似乎也是因肉身而渐渐消失的——好叫它因此开始重生状态，所以它原本就该受肉身的玷污。"① 请注意这位教师陷入了多大的错误！他说："灵魂藉肉身修复原状，它原本因此失去了自己的事工。"这样说来，灵魂必在进入肉身之前已经拥有某种状态和某种善工，当肉身在重生的水洗里得了洁净之后，它就藉肉身恢复这原有的东西。因此，灵魂在进入肉身之前已经住在某处，有着良善的状态和事工，只是当它进入肉身之后就失去了这种状态和事工。他的话是这样说的："灵魂藉肉身修复原初的状态，这种状态似乎也是因肉身而渐渐消失的。"所以，灵魂未有肉身之前就拥有一种古老状态（他用"原初"来描述这种古老状态）；这种古老状态必是一种神圣而可赞美的状态，此外还会是什么状态呢？他坚称这种快乐状态藉洗礼就可恢复，当然他必不会承认灵魂是通过繁殖从原本显然快乐地住在乐园里的灵魂衍生出来的。那么他为何在另一段又说："他不断地表明灵魂的存在不是通过繁殖，不是出于虚无，也不是自主存在，也不是先于身体存在？"你看，在这里，他坚持认为灵魂并非先于身体存在于某个地方，处于某种快乐状态，只要藉着洗礼就可以恢复这种快乐。但是接着他似乎又忘了自己的观点，论到灵魂"藉此"即肉身"开始重生状态，它原本就该受肉身的玷污"。在前一句里他曾指出灵魂有某种善工，只是因肉身丧失了；而这里他又说它有某种恶工，因此不得不进入，或者被送入肉身里面。他的原话是这样的："它原本就该受肉身玷污。"既然它该受玷污，那么它的工就不可能是善的。天哪，请他告诉我们，灵魂在受到肉身玷污之前究竟犯了什么罪，使它最终应得这样的下场，被肉身

---

① 见本书第三卷第九章。

玷污？如果能，请他就这个问题向我们解释清楚，但这已完全超出了他的能力范围，他根本不可能找到这个话题的正确答案来告诉我们。

第十二章［Ⅷ］——灵魂为何该形体化？

稍后他还说："因为灵魂该成为有罪的，尽管它原本不可能是有罪的，也不曾停留在罪里；因为如基督所预示的，它必然要进入一种有罪状态，尽管它原本不可能这样。"① 我的兄弟，我问你，你真的这样认为吗？无论如何，看了他的话，并对之作了适当思考之后，对他所念的——他还在念的时候就博得了你由衷的赞美，念完了更令你感激涕零——作了反思之后，你就形成了这样的意见吗？我恳请你告诉我，"因为灵魂该成为有罪的，尽管它原本是不可能有罪的"这话究竟是什么意思。"该"与"原本不可能"是什么意思？要知道，它若原本就不是有罪的，就不可能该受所谓的命运；它若原本不可能有罪，就不会成为有罪的，所以不可能因为未作恶之前就犯了罪，使自己处于这样一种境地，被神抛弃，进而犯下别的罪。他所谓的"原本不可能有罪"意思是否是说，它若不进入肉身，就不可能成为有罪的？既然它不可能在其他任何地方犯罪，唯有进入那种独特状态才犯罪，那么它怎么就该进入这种可能成为有罪的状态呢？请他告诉我们，它为何就该这样。如果它该成为能够犯罪的，它必是已经犯了何种罪，因此才该成为有罪的。这些问题看起来可能显得有点糊涂，或者好像是在戏弄人，但它们其实是非常清楚明白的。事实上，他若不可能找到灵魂在成为肉身之前行过什么善工或恶事，就不应该说"灵魂就该藉肉身成为有罪的"这样的话。

---

① 见本书第一卷第八章以及第三卷第二章。

第十三章［Ⅸ］——维克多教导说神阻挠他自己的预定。

现在我们继续看看一些较为浅显的问题。灵魂既不是从第一个犯罪的灵魂那里来的，而是造物主一次一次地把它们吹入有罪的肉身的，也就是全然不沾染、不遗传罪，为何又认为它们被原罪的锁链捆绑。在这个问题上他陷入这些巨大的困境。为了避免有人提出驳斥说，神这样注入气息就是他使它们有罪，他诉求于神的预知，即"神预先为它们的救赎作好了预备"。婴儿因这救赎之礼受洗，好叫从肉身传染来的原罪被洁净，似乎神是在弥补他先前使这些灵魂受玷污之行为。但后来当他论到那些没有得到这种帮助，在未受洗之前就离世的人时，又说："这里我不拿自己作为权威，而通过推测给你们举一个例子。我们说，在婴儿的例子里必然要求助于某种这样的方式，因为他们虽然预定是要洗礼的，但由于生命的软弱，它们还未在基督里重生就匆忙离世了。"他又说："我们看到经上写着，他被速速带走，免得邪恶腐蚀他的思想，虚妄蒙蔽他的灵魂。因而主急急地把他从恶人中间带走，因为他的灵魂为主所喜悦；他在短短几年之内便达到了完美的境界，这是其他人一辈子都无法达到的。"① 谁会鄙弃这样的一位老师？那么，婴儿真是这样的吗——人们通常希望他们在死前受洗，即使非常匆促也要这样做，所以，如果他们能在此生多停留一点时间，就可能受了洗，随后才死，但若那样，邪恶就会腐蚀他们的思想，虚妄就会蒙蔽他们的灵魂；为避免这样的事临到他们头上，死神急急到来把他们救走了，所以他们在还未受洗之前就被突然带走了？如果他们是在洗礼后被抓走的，那么正是由于他们的洗礼使他们变

① 《所罗门智训》4:11、14、13。参见《圣经后典》，张久宣译，商务印书馆1996年版。——中译者注

坏，被虚妄蒙蔽。多么精彩的教义，真值得人敬佩，须紧紧跟随！但是他大大依重于你们这些出席他的朗读会的人的审慎，尤其是你，因为他这篇文章是写给你的，并且读完之后把它交给了你，认为你会相信他所引用的经文就是为未受洗婴儿的例子准备的，但这经文是写未成年的圣徒的，无论他们何时突然离开此世，没有尽享天年——这样的天年人们视之为神的大恩而孜孜以求——愚拙的人都认为应该严厉地对待他们。然而，他所说的这话是什么意思："婴儿预定要受洗礼，但由于生命的软弱，他们还未在基督里重生就匆匆离世？"似乎有一种时运或命运的力量，或者其他你喜欢称呼的东西，不允许神成全他早先定下的事。它们既是他所喜悦的，他又怎会亲自急急带走它们？他难道真的预定它们要受洗礼，然后自己又阻挠他所预定的事得以成全？

第十四章［X］——维克多把那些未受洗就死的婴儿
送到乐园和天上的大屋，但不是
天上的国。

但我恳请你注意他的胆量，此人不喜欢犹豫不决，因为后者在如此深奥的问题上宁愿小心谨慎，不愿表现得过分通晓。他是这样说的："我愿意大胆地说，他们可以得原罪的赦免，但结果不是被接入天国。正如十字架上的盗贼一样，他认信但未受洗礼，主就没有把天国赐给他，给他的是乐园①；同样，以下的话仍然完全有效：'人若不是从水和圣灵生的，就不能进神的国。'② 这尤其正确，因为主承认在他的父家有许多住处③，由此表明住在里面的人的各种

① 《路加福音》23：43。
② 《约翰福音》3：5。
③ 《约翰福音》14：2。

不同功绩；因此在这些住所未受洗礼者得赦免，受了洗礼的得恩典为他准备的赏赐。"你看这人始终认为乐园和父家的住所与天国是相区分的，这样，即便未受洗礼的人也可以在永乐之地有丰富的供给。当他说这些话时，他岂不知道他绝不愿意把受洗婴儿将来的住所与天国相区分，甚至不怕把它与父神的家，或者其中的一些部分相区分。主耶稣并没有说：在整个受造的宇宙里，或者说在宇宙的某一部分里有许多住处，他乃是说"在我父的家里有许多住处"。然而，一个未受洗礼的人既然不可能把神作为他的父，除非得重生，他又怎样住进父神的家里？神已经赐恩使他脱离多纳图派或罗格派，他不该对神如此忘恩负义，竟然致力于分离父神的家，把它的一部分放到天国之外，好让未受洗礼的人去居住。既然他把主自己的家排除出天国之外，他又凭什么认为自己将来要进入天国？然而他从盗贼的例子——他被钉在主的旁边，指望与他一同被钉十字架的主——从培帕图亚的兄弟狄诺克拉底（Dinocrates）的例子争辩说，即使是未受洗礼的，也可以得赐罪之赦免，与圣者同住一处；似乎有什么人（不相信他就可能是一种罪过）已经向他指明盗贼和狄诺克拉底不曾受过洗礼。然而，关于这些例子，我已经在我写给我们的兄弟莱那图的书里更加详尽地作了解释①。至于你是否该屈尊读读那本书，你亲爱的自我必能够作出决断；如果你向我们的弟兄提出借阅，我相信他必不会真的拒绝你。

第十五章［XI］——维克多"决定"应当向那些
死前未受洗礼的人奉献祭品。

他还对迟疑不决不满，因而他的理论几乎陷于可怕的困境之中，

---

① 见本书第一卷第十一章［IX］和十二章［X］。

因为他所阐述的恶的总量很可能是用比你敏感的眼睛描述的，大意是说婴儿的原罪无须基督的洗礼就可得消除。事实上，正是为了在教会的圣礼中寻找一定程度的躲避和拖延，他才说："我非常明确地决定，圣祭司必须代表他们不断地奉上祭品和焚香。"如果你觉得把他看作你的老师还不过瘾，那你就把他当作你的判官吧——如果你愿意——让他作出决定，你必须把基督的身体献给那些不曾与基督联合的人。要知道，这是一个十分新颖的思想，与教会的法则和真理规范是格格不入的；他既然敢在自己的书里这样提出来，就不会低姿态地说"我宁愿认为"，他没有说"我设想"，没有说"我的看法是"，也不是说"至少我会提议或指出"，他乃是说"这是我的决定"，这样，我们原本应对他那新奇或有悖常理的观点感到恼怒（这是完全可能的），却很可能先被他这种判决的权威架势所吓倒。至于你，我的弟兄，如何能够忍受他在这些观点上做你的老师，那是你自己的事。然而，凡有正常情感的公教祭司（你应该也属于其中一员）绝不可能保持沉默——神绝不允许——任凭此人宣读自己的决定，而是希望他能恢复自己的理智，为自己产生这样的观点，甚至把它们写下来而表示遗憾，以极有利于健康的悔改原则来鞭策自己。他说："我这样做正是基于倒在战场上的马加比（Maccobees）兄弟的例子。他们偷偷地献了法律禁止的祭，后来就死在战场上。然后，我们发现众祭司立即诉求于这种治疗方法，即献赎罪祭释放他们的灵魂，就是因行了不可行之事而被捆绑的灵魂。"① 他说这些话，似乎（根据他对这故事的解读）那些赎罪祭是为未受割礼的人献的，因为他已经判决我们的这些祭必须为未受洗的人献上。而割礼是那个时代的圣礼，就是我们时代的洗礼的预表。

---

① 这是对《马加比传下》12：39—45 故事的不准确引用。

第十六章 ［Ⅻ］——维克多许诺未受洗的人死后
进乐园，复活后进天国，尽管
他承认这是与基督的话相悖的。

但是你的朋友，较于他已经说过的话，还要更进一步，从而绝不只是犯了人多少还能忍受的错误。他显然感到对某种安排需要改善一下，当然肯定不是对他应当担心的东西，即放胆宣称的未受洗者的原罪也可以得赦免，他们所有的罪都可得赎，最后接入乐园，即进入极乐之地，拥有进入我们父家里的快乐住所的权利；他不会对此有什么疑虑，但对让他们住在天国外不够神圣的处所里似乎产生了一点遗憾，所以他接下去就说："就算有人不那么愿意相信乐园是作为一个暂时、临时的住所赐给盗贼或狄诺克拉底的灵魂（因为复活时还为他们留着天国的赏赐），但他可以相信我是由衷地赞同这个观点的，只要他把神圣的怜悯和预见的目标和结果都加以扩大，尽管这观点有悖于最重要的经文——'人若不是从水和圣灵生的，就不能进神的国'①"，这些话我是在他第二本书里读到的，就原封不动地抄下来。请问，还有谁在这种错误的观点上表现得比他更大胆，更鲁莽，更傲慢的？他实际上引用并叫人留意主的语重心长的话，把它放在自己的陈述里作结论，然后说："尽管这观点有悖于'最重要的经文'：'人若不是从水和圣灵生的，就不能进神的国'"。然后他胆敢抬起他那无赖的头颅，指责主的判决："但他可以相信我是由衷地赞同这一观点的"；他又解释他的观点是未受洗者的灵魂有权要求得到乐园，作为临时恩赐；他还提到将死的盗贼和狄诺克拉底就是这样的例子，似乎他是在规定或更确切一点说是在预先判定他们的归宿；而且，在复活的时候，他要使他们转向更好的住所，甚至让

① 《约翰福音》3：5。

他们领受天国的赏赐。他说："尽管这与王的审判相反。"现在，我的兄弟，我祈求你认真地思考这样的问题：人把自己的意见，并且是与王自身的权威相反的观点强加于别人，对这样的人，王会作出怎样的审判，临到他的头上？

第十七章——不顺服的怜悯和怜悯的不顺服都要
受谴责。殉道可以替代洗礼。

最新流行的佩拉纠异端已经受到大公会议和罗马教廷（Apostolic See）权威的公正谴责，因为他们胆敢赐给未受洗的婴儿安息、得救之所，这个处所甚至在天国之外。倘若他们不否认这些婴儿有原罪，不否认必须藉洗礼才得罪之赦免，那么他们就不可能敢这样做。然而，此人在这点上承认公教信仰，承认婴儿也捆绑在原罪里面，但他不藉重生的水洗就使他们从这些捆绑中释放出来，并且在他们死后，他出于怜悯把他们接入乐园；同时还以更大的怜悯之心在他们复活之后把他们引入天国。扫罗（Saul）正是出于这样的怜悯放走了神命令必须杀死的王①。然而，他这种不顺服的怜悯，或者（如果你更愿意称之为）出于怜悯的不顺服，是该受谴责和定罪的，好叫人当心不可违背造人的神的判决，把怜悯扩展到同胞身上。真理藉它自身的形体之口，大声宣告："人若不是从水和圣灵生的，就不能进神的国。"② 为了把殉道者排除在这判决之外——因为他们在未受基督的洗礼洁净之前就因基督的名被杀害了——他在另一段里说："为我失丧生命的，将要得着生命。"③ 使徒远不是对凡已经在基督信心的水洗里得了重生的人应许废除原罪，而是

---

① 《撒母耳记上》15：9。
② 《约翰福音》3：5。
③ 《马太福音》10：39。

说："因一次的过犯，众人都定了罪。"① 作为对这一定罪的抗衡，主展示他独一的救恩，说："信而受洗的，必然得救，不信的，必被定罪。"② 就婴儿来说，这种信的奥秘完全由带他们去受洗的监护人的反应来体现，若不把这种信心体现出来，他们全都要因一人的过犯被定罪。然而，与真理所说的如此清晰的话相反，一种与其说可怜不如说愚蠢的妄言出现在众人面前，说：婴儿虽然未经基督信心的水洗使他们脱离原罪的捆绑，但不仅不会被定罪，复活之后还要拥有天国的快乐。这人若不是目空一切地企图解决完全超出他的能力触及灵魂的起源的问题，他岂敢违背根基坚固的公教信仰说出这样的话来？

第十八章［XⅢ］——维克多的困境和失败。

当有人很自然地提出质疑："神为何如此不公地责罚灵魂，立意要把它降入到罪恶的身体里面？因为它与肉身联合才开始变得罪恶，否则是不可能成为有罪的。"此人就陷入可怕的困境之中。因为显然这些人其实是说："如果神没有把灵魂与罪恶的肉身合在一起，它就不可能成为有罪的。"然而，我的这位对手无法找到神之所以这样做的正当理由，尤其是死前没有受洗得赦免原罪的婴儿为何得永劫；另外，既良善又公正的神既然预知婴儿不会从基督恩典的圣礼中得到任何益处，为何还要用原罪的锁链捆绑他们的灵魂，把灵魂送入他们从亚当承袭来的身体里——灵魂本身却不沾染一点繁殖之痕迹——还用这种方式使它们陷入永劫之罪——在这个问题上，他同样表现出极大的无能，找不出原因。他竟然不愿承认这些灵魂的罪同样也是从原初的那个灵魂来的。所以他在争辩之航行中，宁愿让信心陷于可怕的毁灭，也不愿收起他的船帆，稳定他的船桨，听从审慎的劝告抑制

---

① 《罗马书》5：18。

② 《马可福音》16：16。

行程中致命的鲁莽。在他年轻的眼里，我们这些老人的谨慎是一钱不值的；似乎他所面临的这个最棘手最危险的问题需要的是滔滔不绝的口才，而不是谨慎的建议。连他自己也预见到了这一点，只是没有自觉意识到；因为他好像是要表达对手反驳他的话，说："后来，除了那些反驳我们的人嘟嘟哝哝的抱怨声之外，还有其他一些指责的话。我们像是处在飓风之中，不停地在巨石之间撞来撞去。"说完这话，他就提出了那个危险的问题，我们已经作过讨论，在这问题上他毁灭了公教信仰，唯有真心悔改才可能修复他那已经坍塌的信念。那飓风和岩石正是我所要避开的，我可不愿使自己不坚固的小船面临这样的危险。我在写这个题目时十分地小心低调，我宁愿解释我为什么如此不果断的原因，也不愿表现出草率和傲慢来①。当他在你家里看到我的这本小书时，他对之嗤之以鼻，十分鲁莽地把自己抛到礁石之上。他的行为表明他更多的是灵气，而不是智慧。然而，他的这种过分自信究竟引导他走到了什么地步，这一点我想你现在可以看得很清楚了。其实在这之前你已经看出来了，为此我衷心感谢神。他始终拒不在他不顾后果的事情上止步，当他的行为还没有显现出结果来时，他就一头扎进可悲的事业中去了，还坚持认为在未得基督重生就死去的婴儿的例子上，神先给予他们乐园，最终接他们进入天国。

第十九章 ［XIV］——维克多依靠的是有歧义的经文。

事实上，他为证明神不是通过繁殖从原初的灵魂生出人的灵魂的，而是像造第一人的灵魂一样，通过吹气造每个人的灵魂，所引用的那些《圣经》段落都是极为不确定，多有歧义的，也就是说，这些段落可以轻易地从与他所赋予的意义完全不同的意义上去理解。这一点我已经非常清楚地

---

① 见奥古斯丁的论文：*On Free Will*《论自由意志》，iii 21；*On the Merits of Sins*《论罪的功绩》，ii (last chapter)；*Letter* (166) *to Jerome*《致耶柔米的信》，and (190) *to Optatus*《致俄帕塔图的信》。

证明了①，那卷书是写给我上面所提到的我们的朋友的。他用来作证据的那些段落告诉我们神赐给或创造或形成了人的灵魂；但他是从哪里赐给，或者用什么创造、形成的，这些经文都没有说，它们没有涉及人的灵魂是从第一个灵魂繁殖来的，还是像第一个灵魂那样吹气产生的这个问题。然而，这位作者只是因为他读到神"赐给"灵魂，"造出"灵魂，"形成"灵魂，就认为这些词加起来就是否认灵魂的繁殖；然而，同样的经文表明，神也"赐给"人身体，或者"造出"身体，或者"形成"身体，但没有人会认为神所赐给、造出、形成的身体不是通过生殖而来的。

第二十章——维克多引用那些缄默的经文，忽视了《圣经》惯用法。

至于论断"他从一本（或血脉）造出万族的人"②的经文，以及亚当说"这是我骨中的骨，肉中的肉"③的经文，因为前一句没有说"从一魂"，后一句没有说"我魂中的魂"，他就认为它们否定了孩子的灵魂是从父母来的，或者第一女人的灵魂是从她丈夫来的，似乎经文里的"从一本"换作"从一魂"就可以理解为其他东西，而不再指整个人类了，同时不否认身体是生殖而来的。同样，如果经文说的是"我魂中的魂"，肉身也不会被否定，它显然是从第一人得来的。《圣经》常常用部分来指代整体，也用整体来指代部分。可以肯定，如果此人引来作为证据的段落里说到人是"从一人"，而不是说"从一本（血脉）"造的，就不可对那些否认灵魂繁殖的人的观点抱有偏见，尽管人不只是灵魂，不只是肉身，而是两者的结合。因为他们会预备自己的回答，大意是说《圣经》这里很可能是用整体来指代部分，也就是说，

---

① 见本书第一卷十七章［XIV］以及以下几章。
② 《使徒行传》17：26。
③ 《创世记》2：23。

用整个人来指代肉身。同样，主张灵魂繁殖的人会争辩说，在说到
"从一本（血脉）"造人的段落里，"血脉"这个词就暗指整个人，所
根据的原理是用部分来表示整体。正如一方似乎从经文只说"从一本"
而没有说"从一人"这样的表述中得到支持，同样，另一方显然也从
非常清楚的证据里得到支持："罪是从一人入了世界，死又是从罪来
的，于是死就临到众人，因为众人都犯了罪"①，因为这里没有说"因
为众肉身都犯了罪"。同样，一方似乎从"这是我骨中的骨，肉中的
肉"这样的话中找到佐证，这是以部分涵盖整体；另一方也可以从接
下来的话里找到一些益处："可以称她为女人，因为她是从男人身上取
出来的。"因为根据他们的争论，如果从男人身上取出来的不是整个女
人，灵魂和整体，而只是她的肉身，那么经文应当说："因为她的肉身
是从男人身上取出来的。"然而，事实上，整个事情极为简单，听了双
方的争论之后，凡能公正评判，不带偏见的人都能马上明白，不严谨、
不准确的引用对这种争论是徒劳无益的。为反驳主张灵魂繁殖观的一
方，那些只提到部分的经文万不可引证，因为《圣经》很可能就是用
这部分来借代整体的。比如，当我们读到"道成了肉身"②时，我们当
然明白它不只是指肉身，而是指整个人。同样，要驳斥另一方，即否认
灵魂繁殖论的一方，引用那些没提到人的某一部分，而是提到整个人的
段落也是徒劳无益的，因为在这些段落里，《圣经》很可能就是以整体
来借代部分的；比如我们承认基督被埋葬了，但放到坟墓里的只是他的
肉身。基于这些理由，我们可以说，一方没有理由草率地作出建构，另
一方也同样不能草率地废除繁殖理论；我们要补充这样一条建议，双方
都应当再拣选另一些段落，比如那些没有歧义的段落③。

---

① 《罗马书》5：12。
② 《约翰福音》1：14。
③ 比较本书第一卷二十九章。

第二十一章［XV］——维克多的困惑和失败。

由于这些原因我远没有看到这位老师教了你什么知识，也不明白你为何要把你的感恩之情如此滥施于他。因为问题依旧如初，即关于灵魂的起源，究竟是神通过繁殖方式从他吹入第一人的那个灵魂给予、形成、创造出来的，还是每一个灵魂都像第一人的那样，是他亲自吹气给予、形成、创造出来的。神确实形成、创造、给了人灵魂，这一点是基督信仰毫不犹豫宣称的。但这人在努力解决这个问题时自不量力，否认灵魂的繁殖，坚称它们是造主吹入人里面的，是纯然没有罪之污染的——不是从虚无造出，而是从他自身造出——他这样做就是对神性的侮辱，可耻地把可变性归于神性，这种诋毁必然是不能成立的。然后，他使实际上全然无罪（尽管没有经过基督救赎的重生）的灵魂绑上原罪，但这样就会使人以为神可能是不义的，为避免这一点，他讲了一些话，表达了一些情绪，我只希望他没有教导你这些东西。因为他给予未受洗的婴儿连佩拉纠异端也不敢给的幸福和救恩。尽管如此，当问题涉及成千上万出生在不敬神者家里，死在不敬神者中间的婴儿——我不是指那些仁爱之人尽管非常想但无法用洗礼来帮助的婴儿，而是指那些没有人曾想到或者能够想到为其施洗的婴儿，也没有人为他们或者可能为他们献祭，按你的这位老师的说法，这样的祭甚至应当为那些未受洗的人献上的时，——他却找不到任何解决办法。如果有人向他问及这些婴儿，他们的灵魂为何就该被神送入罪恶的肉身里招致永劫，永不得水洗的洁净，也不得基督的体和血之祭为之赎罪，他必感到茫然不知所措，倒觉得我们的犹豫虽然不够果断，却是真正的好事；或者断定基督的身体必须为全世界所有未受基督之洗礼就死去的婴儿（他们的名字从来没听说过，因为他们在基督的教会之外）——尽管他们没有与基督的身体合一——献祭。

第二十二章 ［XVI］——彼得在维克多事例上的责任。

我的弟兄，你根本就不该对这些观点表示喜悦，或者为获得它们感到高兴，甚至想要教人这些东西。否则，你会变得连他都不如。因为他在自己第一卷书的开头已经作了以下温和而谦卑的序言："虽然我很想符合你的要求，但我只能对我的设想提供清晰的证明。"稍后又说①："事实上，由于我绝不可能保证能够证明我所提出的问题，而且我也当常常忧虑，万一我的某个观点在人看来是荒谬的，就不能一以贯之。所以我衷心希望真诚地服从更好、更真的观点，免得我自己的论断受到谴责。事实表明，最好的动机，可贵的目标就是让你自己在某个题目上乐于跟从更正确的观点，若拒不迅速转入理性之道，就只能表明这是一个顽梗而堕落的人。"既然他说这些话时是真心实意的，所说的是他真实的感受，那么他无疑对正确的论点满怀希望。在第二卷书的结尾他以同样的笔调总结说："你必不可以为我指定你做我的话语的判官，就有可能反过来遭到诽谤。为了防止某位爱钻研的读者因其敏锐的眼睛有可能在我不合法规的作品中找到内在错误的痕迹，我恳请你要毫不留情地审视每一页，如果必要，就对每一句话每一个词都推敲过去；批评指正之后，还要进一步罚我，把我所写下的无价值的话统统划掉。经你全权处理，才可能避免留下任何笑柄，无论是因为你所极为喜爱的观点，还是因为潜入我作品中的不准确的表述。"

第二十三章 ［XVII］——谁读了有害的书不受伤害。

既然他在书的开头和结尾都设置了这样的预防措施，并把改正、修

---

① 见本书第三卷二十章［XIV］。

缱的虔诚重担放在你的肩上，我唯有相信他是在你身上看到了他所要求的东西，叫你像义人一样"仁慈地击打他，责备他；但抹在罪人头上的膏油"① 却是你的手上和眼里所没有的，反而是谄媚者不雅的迎合，拍马者蒙人的仁慈。然而，如果你看到该指正的东西却拒不指正，就是冒犯爱；如果在你看来他没有什么需要改正的，因为你认为他的观点就是正确的，那你是故意反对真理。因而你若明知他犯了错误，却鄙视他、嘲笑他，或者无视他走入歧途，还紧紧跟随他的错误，那你还不如他，因为他非常乐意接受指正，只要身边有真正的批评者。因而，我请求你，无论在他写给你并转给你的书里看到什么，都要以清醒而警惕的态度加以思考；你会比我更完全地发现哪些话是该受责备的。至于其中值得赞赏、同意的内容——无论你在里面，在他的教导下学到了什么好的东西，也许就是你以前真的不知道的东西，请你坦率地告诉我们究竟是什么，好叫众人都知道你之所以对他如此感恩戴德原来是受了这样的神益，而不是因为他书中那些应受谴责的话——这里的众人，我是指那些像你一样听了他的朗读，或者后来自己读了他的作品的人——免得他们在读他那华美的词藻的时候，像从精美的酒杯里喝下毒酒，就像你一样，当然他们与你的例子不一样，因为他们并不准确地知道你所喝的是什么，没有喝的是什么，并且你是个大人物，他们就会认为，无论所饮的是什么，都该是对他们健康有利的东西。听、读，然后大量记忆，不就如同饮用的几个阶段吗？然而，主预先就告诉他忠实的信徒，即使"喝了什么毒物，也必不受害"。② 人若边读边判断，凡符合信心法则，该赞同的东西就表示赞同，该指责的东西就予以驳斥，就属于这样的人，即使记住的是被认为该驳斥的话，也不会因句子中的毒性和腐朽受到伤害。于我自己，藉着主的怜悯，这永不可能成为有所遗憾的事，鉴

---

① 《诗篇》141：5。和合本《圣经》译为："任凭义人击打我，这算为仁慈；任凭他责备我，这算为头上的膏油。"——中译者注

② 《马可福音》16：18。

于我们原有的爱，我在这些问题上给你尊敬而虔诚的自我以忠告，无论你以什么方式接受这些告诫，因为我想你首先有权利从我得到这样的告诫。如果我的这封信能使你找到或者树立信心，既能远离我已经指出来的此人书里的那些堕落而错谬的观点，又能保守公教信仰，那我实在要大大感谢主，在他的怜悯里信任一个人是最有益的。

| 第 三 卷 |

致维克提乌·维克多

奥古斯丁向维克提乌指出，如果他希望成为一个公教信徒，应该在他论灵魂起源的书里作出哪些修正。在前几卷写给莱那图和彼得的书里已经予以驳斥的那些观点，奥古斯丁在这写给维克多本人的第三卷里又作了简单扼要的批评，并且把错误归纳为十一类。

第一章 ［Ⅰ］——奥古斯丁的写作目的。

至于我为何认为应当写信给你，我至爱的孩子维克多，你心里可以有很多想法，但我希望你首先要有这样的意识，如果我的话听起来是在轻看你，那绝不是出于我的本意。同时，我必须恳请你不可滥用我们的俯就态度，甚至仅仅因为我没有轻看你，就以为你得到了我的赞同。因为我对你表示爱，不是为了跟随你，乃是意在纠正你；并且我绝不认为你没有改正的可能性，所以我希望你不要因为我无法对我所爱的人表示轻视而感到吃惊。既然在你还没有与我们联合之前，我就尽了我应尽的义务，即爱你，好叫你成为公教信徒，而今你既与我们联合了，我岂不是更应爱你，免得你成为新的异端，好叫你成为坚定的公教信徒，任何异端都无法与你抗衡！从目前神所赐予你的丰厚天资来看，毫无疑问，你会成为一个有智慧的人，只是以前你不相信自己已经是这样的人了，那就虔诚、谦卑、真挚地祈求神，唯有他能使人智慧，也叫你成为其中的一个，不至被错谬引上歧路，更不以那些走上歧路的人的谄媚为荣。

第二章［Ⅱ］——维克多为什么要使用维克提乌这个名字。
　　　　　　　　　恶人的名应当永远不为别人使用。

使我对你有所担心的第一件事就是出现在你书里与你名字一起的那个头衔，向那些认识你并且很可能与你观点一致的人询问，维克提乌·维克多是谁，得知你原来是个多纳图派信徒，或者毋宁说罗格派信徒，但后来入了大公教会。我很高兴，就像人看到别人脱离错误体系得以康复就会由衷地感到高兴一样；就你来说，我的喜乐就更大，因为我看到你的能力——你的作品中所表现出的这种能力我极为赏识——没有始终与真理的仇敌一起落在后面。但是，你的朋友告诉我的另外一些信息又使我在喜乐之余深感忧虑，大意是说你仍然深深爱戴罗格的继承者，取了这个名字的人，把他看为伟大而圣洁的人，正因为如此，所以你希望他的名字成为你的别号。更有甚者，一些人还告诉我，你夸口说，他以某种异象向你显现出来，支持你写出那些书，讨论我已经在我的这本小书里与你讨论过的话题，甚至说把你要写的各个具体题目和观点亲自口授与你。果真如此，我就不再奇怪你竟能够说出那些话来了，但只要你愿意耐心地听从我的告诫，并以公教信徒应有的注意思考掂量那些书，你必会为提出这样的论述而感到遗憾。使徒曾说："连同撒旦也作光明的天使"①，他就是这样，在你面前变成你曾信以为或者至今仍然信以为的光明天使。这样说来，事实上，如果他不是变作光明天使，而是变作异端分子，就不大可能蒙骗公教信徒。如今你既是一个公教信徒，却仍被他所蒙骗，我为此深感不安。得知你学到了真理，他必备感痛苦，

---

　　① 《哥林多后书》11：14。

他以前怎样因说服你相信了错谬而高兴，如今便怎样因得知你转向了真理而痛苦。然而，为使你克制对一个死人的爱——因为这样的爱既对你自己无用，也与对方无益——我劝你想一想这样一个问题：他肯定不是一个公义而圣洁的人，因为你正是因为多纳图派或罗格派的异端邪说才离开他们的罗网的；但如果你认为他是公义而圣洁的，那么你与公教信徒的联合就是自我毁灭。实在地说，如果你在心灵上与你所爱的那个人保持一致，那么你作为一个公教信徒就只是假装的；这样，你要知道《圣经》论到这个问题时有多可怕："训导人的圣灵必离弃诡诈的人。"① 然而，如果你是真诚地与我们联合，而不是假装成一个公教信徒，那你如何又仍然爱一个你不再允许自己坚持他的错误的死人至此，甚至以他的名字为荣？我们真的不喜欢你用这样的一个别名，似乎你就是一个死去的异端的纪念碑。我们也不喜欢你的书上有这样的头衔，如果我们在他的坟墓上看到，就要说这是一个错误的标志。我们相信维克提乌不是征服者"维克多"（Victor），而是被征服者"维克图"（Victus）。但愿它卓有成效，我们甚至希望你被真理所征服！当你为这些书定名时，你的想法非常聪明而灵巧，你希望我们相信它们是你在他的默示下，以维克提乌·维克多的名义写下来的；也就是指出不是你而是他想要用维克多的称呼来命名，因为他才是错误的征服者，而你只是把你所写的内容显明出来。但是我的孩子，这一切与你何益呢？我恳请你做一个真正的公教信徒，而不是一个假装的公教信徒，免得圣灵离你而去，并且维克提乌不可能对你有任何好处，最邪恶的错误之灵已经化入他里面，目的就是要蒙骗你；因为所有这些邪恶观点都是从它那儿来的，尽管巧妙的欺骗使你走向了反面。如果这告诫能使你以敬畏神的人应有的谦卑和公教信徒应有的温和柔顺来改正这些错误，那么它们必被认为是一个热血沸腾的年轻人所犯的错误，但他渴望改正，而不是固守

---

① 《所罗门智训》1∶5。

它们。但如果他对你的影响压倒一切，使你顽固地坚持为这些观点抗争——这是神所禁止的——那么这样的情形必然要把它们以及它们的作者谴责为异端，这是教会的教牧和治疗本性所要求的，要防患于未然，趁可怕的污染还没有悄悄地扩散到毫无提防的民众——它以爱的名义但没有爱的本质，忽视了有益的改正——之前就抑制住。

第三章 ［Ⅲ］——他列举了希望在维克提乌·维克多的
　　　　　　　　　书里被纠正的错误。第一种错误。

如果你问我具体有哪些错误，你可以看看我写给我们的弟兄，即神的仆人莱那图和长老彼得的信，其中后者就是你认为必须给他写我们正在讨论的这些作品的人，如你所宣称的："遵从他自己的愿望和要求。"我很肯定，只要你愿意，他们必会把我写的文章借给你阅读，甚至你没有提出索要，他们也会提醒你注意。尽管如此，我也不会放过现在这个机会告诉你我希望你的这些作品以及你的信念应该作哪些修正。第一，你必会说，"灵魂并非是神从虚无中造的，而是从他自己本身造的"。①这里，你没有想到由此得出的结论是什么，若是这样，灵魂必属于神性的一部分；当然你知道得很清楚，这样的观点是多么不敬神。要避免这样的不敬，你就应当说，神是灵魂的主，是他所造的，但不是从他造的。因为凡从他而来的（比如他的独生子），就是与他本身的性质自我同一的。然而，灵魂不可能与造它的主同一本性，它是造主所造的，但不是从造主来的。那么，请你告诉我，它是从哪里来的，或者承认它出于虚无。你所说的"它是出于神性的气息的某种粒子"是什么意思？是不是说那出于神性的气息，就是该粒子所属的气息，不同于神的自我同一的本性？如果你指的是这个意思，那么神是从虚无造出那气息，就

---

① 见本书第一卷第四章；第二卷第五章。

是你说灵魂是它的一分子的气息。如果不是从虚无造的，那么请告诉我神是从哪里造的？如果他从自身造，那么就要推出，他自身就是他所造的作品的材料（我们绝不可这样断言）。但你又接着说："然而，当他从自身造出气息时，他始终保持完整的整体不变"，似乎一根蜡烛从另一根蜡烛采了光，后者的光并没有保持不变，保持同样的本性，而是变成了另外的东西。

第四章　[Ⅳ]——维克多用比喻表明神用气息创造但没有分走自己的本质。

你说："当我们给袋子充气时，我们并没有把自己的本性或属性也充入袋子里，但充到袋子里使袋子鼓起来的气是从我们嘴里发出去的，而丝毫没有减损我们自身。"你还把这些话进行扩展和强调，用比喻反复教导，使我们明白神如何从自身造出灵魂而对其本性毫发未损，虽然他是从自己造的灵魂，它又为何不是他本身的所是。你反问："充到袋子里的气是我们自己灵魂的一部分吗？我们在给袋子充气时创造了人类吗？当我们把气息吹入别的东西时有否遭受什么损害？当我们把自己的气息转给他物时，我们没有遭受任何损害，我们也不记得给袋子充气给自己带来了什么损失，尽管气吹出去了，但我们的气息仍然保持完全的质和完备的量。"无论这个比喻在你看来是多么高雅和适宜，请你想想它如何大大地引你误入了歧途。你断言无形体的神吹出有形体的灵魂——不是从虚无，而是从他自身——但我们自己吹出的气息是有形体的，尽管比我们的身体要更精致；我们也不是从灵魂里吹出来的，而是通过我们身体结构的内在作用从空气中吹出来的。我们的肺就像一对折式风箱，由灵魂来鼓动（身体的其他肢体也都是在它的命令下运动的），以便呼吸空气。神除了给我们固体和液体的食物之外，还把这第三种生活必需品即呼吸的空气围绕四周；这养料作用极大，我们可以不吃不喝，只要有空气，还可以活一段时间，但若没有这第三种养料，我们一刻也无法生存；空气围绕在我们四周，使我们能够呼吸。正如我们吃喝的养料不仅吸收到身体里，还必须通过特定的通道排泄出去，防止产生伤害（防止不吸收或者不排泄）；同样，这第三种气态养料（不允许滞留在我们里面，因而不会因拖延而败坏，而是一吸进就呼出）提供给我们，不是进去是一个通道，出来是另一个通道，而是进出全是一样的通道，或用嘴，或用鼻孔，或是两者并用。

第五章——检查维克多的比喻：人是 藉呼吸从虚无给气吗？

现在请你自己证明我所说的话，因为你自己的例子最能使你满意。请呼出气，然后看看你能否长时间地坚持不换气；现在吸气，然后看看不吐气有多难受。就拿给袋子充气来说，如你所描述的，其实我们所做的与维持呼吸是一样的道理，只不过充气时我们的吸气多少要深一点，以便吹出更大的气息，从而把空气压入袋子，使其充满、膨胀，这是要用力吹的气息，而不是我们平时的那种温和的呼吸。那么你为何说："当我们把自己的气息转给他物时，我们没有遭受任何损害，我们也不记得给袋子充气给自己带来了什么损失，尽管气吹出去了，但我们的气息仍然保持完全的质和完备的量？"我的孩子，这是很简单的道理，当你给袋子充气时，你并没有仔细留意自己的行为。因为你呼出气，然后马上就换气吸回来，所以你没有感到有什么失去的。你可以非常容易地得知这一切，只要你愿意这么做，而不是顽梗地坚持自己的说法，不为别的，只是因为是你提出的——不是给袋子充气，使其膨胀，而是用你空洞而浮夸的胡言乱语把你自己充满，把你的听众充满（你原本应当用真实的道理来启发他们、教导他们的）。就目前的情形来说，我用不着派你到别的老师那里，你自己完全可以这样做。请你用力吹一口气到袋子里，然后一直闭上嘴，紧紧蒙上鼻孔，这样你就可以发现我对你说的真理了。当你开始感受到这样做所产生的难以忍受的不适时，你希望张开嘴巴、放开鼻孔，恢复什么呢？如果你的命题是对的，即你无论什么时候吹气都没有失去任何东西，那么可以肯定，这时你也没有什么可恢复的。如果吸气并没有恢复你向外吹出去的东西，那你看你会陷入怎样的困境。同样，要是没有吸气所引起的恢复和反应，吹气该产生多大的损失和伤害。如果你给袋子充气时所吹出的气没有通过重新打开呼吸道发挥它滋养你的功能把气吸回来，那么我真不知道你会成为什么样子——我不是说给另一个袋子充气，而是说如何保证你的生存？

第六章——按真理改造的比喻。

你在写作的时候就应该想到这一切，不该用你所钟爱的比喻即充了气和可以充气的袋子来描述神如何从已经存在的另一种本质吹出灵魂来，正如我们从围绕我们的空气吹出气息一样；或者不该用一种实在是既偏离你的比喻，又极为不敬的方式描述神，说他造了某种可变的东西，是从他自己的本质造的，但与他本身毫无减损；或者更可恶的是，说他就是自己所造的作品的材料。如果我们要从我们的呼吸作比喻，恰当地说明这个题目，以下的说法才比较可信：我们呼吸的时候，所呼的气息不是出于我们自己的本性，因为我们不是万能的，而是出于我们周围的空气，我们呼吸时都要吸进、排出空气；并且所说的气息既不是活的，也没有感知觉，但我们自己既是活生生的，又有感知觉。神却能够——不是从自己的本性，而是从根本不存在的东西，也就是说从虚无（因为他是万能的，想要造什么就能造什么）——吹出既有生命又有感知觉的气息，这气息显然是可变的，尽管他自己是不变的。

第七章 [V] ——维克多显然也给人受造的气息。

你还认为这比喻之外，还应加上圣以利沙（Elisha）的例子，因为他把气息吹在死者身上，使其复活①，你这样做是什么意思呢？你是真的认为以利沙的气息成了孩子的灵魂？我不敢相信你偏离真理竟到了这样的程度。假若那被从活生生的孩子身上拿走使其死亡的灵魂后来又回到了他身上，使他复活，那么我就要问，你又说"对以利沙没有丝毫减损"，似乎可以设想有什么东西从先知身上转移到孩子身上使其复活，但这话有什么相关性呢？如果你的意思只是说先知吹出气息但仍然保持完全，那么你说以利沙吹气使孩子复活，又完全适当地说任何人无论吹什么气息都不可能使任何人复活，这有什么必要呢？然后你还极为不明智地说，（虽然神禁止你相信以利沙的气息成为复活孩子的灵魂！）你的意思是想使神首先做的事与这位先知所做的事区分开来，因为神吹气一次就成，而后者吹了三次。你的话是这样说的："以利沙像最初神创造那样把气息吹在书念（Shunammite）死去的孩子脸上。先知的气息就像一种神圣的力量激活了孩子的肢体，使它们恢复原有的元气，同时，虽然以利沙吹出去的气息使死者恢复了自己的魂和灵，但对以利沙没有产生任何减损。唯一的不同在于，主吹气在人脸上是一次而就，人就活了，而以利沙在死者脸上吹了三口气，他才复活。"从你的话来看，似乎吹气的数量就是全部分别，若此，我们怎么就应该相信先知的行为不同于神的行为呢？因而，这话必须全面修正。事实上，神的工作与以利沙的做法是完全不同的，前者吹出生命之气，使人成了活的灵魂，而后者吹出的气息本身既没有感知觉，也不包含生命，只是具有某种比喻含义。先知其实并没有真的赐给孩子生命，使他复活，而是给他

---

① 《列王纪下》4：34。

爱，成全神的工①。至于你所宣称的他吹了三口气，可能是你的记忆出了错，这是常有的事，也可能是对文本的翻译出了错，使你误入歧途。我何须引申开来呢？你不应当寻求例子和论据来巩固你的观点，而是要修正改变你的观点。如果你希望成为一个公教信徒，我恳请你不要相信，也不要说，更不要教导"神造人的灵魂不是从虚无造，而是从他自己的本质造"的话。因为总有一天神不再给予灵魂，但他自己并不因此停止存在。你的术语"永远给予"可以理解为"不停地给予"，前提是人类还在繁衍生息，正如经上论到某些人时说他们"常常学习，终究不能明白真道"。② 这里的"常常（或永远）"不是指"永远不停止学习"，因为一旦他们的身体不再存在，或者开始遭受地狱火烧的痛苦，就只能停止学习了。然而，当你说"永远给予"时，你绝不允许在这个意义上理解你的话，因为你认为它必须指无限的时间。就是这一点还是小问题；因为你似乎被要求更加清楚地解释你的"永远给予"，所以接着说："正如给予者本身是永恒存在的一样。"这一断言是正当的公教信仰绝对谴责的。我们绝不会相信神永远给予灵魂，就像他本身一样永恒存在。他作为他自身永恒存在，是说他永远不会不存在；然而，灵魂，他并不是永远给予的，当生育的世代过去了，他必不再给予灵魂，生儿育女之事没有了，也不再给予灵魂了。

第八章［Ⅶ］——他的第三个错误（见本书 第二卷十一章［Ⅶ]）。

同样，如果你想成为一名公教信徒，我也恳请你不可相信、言说或教导"灵魂就该因肉身丧失某种东西，尽管它在进入肉身之前原有善工"

---

① 在原文里我们看到另一个例子，奥古斯丁常常戏谑说："不是给他灵魂，而是给他爱"，或者"不是使他复活，而是给他爱"。

② 《提摩太后书》3：7。

这样的话。因为使徒说了，"孩子还没有生下来，善恶还没作出来"。① 他们的灵魂在与肉身联合之前既还没有做任何善工，怎么可能有什么功绩呢？你既然根本不可能向我们证明它在进入肉身之前就已经存在，又怎敢说它曾过着良善的生活？你怎能说："你必不允许灵魂从罪恶的肉身感染健康；并且你可以看到在适当的时候，它为了改善自己的状况，藉那曾使它失去功绩的肉身获得这种神圣状态？"也许你不知道这些观点，即认为人的灵魂在进入肉身之前就有良善状态和良善功绩，早已受到大公教会的谴责，不仅对一些古代异端如此，这里我没有提到他们，较近的比如普里西利安主义者（Priscillianist）也同样如此。

第十章——他的第四个错误（见本书第一卷六章 [Ⅵ] 以及第二卷二章 [Ⅱ]）。

如果你要成为一个公教信徒，就不可相信、言说、教导"灵魂藉身体恢复其原有的状态，并藉它原本该受其玷污的肉身得到重生"。我确想强调指出你在下一句里所表现出的奇怪的自相矛盾，你说："灵魂藉肉身应该能恢复它原初的状态——这种状态似乎就是因为肉身而渐渐失去的——由此藉它原本该受其玷污的肉身开始重生。"你前面刚刚说过灵魂藉肉身恢复原状，也正是这肉身使它失去了原有的功绩（这只能理解为"善功"，你必藉着洗礼在肉身里恢复这种善功），这里却转了一百八十度的弯，说灵魂该受肉身的玷污（也就是说，这里的功绩只能是指"恶功"，而不可能是善功）。多么明显不过的自相矛盾！不过，我可以忽视它，只想指出，相信灵魂在进入肉身之前就有善恶这是绝对的非公教的观念。

---

① 《罗马书》9：11。

第十一章 ［Ⅷ］——他的第五个错误（见本书第一卷
八章 ［Ⅷ］ 以及第二卷
十二章 ［Ⅷ］）。

如果你想要成为公教信徒，不可相信、言说、教导"灵魂犯罪前就该成为恶的"。无疑，该成为有罪的，这是一种极坏的惩罚。它在未犯任何罪之前当然不可能招致如此糟糕的惩罚，尤其是还未进入肉身之前，因为那时它不可能有任何作为，无论是善还是恶。既如此，你怎能说："灵魂原本不可能有罪，即使该成为有罪的，也没有滞留在罪里，因为如基督所预示的，它必不是要成为一种罪恶状态，甚至不可能成为这样的状态？"想一想你究竟说了什么，不可再说这样的话了。灵魂为何该成为有罪的，它又如何不能成为有罪的？请你告诉我，那从来不曾犯过罪的怎么就该成为有罪的了？我再请教一下，那原本不能成为有罪的怎么又成了有罪的了？或者你说你的"原本不能"是暗指无法脱离肉身，若那样，灵魂怎么就该成为有罪的，又因为什么行为被送入肉身（它在还没有与肉身联合之前原是不可能成为有罪的），从而什么恶都是完全应得的？

第十二章 ［Ⅸ］——他的第六个错误（见本书第一卷
十至十二章 ［Ⅸ，Ⅹ］，第二卷
十三、十四章 ［Ⅸ，Ⅹ］）。

如果你想成为公教信徒，不可相信、言说、教导"未受洗就死去的婴儿仍然可得原罪之赦免"。因为误导你的例子——即十字架上的盗贼认信主的例子，或者圣培帕图亚的兄弟狄诺克拉底的例子——对你维护这种错误观点毫无帮助。就盗贼来说，虽然按神的论断可算为那些藉殉道得洁净的人中间的一个，但你不能断定他是否未受过洗。先不说他紧挨着主被吊在十字架上的时候，完全有可能得到从主的肋旁流出来的血和水①喷洒，因而得到了最神圣的洗礼，就说他在监狱里的时候，有没有可能受洗呢？有些人在逼迫时代不就是能够悄悄受洗的吗？或者假设他在进监狱之前就受了洗呢？果真如此，他就会从神那里得到罪之赦免，但这种赦免不会保护他不受公共律法的审判，甚至该判死刑。假设他虽然受了洗，但违了法，犯了罪，受到盗贼的刑罚，然而由于他除了洗礼之外还有悔改，于是他受洗之后所犯的罪也得了赦免，那又怎样呢？在主看来，他的信心和虔诚清楚地在他心里，在我们看来则清楚地体现在他的话里。事实上，如果我们概括说，凡没有受洗记载离世的人就是未受洗死的，那么我们就是在诽谤众使徒，因为除了使徒保罗②，他们是在何时受的洗，我们一概不知。然而，如果我们认为主对圣彼得所说的条件"凡洗过澡的人，只要把脚一洗，全身就干净了"③看作是他们真的受了洗的一个证据，那么对于其他人，我们连这么一点证据也没有看到的那些人——巴拿巴（Barnabas）、提摩太、提多、西拉（Silas）、腓利门、传福音的马可（Mark）、路加（Luke），以及数不胜数的人，神绝不允许我们对这些人的洗礼有任何疑惑，尽管我们没有看到有任何记载——该怎么认为呢？就狄诺克拉底来说，他只是个七岁大的孩子，因为孩子们要到一定年龄受洗，这样在通常的考查中就能背诵信条，回答问题，我不知道为什么就不可以认为他是在受洗之后被他不信神的父亲召来敬拜异教，亵渎神圣，并因为这样的原因被定罪受苦，在他姐姐的代求下得以免除这些痛苦。就他本人来说，你从来没有读到记载说他不是一个基督徒，或者说他死时是个慕道友。但就此而言，神圣正典里并没有记载我们给他的解释，而在所有这类问题上，我们的证

① 《约翰福音》19：34。
② 《使徒行传》9：18。
③ 《约翰福音》13：10。

据都应该来源于神圣正典。

第十三章［Ⅹ］——他的第七个错误（见本书
第二卷十三章［Ⅸ]）。

如果你想成为公教信徒，就不可相信、言说、教导"主已经预定他们受洗的人可以逃离他的预定，或者万能者所预定的事还没有在他们身上成全就死了"。这样的一种信条把无限的力量归于偶然性，对抗神的权能，由于这些偶然性的出现，神所预定的事件终于不得发生。对陷入这样的错误的人几乎没有必要浪费时间或者真诚的话语告诫他当心被卷入绝对混乱的旋涡，如果是对乐意接受纠正严重祸根的审慎的人，只要简单告诫就可以了，那我还能应付得了。你的话是这样说的："我们说，如果婴儿虽被预定要受洗礼，但由于此生的失败，还没来得及在基督里重生就匆匆离去了，那么这样的情形必须诉求于某种这样的方式。"真的是这样吗？原被预定得洗礼的人由于生命的失败还未来得及受洗就离世了？神作出预定或者出于预见知道什么事不会发生，或者出于无知不知道它不可能发生，从而挫败自己的目标，或者使自己的预见失效？你看在这个话题上有多么重大的话可说，但鉴于我不久前已经对此作过讨论，这里就只作这样简单粗略的告诫了。

第十四章——他的第八个错误（见本书
第二卷十三章［Ⅸ]）。

如果你想要做公教信徒，就不可相信、言说、教导"正是关于婴儿，就是还未在基督重生就死去的婴儿，我们看到经上写着，他被速速带走，免得邪恶腐蚀他的思想，虚妄蒙蔽他的灵魂。因而主急急地把他从恶人中间带走，因为他的灵魂为主所喜悦；他在短短几年之内便达到了完美的境界，这是其他人一辈子都无法达到的"。① 因为这段话与你所要使用的对象毫无关系，它讲的是那些受了洗并在虔诚生活中取得进步但没有在地上逗留很长时间的人，他们所得的完全，不是尽享天年，而是得到了天上智慧的恩典。然而，如果一个婴儿原本可以在洗礼之后才被"匆匆带走"，但终于未受洗就被"匆匆带走"了，其原因就是——"免得邪恶腐蚀他的思想，虚妄蒙蔽他的灵魂"，那么你的这个错误，即你以为这段经文是讲死前未受洗的婴儿的，就是对神圣水洗本身的难以容忍的侮辱。似乎我们应当相信，这种"邪恶"，这种"蒙蔽灵魂的虚妄"，以及如果不在此之前带走就会越变越坏，并存在于洗礼本身之中！简言之，因为他的灵魂使神喜悦，所以神急急地使他脱离邪恶；他甚至没有多停留一会儿，以便成全神原先的预定，宁愿违背神所预定的目标，急急离去，免得未受洗的孩子里面使神如此喜悦的东西因他的受洗而终结！似乎将死的婴儿会在洗礼中灭亡，我们应当抱着他跑到那里，以便救他脱离地狱。任何人只要对智慧书的这些话作适当的思考，就不可能相信它们是为未受洗而死的婴儿写的，也不会这么说，这么写，这么引用。

第十五章 ［XI］——他的第九个错误（见本书

第二卷十四章 ［X］）。

如果你想成为公教信徒，我请你绝不可相信、言说、教导"神的国外面有一些住处，主说这些住处在他父的家里"。因为主并没有如你所引证的那样说："有许多住处与我的父同在（apud Patrem meum）"，就算他这样说了，也几乎不可能认为这些住所除了"在他父的家里"之外，还有什么别的位置；主其实很直接地说："在我父的家里有许多

---

① 《所罗门智训》4：11。

住处。"① 谁会鲁莽到竟把神家里的某些部分与神的国分离开来呢？不然，地上的诸王显然不仅在他们自己的家里作王，不仅在自己的国里作王，还把得力量延伸到更远更广的地方，甚至跨越海洋，而造出天地的王却说他连自己的家都不能完全统治？

第十六章——神的统治无处不在，但"天国"
可能并非无处不是。

不过，你很可能会争辩说，万物都属于神的国，因为他在天上作王，在地上作王，在深渊作王，在乐园、阴司作王；（既然他的权能无处不在，是至高无上的，还有什么地方不是他的辖地呢？）没错，但天国是一回事——根据主自己正确的既定判决，唯有在水里洗礼得了重生的人才能进入这地方——而统治地上的国，或者统治受造世界的任何其他地方的国则是另一回事，在这国里可能会有神家里的一些住处；这些住处虽然与神的国有关，但不属于天国，天上的神的国具有一种特殊的美德和恩福；因此情形应该是这样的，虽然神的家里的任何部分、所有住所都不能粗鲁地与神的国分离，但并非所有的住所都在天上的国里预备好了；并且即使在那些不在天上的国里的住处，那些快乐生活的人，就算没有受过洗，神也愿意把这样的住处分给他们。毫无疑问，他们就是在神的国里，尽管（因为没有受过洗）不可能进入天国。

第十七章——神的国可以理解为什么。

说这话的人不怀疑自己说了很多，因为他们的观点只是对经文的

---

① 《约翰福音》14：2。

微不足道的并且不确切的看法；他们也不明白，当我们在祷告中说到"愿你的国降临"①，即神的国降临时，我们所用的"神的国"这个词是什么意思。在神的国里，神的全家都要与他一同快乐而永远地作王。就他拥有辖制万物的权能来说，他当然一直在作王。因而，当我们祷告说愿他的国降临时，我们所指的不就是使我们配与他一同作王的意思吗？当然，就是他们也必在他的权能之下，忍受永火的痛楚。那么，我们是否对这些不快乐的人预言说，他们也必进入神的国里面？显然，有幸得到神的国的恩赐和特权是一回事，而受到神的国之律法的限制和惩罚则是另一回事。然而，你可以找到非常明确的证据表明，不可将天上的国分出来给予受了洗的，把神的国的其他部分赐给未受洗的，相反，你似乎就是这样决定的，对此，我恳请你听听主自己的话；他并不是说："人若不是从水和圣灵生的，就不得进天国"，他说的乃是"不得进神的国"。在此之前他与尼哥底因（Nicodemus）讨论这个话题时是这样说的："我实实在在地告诉你，人若不重生，就不能见神的国。"请注意，这里他不是说"天国"，而是说"神的国"。尼哥底因就问："人已经老了，如何能重生呢？岂能再进母腹生出来吗？"主在回答这个问题时更加明白、不加掩饰地重复前面说过的话："我实实在在地告诉你：人若不是从水和圣灵生的，就不能进神的国。"②请注意，这里他同样没有说"天国"，而是说"神的国"。值得指出的是，他虽然第二次用了两个表述来解释它们（他先是说"人若不重生"，然后用更完全的话来解释说："人若不是从水和圣灵生的"；他还以同样的方式用更完全的话"不能进入"来解释"不能见"），但这里并没有作区分；他第一次说"神的国"，后来重复时还是说"神的国"。现在没有必要提出并讨论这样

---

① 《马太福音》6：10。

② 《约翰福音》3：3—5。

的问题：神的国和天国是否必须理解为不同意义上的所指，或者只是用两个不同的指称描述同一个东西。足以表明的一点是，人若不在水洗里重生，就不可能进入神的国。我想至此你应该认识到，从神的国里分出属于神家里的住处这是多么离谱的观点。至于你所认为的在主告诉我们多多地在他父家里的各种住处中必能看到一些未曾在水和圣灵里重生的人，对此，如果你允许，我要劝告你尽快改正，不可拖延，这样才可能保守公教信仰。

第十八章 ［Ⅻ］——他的第十个错误（见本书
第一卷十三章 ［Ⅺ］，第二卷
十五章 ［Ⅺ］）。

如果你想要成为公教信徒，我请你不可相信、言说、教导"基督徒的祭应当献给那些不曾受洗就去世了的人"。因为你没有表明犹太人的祭，就是你所引用的《马加比传》里的记载①，是代表未受割礼就离世的人献的。在你的这种新奇的观点——你提出这种观点是与整个教会的权威和教义相违背的——里，你使用了一种非常傲慢的表达方式。你说："我非常明确地决定，圣祭司必须代表他们不断地奉上祭品和焚香。"你作为一个平信徒，既没有向神的祭司请教，也没有向他们咨询（这是你最不可能做的），反而以你傲慢、武断的论断挡在他们的前面。我的孩子，务要放弃这样的自命不凡；要知道，傲慢的人不能行在道上，就是谦卑的主所教导的道，这道就是他自己②。具有这样傲慢品性的人，没有一个能通过他的窄门。

---

① 《马加比传下》12：43。
② 《约翰福音》14：6。

第十九章［XIX］——他的第十一个错误（见本书
第一卷十五章［XV］，
第二卷十六章［XVI]）。

再者，如果你想成为公教信徒，就不可相信、言说、教导"那些未得基督的洗礼就离世的人中，有些人没有同时进入天国，但进入了乐园；但后来在复活的时候，他们还是可得天国的恩福"。就算是佩拉纠异端也不敢给他们这个，尽管它也认为婴儿没有沾染原罪。然而，你，一个公教信徒，虽然承认他们生而有罪，但以某种无法理喻的不当提出新奇的观点，坚称他们得以赦免与生俱来的罪，并且没有经过救赎的洗礼，就得以进入天国。你似乎没有意识到，在这一点上你的观点比起佩拉纠来不知还低劣多少呢。因为他还畏惧于主的判决——不允许未受洗的人进入天国，所以不敢把婴儿送到那里去，只是相信他们是可以免除一切罪的；而你竟对经上的话"人若不是从水和圣灵生的，就不能进神的国"① 如此置若罔闻，以致（更不要说你草率地把乐园从神的国里分离出去的错误了）毫不犹豫地许诺某些人——你作为一个公教信徒，相信他们是生而有罪的——既可以赦免这罪，也可以得着天国，尽管他们死前并未受洗。似乎因为你反对佩拉纠建立了原罪论就可以成为真正的公教信徒，然而你既推翻主关于洗礼的教训，就表明了自己其实是反对主的一个新异端。就我们来说，亲爱的弟兄，我们不希望以这种方式来胜过异端分子：以一种错误胜过另一种错误，甚至更糟糕，以一种更大的错误胜过另一种错误。你说："如果有人不那么愿意相信乐园是作为一个暂时、临时的住所赐给盗贼或狄诺克拉底的灵魂（因为复活时还为他们留着天国的赏赐），但他可以相信我是由衷地同

_____

① 《约翰福音》3：5。

意这个观点的，只要他把神圣的怜悯和预知的目标和结果都加以扩大，尽管这观点违背最重要的经文——'人若不是从水和圣灵生的，就不能进神的国'①。"这是你的原话，这些话表明你同意人所说的乐园暂时给予一些未受洗的人，也就是说，到了复活之时有天上的国之赏赐为他们留存，尽管这与"重要段落"相反，因为后者规定，人若不是从水和圣灵重生，就不能进入神的国。佩拉纠尚且担心自己违背福音书里的这个"重要段落"，所以不相信未受洗的人（他仍然不认为这样的人是罪人）能进入天国；而你却相反，尽管承认婴儿有原罪，却不管他们未受水洗赦免他们的罪，暂时送他们进入乐园，随后甚至还让他们进入天国。

第二十章［ⅪⅤ］——奥古斯丁要求维克多改正自己的错误（见本书第二卷二十二章［ⅩⅥ]）。

如果你怀揣的是公教信徒的心，我恳请你改正这些错误，以及只要比较认真从容地阅读就可能在你的书里发现的任何其他错误。换言之，如果你自己所说的话是十分真诚地说的：你说你不会自负地认为你所说的一切都能够得到充分的证明；如果你的观点被证明是荒谬的，你就不会固守于它，这是你始终不变的目标；如果你自己的论断受到指责，接受并追求更好、更真的观点，那就给你无上的喜乐。既如此，我亲爱的弟兄，就请你表明你所说的这些话不是蒙人的，好叫大公教会因你的才能和品性而喜悦，因为你不仅拥有天赋，还有谨慎、虔诚和谦逊，而不是叫嚷着固守这些错误，从而显示出异端的疯狂。另外，你还有一个机会表明你在紧接着我刚刚提到的那些令人满意的话之后的那一段里所表

---

① 《约翰福音》3:5。

达的情感是多么真诚。你说："使自己欣然转向更真的观点，这是任何最高目的、值得赞美的目标的标志；所以拒绝速速地回到理性正道就是一种堕落而顽梗的论断。"那好，就请你显明你自己就是深受这种高级目的、可称赞目标影响的，并欣然把你的心转向更真的观点；不要拒绝速速回到理性的正道上，使自己的论断显得堕落而顽梗。如果你的话是非常真诚地说出来的，如果它们不只是口头上说说的，而是你心里真实地感受到的，那么你就必然憎恶一切妨碍你完成自我纠正这个大善之举的东西。实在地说，要不是你加上"速速"一词，你所谓的拒不回到理性的正道就是堕落而顽梗的论断，并不是什么十分了不起的事，但加上这个修饰语，你就向我们表明了人若不完成这种改正是多么可恶，因为即使是完成了改正但动作拖延的人在你看来也该受到如此严厉的指责，甚至可以恰当说他的心是堕落而顽梗的。因而，请听从你自己的告诫，大大利用你丰富的口才资源，速速回到理性的正道上；因为你还处在不稳定的年龄阶段，还不够谨慎，缺乏学识，可能偏离理性之道，所以你返回的速度要大于偏离的速度。

第二十一章——奥古斯丁赞美维克多的天赋和勤勉。

要全面提出、讨论我希望你在你的书里，或者毋宁说在你自己身上得到改正的东西，并且对每一点改正都向你说明原因，哪怕是简单地说明，那需要花费太多的时间。无论如何，你不必因为这些东西就妄自菲薄，以致认为你的能力和表达水平是被人看轻的。我看你在书里回忆了不少的经文，但你这方面的学识与你的天赋以及你所付出的努力不成比例。因此，我希望一方面你不可太自负，另一方面，也不可因屈服、失望而变得冷漠、不在乎。我只希望能与你一起阅读你的作品，以交谈的方式而不是写信的方式指出哪些需要改正。我们若能面对面交流，而不是通过书信往来，这件事就更容易得到落实。如果整个话题都必须用书写形式来讨论，就可能需要很多卷书才能完成。所以我把那些主要的错误——我希望把它们大致分成几大类——先向你指出，引起你的注意，好使你毫无耽搁地改正，并从你的传讲和信念中彻底摒弃。这样，你就可以藉着神的恩典，把你所拥有的争辩上的大才用到教化、建树，而不是伤害、破坏美好而健全的教义上。

第二十二章 ［XV］——概括地复述维克多的错误。

我已经尽我所能解释了这些错误具体是指哪些。现在我要简单地复述一下这些错误。第一个是"神不是从虚无而是从他自身造的灵魂"。第二个，"正如给予灵魂的神是永恒存在的，照样，神也无限地给予灵魂"。第三个，"灵魂因肉身丧失了某种事工，就是它在未成肉身之前曾有的"。第四个，"灵魂藉肉身恢复原状，并通过原就该受其玷污的肉身得重生"。第五个，"灵魂在未犯罪之前就该成为有罪的"。第六个，"未受洗就死去的婴儿仍然可以得原罪之赦免"。第七个"主预定要受洗的人可以脱离这样的预定，或者在未成全万能者所预定的事之前就死了"。第八个，"经上所说的'速速将他带走，免得邪恶腐蚀了他的思想'（其余部分大意与智慧书的段落相同）说的正是还未在基督里重生就死去的婴儿"。第九个，"主所说的他父家里的那些住处，有些是在神的国之外的"。第十个，"基督徒的祭应当献给那些死去前未曾受洗的人"。第十一个，"那些未曾接受基督的洗礼的人中，有一些并非一死就进入天国，而是先进入乐园，后来到了复活的时候，他们就能得着天国的恩福"。

第二十三章——顽梗产生异端分子。

既然这十一个命题明显与公教信仰完全相悖，你就不可再有犹豫，务要速速从你的心里、话里、笔端剔除出去，这样我们才可能不仅为你来到我们公教的祭坛而喜乐，还为你成为真正的名副其实的公教信徒而喜乐。如果你的这些信条一个一个都顽固地坚持，那么有多少个观点，就可能产生多少种异端邪说。即使它们是由不同的人分别持有的，每个人持有的每个观点都是可咒诅的，何况它们全都集中在同一个人身上，请你想一想，这有多么可怕。只要你能停止叫喊着为它们辩护，不仅如此，还能用真诚的话和作品来反击它们，那么你必得到称颂，你自己批评自己比对别人提出正确批评更值得称颂；你改正自己的错误比你从未犯有错误更值得敬佩。但愿主显现在你心里、灵里，藉他的圣灵把诚心的谦卑、真理的光辉、爱的甜美和平安的虔诚浇灌在你的灵魂里，好叫你宁愿成为你自己的真理之灵的征服者，而不愿成为别的以其错误来否定它的人的征服者。但我绝不希望你以为，由于持有这些观点你就远离了公教信仰，当然它们毫无疑问是与公教信仰相反的；只要你能在神的面前——他的眼睛永远正确地审视着每个人的心灵——回顾你真实而真诚地说出来的话，你说过，你不会自负至以为自己所提出的观点都是能够得到充分证明的；如果你的观点显然是荒谬的，你不会固守不放，这是你始终不变的目标；如果你的论断受到指责，你真的非常乐意去接受并追求更好更真的思想。要知道，这样的一种勇气——即使由于疏忽表现出一种非公教的形式——本身是公教的，因为它预先就想好了以改正为目标，欣然接受改正。讲到这里我必须结束这一卷的论述了，好让读者休息一会儿，恢复注意力听下一卷要讨论的问题。

| 第四卷 |

致维克提乌·维克多

他①首先表明，他在灵魂的起源问题上的犹豫是无可指责的，把他比作牲口是错误的，因为他不想在这个问题上得出任何草率的结论。然后，论到他自己果断的论断，即灵魂是灵，不是体，他指出维克多驳斥这一论断是多么粗俗，尤其是他徒劳地想要证明灵魂本质上是有形体的，人里面的灵与魂是不同的。

第一章 [Ⅰ] ——本卷的个人特点。

在我接下来的这卷书里，我必须请求你听听我想要对你说的关于我自己的话——尽我所能；或者毋宁说尽主所赋予我的能力，因为我们自己和我们的话语都在他的掌管之中。你基于几种原因指责我，甚至直接提到我的名字。在你书的一开头，你就提到自己完全了解你自己笨口拙舌，缺知少识；当你提到我时，用"极博学"、"极敏捷"这样的词来恭维我。然而，在那些你似乎显得极为熟悉，而我承认自己一无所知，或者不失体面地允许我说有一些了解的问题上，你一个年轻人，还是一个平信徒，毫不犹豫地指责我，一个老人和主教，按你的判断还是极博

---

① 指奥古斯丁。——中译者注

学、极敏捷的人。就我自己来说，我不知道我有什么大的学问和技巧，不仅如此，我非常清楚自己根本没有这样杰出的品质；而且我也很清楚，这样的事是完全可能的，即可能出现这样的情况，一个愚拙而无知的人刚好知道的东西，一个有学问有技巧的人却全然不知；在这一方面我十分佩服你，你选择个人的关心，而不是对真理的爱——如果你不明白真理，无论如何你就想当然。你这样做无疑是冒失鲁莽的，因为你以为自己知道其实你一无所知的东西，并且毫无自制，因为你对人毫不尊重，心里想到什么都一览无余地公布出去。因而你该知道我们要有多大的挂心去使主的羊摆脱错误，因为无论牧人在羊身上看到了什么样的过错，羊躲避牧人都显然是不当的。你指责我的事确实是该得到公正的批评，我不可能否认，无论是我的行为，还是我的作品，必有许多地方会受到谨慎而不冒失的优秀法官的指责。如果你选择其中一些来指责，我很可能就可以因此而向你表明我多么愿意你明智而公正地指责那些细节；而且，我还会有机会（作为长者对年轻人，权威人士对必须服从的人）把你树为改正的榜样，这与其说是我的谦卑，还不如说对我们双方都有利。然而，关于你实际上指责我的那些观点，与其说是谦卑迫使我改正，还不如说是真理驱使我对之部分承认，部分辩护。

第二章 [Ⅱ] ——维克多认为奥古斯丁
应受指责的观点。

这些观点就是：第一，我不敢对那些已经给予或者正在给予第一人以来的人类灵魂的起源问题作出明确的论断——因为我承认自己在这个问题上很无知；第二，因为我说我相信灵魂是灵，而不是体。在这第二点上，你还包括了两点指责的理由：其一，因为我拒不相信灵魂是有形体的；其二，因为我断定它是灵。因为在你，灵魂显然是体，而不是灵。因而我必须请求你注意我自己对你的指责的辩驳，请你珍惜我的自辩所提供给你的机会，知道要求你改正的你自己身上的东西是什么。我们来回顾一下你书里第一次提到我的名字的那些话。你说："我知道有许多极有声望的人，向他们请教时总是保持沉默，或者不明确地承认什么，刚开始解释就止步，不给任何东西以明确的界定。我在你家里读到过一个名叫奥古斯丁的十分博学的人、极为著名的主教的杂七杂八的作品，其中的内容就具有这样的特点。我想，事实上，他们以过分的自制和漠然考察这个问题的奥秘，内心里已经耗尽了对他们自己作品的判断能力，在这个问题上不得不承认没有能力作出任何定论。然而，我向你保证，在我看来，极端荒谬、不可思议的是，一个人竟会对自己完全陌生，或者一个被认为对万物都了解的人会认为自己不认识他的自我。如果人不知道怎样讨论、断定自己的性质和本质，那他与禽兽何异呢？对这样的人完全可以用经上的话来描述：'人虽居尊贵中却不明事理，如同畜类，可以与之相提并论。'[1] 当良善而仁慈的神以理性和智慧造出万物，并把人造为一种富有理性和情感，能够理解的理性动物，——因为神藉他谨慎的安排使一切不具有理性能力的造物各居其位——既然如此，怎说神没有给他简单的自我认识的能力，还有比这种说法更自相矛盾的吗？这个世界的智慧始终旨在努力获得关于真理的知识；但它的探索无疑达不到目标，因为它无法知道可以通过什么动力去确定地把握真理；然而灵魂的本性里有一些东西是靠近（我甚至可以说类似于）它所努力认识的真理的。在这些条件下，有宗教原则的人若还不能对这个话题形成明智的观点，或者不让自己获得任何观点，那是多么不当甚至可耻的事情！"

---

[1] 《诗篇》49：12。和合本《圣经》译为："但人居尊贵中不能长久，如同死亡的畜类一样。"——中译者注

第三章——我们对身体的本性知道多少？

你对我们的无知所给予的这种极其清晰而富于雄辩的批判使你必须严格地知道与人的本性相关的一切可能之事，万一你不幸对哪一点不知道，那就必须（请记住这不是我而是你所设定的必须）把你比作"畜类"。当你引用经文"人虽居尊贵却不明事理"时显然意在专门指责我们，因为我们（不像你）在教会里占有尊贵的位置；但你在本性上也占据尊贵的位置，不愿与畜类相提并论。根据你自己的判断，如果你刚好对显然与你的本性相关的问题不知道，就得与畜类相提并论。你不只是指责那些与我一样被这种无知所困扰的人，也就是说，对人的灵魂的起源问题的困惑（尽管我在这个问题上其实并不是全然不知，因为我至少知道神向第一人脸上吹口气，"他就成了有灵的人"①，——然而，若不是从经上读到这个真理，我不可能靠自己知道它），还用这样的话来反问："人若不知道怎样讨论、断定他自己的品质和本性，那与没有理性的野兽有什么分别呢？"你似乎抱有非常明确的观点，从而认为人应该能够非常清楚地讨论并断定关于他自己的整个品质和本性的全部事实，没有任何与他有关的东西在他视线之外。倘若事实果真如此，那么请你精确地告诉我你的头发有几根，如果不能，我就必须把你比作"畜类"了。如果无论我们可能在此生进展到多远，你允许我们对与我们本性相关的各种事实不知道，那么我想知道你的让步究竟到什么程度，免得万一包括我们现在所提出的这个问题，即我们绝不可能知道我们灵魂的起源，但我们毫无疑问地知道——一件属于信心的事——灵魂是来自于神的恩赐，并且它与神自身的本性是不同的。此外，你是否认为每个人对自己的本

---

① 《创世记》2：7。

性的无知必须与你对它的无知程度完全一样呢？同样，是否每个人对这个问题的认识也必须与你所能获得的知识完全相等？倘若他非常不幸地比你的无知多了那么一点点，你就要把他比作畜类；依据同样的原则，如果有人在这个问题上比你聪明一点点，他就会高兴地以其人之道还治其人之身，把你也比作前述的畜类。因而我必须请求你告诉我，你允许我们对自己的本性无知到什么程度，好救我们远离可怕的畜类；此外我还恳请你充分思考，知道自己在这个问题上全然无知的人是否比认为自己知道事实上并不知道的东西的人更远离畜类。人的整个本性当然就是灵、魂和体，所以，凡使身体疏远人的本性的人都是不明智的。然而，那些医学人士，就是被称为解剖学家的人，已经通过解剖程序对人体作了细致入微地考察，甚至对活人，以便使人能够在检查者手上保留生命；他们的研究渗透到肢体、血脉、神经、骨头、肌腱、内脏，都是为了找到身体的本质。但是这些人没有一个曾想过因为我们对他们的课题一无所知就要把我们比作畜类。当然你也许会说，被比作没有理性的野兽的，是那些对灵魂的本性无知，而不是对身体无知的人。那么你一开始就不应当这样说，你的话不是"人若不知道灵魂的本性和品质，那与畜类何异"，你所说的是"人若不知道怎样讨论并决断自己的本性和品质"等等。当然我们的品质和本性必须与身体一同考虑，但同时对构成我们的几个元素的考察是分开各自进行的。实在地，就我自己来说，若要说明科学而理智地讨论人的本性的整个领域为何是我力所不能及的，恐怕要写好几卷，更不要说有多少题目是我必须承认自己一无所知的。

第四章 ［Ⅲ］——气息的问题是关乎灵魂，还是身体，还是别的什么？

按你的论断，我们在前一卷里所讨论的人的气息是属于什么呢？属于灵魂的本性，因为是灵魂作用于人里面的气息；或者属于身体的本性，因为身体受灵魂驱动发出气息；或者属于空气，通过它的交替运动可以看到它对气息产生了影响；或者属于三者，也就是说，既属于灵魂，因为它推动身体，也属于身体，因为它的活动就是吸气和呼气，还属于周围的空气，进来就上升，离去就下降。是这样吗？显然，尽管你很有学问，也很有口才，但对这一切都一无所知，因为你思考、讲说、写作，并且在大庭广众之下发表你的观点说，我们给袋子充的气是出于我们自己的本性，但是我们的本性毫无损伤，尽管你可以非常容易地断定我们是怎样完成这一过程的，不是通过长篇累牍的人写的或者默示的作品来检查，而是在你愿意的任何时候简单地观察一下你自己的生理行为就可以知道的。既然如此，叫我怎么相信你能教导我关于灵魂起源的问题——这个问题我承认自己确实非常无知——因为你实际上对自己用鼻子和嘴巴不间断地在做什么以及为什么要这样做的问题都茫然不知？但愿主使你听从我的劝告，接受而不是拒斥如此明显，并且就在你手边的真理。当你的肺以全部真理回答你的询问——不是用言语和争吵，而是用气息和呼吸回答时，也愿你不要去向它们质问关于袋子充气的问题，甚至宁愿与我相反的给它们充气，而不是默默接受它们的教导。若这样，我倒愿意耐心忍受你纠正、批评我在灵魂起源上的无知；不仅如此，如果你除了指责我之外，还能用真理来使我信服，我甚至要衷心地感谢你。你若能把我所不知道的真理教给我，我义不容辞地万般忍耐你对我的任何攻击，不仅愿意忍受言语上的攻击，即使你伸手过来打我，也绝不躲避。

第五章［Ⅳ］——唯有神能教导灵魂是从哪里来的。

关于我们之间的问题，我向你承认，如果能够，我非常希望知道两件事中的一件——或者关于灵魂的起源，对此我真的茫然不知，或者获得这种知识是否属于我们此生力所能及的事。如果我们的争论触及把我们联系起来的问题的核心，那会怎样呢？"切莫探索那些高深莫测的事物，也不可调查那些你理解不了的东西。唯有主已经吩咐你、教导你的事，你要专注地思考。"① 这就是我想要知道的，无论是从神本身，他知道自己所造的一切，或者从某个极为博学的、知道自己在说什么的人那里都行，但绝不是从一个连自己必不可少的气息都不知道的人那里得知。并非每个人都能想起自己的童年时代；你是否认为一个人没有神的教导就能够知道他是从哪里开始存在于母亲的肚腹里的——尤其是如果关于人性的知识完全向他隐藏，使他不仅不知道他里面的东西，也不知道从无中加给他的本性的东西？我最亲爱的弟兄，你或者别的什么人，如果对生命为何要由食物来维持，离开了生活必需品，哪怕一会儿就必然死亡都不知道，那能否教导我人出生时是从哪里获得灵魂的？或者你或者别的什么人，对袋子被充气之后为何变得膨胀这样的问题仍然无从知道，那是否还能教导我人是从哪里获得各自的灵魂的？因为你对灵魂从哪里起源的问题并不知道，所以就我来说，我唯一的希望就是让我知道，我是否能够在我的有生之年获得这种知识。如果这是对我们来说太过高深的知识，神禁止我们探索、寻求，那么我们就有足够的理由敬畏，免得犯罪，不是由于对它无知，而是由于不自量力地追求。因为我们不应当认为，属于高深莫测之事的问题必是相对于神性来说的，而不是相对于我们自己的本性而言的。

第六章 [Ⅴ]——关于身体本性的问题非常奥秘，但还没有关于灵魂本性的问题高深。

有这样的一句话，说在神所造的作品中有一些甚至比神本身还难以

---

① 《便西拉智训》3∶21—22。

认识——因为神还可以成为我们的认识对象，对此你会怎么认为？因为我们已经知道神是个三位一体；但是直到今天我们也不知道神究竟造了多少种动物，若不是你非常幸运，甚至不能确定可以进入诺亚方舟的陆上动物①有多少。再说，智慧书里有话写着："如果他们具有足以推测宇宙自然现象的知识，那他们为什么从未发现万物之主呢？"② 是因为我们面对的问题是在我们"里面"，——因为必须认为，我们灵魂的本性比起我们身体的本性是更为内在的东西——因而对我们来说不算太高深？似乎灵魂没有能力藉自己的方式探索内在的东西，也同样没有能力藉肉眼从外面探索身体自身。身体里面有哪个地方是没有灵魂存在的？然而就算是我们身架的这些内在的有生命的部分，灵魂也用肉眼作了检查和探索；它已经了解了的一切都是它藉肉眼得到的；毫无疑问，一切物质实体在灵魂还不知道它的时候就已经存在了。既然我们内在的部分没有灵魂就不可能生存，那么灵魂给予它们生命的能力大于知道它们的能力。那么灵魂的身体是比灵魂自身更高的认识对象吗？因而如果它想要探求思考人的种子何时化入血液，何时进入肉身；骨头何时开始变硬，何时充满骨髓；有多少种血管和神经；前者通过什么渠道什么路线浇灌全身，后者又怎样联结全身；皮肤是否算作神经，牙齿是否属于骨头——牙齿与骨头显然有些不同，因为它们没有骨髓；指甲与它们两者有什么区别，相同之处在于都是硬的；另一方面指甲与头发具有共性，就是都能生长，又能剪去；再者，那些里面有空气而不是血液循环的血管，就是被称为动脉的血管有什么用③——我再说一遍，如果灵魂想要知道这些以及它的身体本性方面的诸如此类的事，是否应该对人说：

---

① 《创世记》7：8—9。

② 《所罗门智训》13：9。

③ 以前，由于发现人死后这些从心脏传送血液的器官是空的，所以就认为它们只容纳空气，因而，它们的名字或者动脉原本是指风箱。比较 Cereo（De Nat. Deor《论神性》ii. 55, 138）："Sanguis per venas in ornne corpus diffunditur, et spiritus per arterias." 即：血液通过血管，通过空气和动脉充满全身。

"切莫探索那些高深莫测的事物，也不可调查那些你理解不了的东西？"然而，如果所求的是灵魂自己的起源，它一无所知的题目，难道就真的不那么高深，不是人所理解不了的东西吗？你认为灵魂不知道它是由神吹入气息形成的，还是从父母那里来的，这是荒唐可笑的，是与理性不一致的，尽管这种事件一旦过去就记不起来，属于忘记了不可能再回忆起来的事，就像婴儿时期，以及其他出生后不久所经历的生命阶段，经历了但没有感知觉相伴随。但灵魂不知道从属于它的身体，对于与它有关的不属于过去之事，而是当下的事实一无所知，你却不认为是荒唐的或不合理的，比如它是否把血管设置为运动的，以便使身体有生命，把神经设置为运动的，以便通过四肢运作；既如此，它为何只在自己特殊意志下才推动神经，而没有任何意愿时也使脉搏不停地跳动；从身体的哪一部分——他们称之为"egemonikon"（灵魂的权威部分，理性）执行它的普遍原则，是从心还是从脑，或者各有分配，运动是来自于心，感知觉是来自于脑，或者感知觉和自主运动出于脑，而脉搏的不自主跳动则出于心；再者，如果这两者都出于脑，为何它没有意愿时还有感知觉，而推动肢体却必然有意愿？既然唯有灵魂本身在身体里成就这一切，它又为何不知道自己所做的事？它能这样做的能力从哪里来？它如此无知却毫不可耻。那么你是认为它不知道它自身是从哪里怎样被造出来的——因为可以肯定它不是自己造出来的——就是丢脸的事？事实上，没有人知道灵魂是如何或者从何影响它在身体里的各种活动的，你是否因而认为这也属于那些经上所说的"高深莫测，我们不能理解"的事物？

第七章 ［Ⅵ］——我们常常需要更多地知道什么
　　　　　　　是与我们关系最密切的，而不是
　　　　　　　什么是远离我们的。

我必须从我们所讨论的话题中引出一个更广泛的问题。为什么只有极少的人知道人类所为为何？也许你会告诉我说，因为他们已经学过解剖学或者实验学，两者都包括在医生的教育中，这种教育极少有人能获得，其他人则拒绝去搜寻这种信息，当然如果愿意，他们也是可能得到这类信息的。这里，我不是说这样的意思：为何许多人想要获得这种信息却不能，因为他们智力迟钝，难以从别人学习他们自己所做的并且在他们自身里面所做的事（然而这是一件极为奇怪的事）。我要提出的是一个十分重要的问题，为什么我不必获得知识，知道天上有太阳、月亮和其他星辰，而必须借助于一定知识知道在动手指头的时候，这种动作是从哪里开始的——是从心，还是从脑，或者两者都不是其源头。我为什么不请教一位老师，了解如此深奥为我力所不能及的问题，而非要等着别人去了解我所做的并且在我自身里面所做的动作是从哪里来的？虽然我们说在心里想，虽然别人不知道，我们却知道自己在想什么，但我们不知道我们思考的心究竟位于身体的哪一部位，这需要别人来教导我们，而这人并不知道我们在想什么。我当然知道，当经上教导我们要全心爱神时，指的不是位于我们肋骨之下的那部分肉身，而是指产生我们思想的力量。这样称呼它是适当的，因为正如运动并没有在心脏那儿停止——脉搏的跳动从心脏传递到全身，同样，在思考过程中，我们也并不停留在这个行为本身上，而不再进一步沉思了。但尽管每一种感知觉都是藉灵魂传给身体的，我们为何能通过被称为"触觉"的感觉计数我们外在的肢体，就算在黑暗中并且闭上眼睛也成，但对位于灵魂最核心之处的内在官能——那里有把生命和活力分配给各个部分的力量——却一无所知？我想，这是一个任何医学界人士，无论是经验主义者，解剖主义者，教条主义者，或是方法医学派医生①，或者任何活着的人所茫然不知的。

---

① 这些医学派别的名称可以在第九版（*Encyclopedia Britannica*）《大不列颠百科全书》，Vol. XV. 看到解释，尤其见 p. 802。

第八章——我们对自己的受造没有记忆。

无论谁试图探测这样的知识，都可以适当地把我们前面引用的话对他说："切莫探索那些高深莫测的事物，也不可调查那些你理解不了的东西。"这不只是一个高度问题，超出了我们的能力范围，而且是一个我们的智力不可能企及的高度，我们的思维能力无法对付的力量。然而，我们所不能理解的不是诸天之天，不是星辰的尺度，不是海洋陆地的疆域，也不是最下面的阴司，而是我们自己；正是我们自身，太高深太强大，超出了我们自己可怜的知识范围；我们当然没有发疯，但我们所无法拥有的正是我们自身。但并不能仅仅因为我们没有完全发现我们自己究竟是谁，就把我们比作畜类；然而你认为，既然我们忘记了自己原来的样子，尽管我们曾经是知道的，就该作如此可耻的比喻。我的灵魂不是现在来自于我的父母，不是现在正接受神的气息。不论神是使用哪种过程，他都是在造我的时候使用的；而不是现在正在用于我，或者用在我里面。这事已经过去了，一去不复返，它不是现在的事，不是最近发生于我的事。我甚至不知道我是否原本知道只是后来忘记了，抑或就是在事情发生的当时，也无法感受，无从知晓。

第九章　[Ⅶ]——通过一个名叫辛普里丘（Simplicius）的人的杰出记忆来说明我们对自己的无知。

请注意，尽管我们现在存在着，活着，尽管我们知道自己活着，尽管我们确定自己拥有记忆力、理解力和意志力，但谁敢夸口自己对我们自己的本性有了很大的认识——我的意思是说，请注意我们对自己的记忆力、理解力、意志力对我们有什么益处这一点真的可以说完全不知。有一个名叫辛普里丘的人，年轻时就是我的朋友，他具有准确而惊人的记忆力。有一次我请他告诉我维吉尔（Virgil）的一部书的最后几行，他毫不犹豫就说了出来，并且准确无误。我又问他前几句是什么，他照样一字不差地背了出来。我真的相信他能够把维吉尔的书倒背如流。事实上我试探了一下他能否做得到，他就真的做到了。同样，对于他曾记在心里的西塞罗（Cicero）的演讲词，也能按我们的要求表演出同样的技艺，倒背如流，我们要他背到哪里，他就背到哪里。看到我们如此吃惊不已，他指着神作见证说，在这样的试验之前他根本就不知道自己有这种能力。因而，就记忆来说，他当时心里只知道它的能力，若没有测试和实验，这样的发现任何时候都不可能。而且，他当然还是测试能力之前的那个人，这样说来，他原先对自己岂不是全然不知吗？

　　　　第十章——记忆的精确性；难以探索的记忆宝库；
　　　　　　　　谁也不能完全明白一个人的理解力。

　　我们常常以为自己能记住一件事，因为这样想，所以就没有把它写下来。但后来，当我们想要想起它来时，却想不起来了；于是我们感到遗憾，因为我们原以为它会贮存在记忆里的，没有写下来保证它不逃走；这样后悔着的时候，就在我们放弃找它的时候，突然就想起了它。那么能否由此推出，当我们这样想的时候，我们就不是自己？当我们不再能够想它的时候，就不再是我们原来的自己？我怎么会不知道我们是怎样抽离自己，怎样否定自己的？同样，我怎么会不知道我们是怎样恢复自己、回归自己的？似乎在我们寻找但没有发现贮存在我们记忆库里的东西时，我们是另外的人，存在于另外的地方；我们自己无法回归自己，似乎我们被安置在另外的地方；但后来又回来了，找到我们自己。我们的问题是从哪里提出来的，不就是从我们自己吗？我们所寻求的是什么吗，不就是我们自己的自我吗？似乎我们实际上并不在我们自己的家里，而是去了另外的某处。你有没有看到，甚至警觉到如此深奥的奥秘？也请注意我们所寻求的比我们所理解的要多得多。如果给我一个问题，我常常相信只要我去思考它就能够明白它。好了，我进行了思考，却不能够解决问题；而许多时候当我没有这样的自信时，却往往能够解决问题。这样看来，我自己的理解能力也并不是真的是我了如指掌的；我想，这对于你也是一样的。

第十一章——使徒彼得说他预备为主舍弃自己的生命，只是不知道主的旨意，他并没有说谎。

我承认这一切，你也许会因此而轻看我，最终把我比作"畜类"。然而，我不会停止劝告你，或者（如果你拒不听从我）尽一切努力警告你，要承认这种人所共同的缺点，美德是在这种缺陷中得以完全的；免得因为把不知道的事情当作知道的，从而无法获得真理。我想，就是你也会有什么事想要明白却不能，你若不是指望有一天会研究成功，就永不会去对这样的事求个明白。因而你对自己的理解力也是茫然无知的，尽管你宣称对自己的本性无所不知，拒不像我一样承认自己的无知。此外还有意志；我们卖弄地声称自己拥有自由选择的权利，对此我该说些什么呢？圣使徒彼得确实愿意为主献上自己的生命。他的诚意毫无疑问，他发誓时对主也没有任何不忠，但是他的意志对自己的能力全然不知。因而这位伟大的使徒，曾发现他的主就是神子的人，不认识自己。所以，我们完全能够意识到我们自己希望一件事，或者"不希望"一件事；但尽管我们的意愿是美好的，我亲爱的孩子，除非我们自我欺骗，否则只能说，我们对它的力量，它的资源，它可能屈从于什么样的诱惑或者可能拒斥什么，都不知道。

第十二章［Ⅷ］——使徒保罗能够知道第三重天和乐园，
但不知道他是否在身内还是身外。

可见，关于我们的本性有多少事——不是过去的事，而是现在的事，不仅是与身体相关的事，而且与我们里面的人相关的事——都是我们所不知道的，谁也不会因此把我们比作没有理性的野兽。但是你却认为对我就该有这样的一比，因为我对我的灵魂当初是怎样产生之事没有完全的知识——尽管对此我还不是完全无知，至少我还知道它是神赐给我的，但它不是出于神自身。只是我什么时候能列举与我们的灵和魂的本质相关但我们不认识的一切具体事物？无论如何，我们当在神面前说出《诗篇》作者所发出的惊叹："这样的知识奇妙，是我不能测的；至高，是我不能及的。"① 这里他为什么要加上"是我"这个词？不就是因为他想既然他连自己本身都无法理解，神的知识岂不更是他所不能领会的吗？使徒被提到第三层天上去，听见隐秘的言语，是人不可说的；至于这事发生时他在身内，还是在身外，他说自己实在不知道②；显然他可不怕你把他比作畜类。他的灵知道自己在第三层天上，在乐园里，但不知道自己是否在身内。第三层天和乐园当然不是使徒保罗本人，但他的身体和灵魂是他自己的。请看，这是多么奇怪的事实：他知道高深而神圣的东西——那不是他自身；但与他自己的本性相属的东西他却不知道。对这样奥秘的事具有丰富知识的人，谁都会忍不住对他对自己的存在的这种大无知而惊异不已。简言之，如果没有权威曾告诉我们说"我们本不晓得当怎样祷告"，谁会相信这种事的可能性呢？那么我们应当把努力和目标主要放在哪里——去"努力朝向面前的事？"尽

①　《诗篇》139：6。
②　《哥林多后书》12：4。

管你也听过该使徒所说的话："忘记背后，努力面前的，向着标杆直跑，要得神在基督耶稣里从上面召我来得的奖赏"①，但我若忘记了背后那些与我自己的起源相关的事，你就要把我比作畜类了。

第十三章［Ⅸ］——在什么意义上说圣灵为我们代求。

你也许会因为我说"我们不知道当怎样祷告"，也认为我是荒唐可笑的，与没有理性的野兽无异？也许这还不是难以忍受的。因为按公正合理的判断之要求，我们喜欢的是将来，而不是过去；既然我们的祷告必然不是指向我们的曾是，而是指向我们的将是，那么不知道我们该祷告什么岂不是要比不知道我们的起源方式更为有害。然而请回忆一下我所复述的话是谁说的，或者请再读一遍，想想这话是出自何处；不要尽对我指责攻击，免得你扔过来的石头落到你不希望落到的人头上。因为这话正是外邦人的伟大导师使徒保罗亲口所说的："我们本不晓得当怎样祷告。"② 他不仅用言语这样教导，还用自己的例子来说明这样的教训。他曾经出于无知，祈求主"叫加在肉体上的这根刺离开他"，他说，这刺之所以要加在他身上是"恐怕他因得的启示甚大，就过于自高"③，这样的祷告是与他得救的益处和提升不一致的。然而主深爱他，所以没有满足他的祈求。但是当使徒说"我们原不晓得当怎样祷告"时，接着又说："只是圣灵亲自用说不出的叹息替我们祷告。鉴察人心的，晓得圣灵的意思，因为圣灵照着神的旨意替圣徒祈求。"④ 也就是说，他为圣徒代求。这里的他当然就是圣灵，就是"神差其进入我们

---

① 《腓立比书》3：13—14。
② 《罗马书》8：26。
③ 《哥林多后书》12：7—8。
④ 《罗马书》8：26—27。

的心，呼叫：'阿爸，父！'"的灵，"因此我们呼叫：'阿爸，父！'"①
使徒用了两个表述，既说我们领受了"呼叫'阿爸，父'的灵"，也说
因此"我们呼叫'阿爸，父'"。② 他的目的就是用这两个不同的陈述
来解释他是在什么意义上使用"呼叫"这个词的：他的意思是指"引
起呼叫"，也就是说是我们因他的例子和触动而呼叫。因而，在他高兴
的时候，请他也告诉我这一点，如果他知道这对我有应急之用，好让我
知道我的灵魂是从哪里起源的。但我希望教导我的是洞察神的深奥之事
的圣灵，而不是对充给袋子的气都一无所知的某个人。当然我绝不会因
为你在这一点上的无知就把你比作畜类的，因为这不是出于难以治愈的
无能，而是出于纯粹的粗心大意。

第十四章［Ⅹ］——知道肉身要复活并得永恒要比知道
　　　　　　　　有科学知识的人就肉体的本性所能
　　　　　　　　教导我们的知识更为美好。

虽然触及到灵魂起源的问题无疑比讨论我们呼吸的气息从哪里来的
问题要"高深"，你却相信你在《圣经》之外所学的知识"更高
深"，——而我们因信所得的知识都是从《圣经》来的——比如人心
无法追溯的东西。当然，知道肉身将来要复活，并且要永活，这可比科
学家通过仔细的实验所能发现的任何东西都美好得多，灵魂不是靠任何
外在的感官认识的，但它的存在激活了它所不认识的一切事物。同样，
知道在基督里得了重生和更新的灵魂要永远享福，这比通过记忆力、理
解力、意志力发现我们所不知道的一切事更为美好。而这些事，就是我
所认为的更美好更良善的事，我们若不相信受圣灵启示而作的《圣经》

———————————

① 《加拉太书》4：6。
② 《罗马书》8：15。

为它们作见证，就绝不可能发现。你也许认为你对这些经卷是完全相信的，所以你毫不犹豫地根据它们构建出关于灵魂起源的一个定论。若如此，首先，果真如你所设想的，那你就当绝不会把人通过讨论和询问得知的关于自己本质和性质的知识归于人性本身，而是归于神的恩赐。你问："如果人连这个也不知道，那与畜类何异呢？"如果我们应该根据我们与畜类有分别这一事实而知道了这一点，那么又何须为知道它而去阅读什么书籍呢？正如你向我念什么东西不是为了教导我我是活的（我自己的本性不可能使我不知道这样的事实），同样，如果是本性让我知道我们所讨论的这个问题，你又何必用大段大段的经文使我相信关于这个问题的观点呢？岂不是唯有那些与畜类不同的人才能读它们吗？我们难道不是生来就与没有理性的野兽相区别的吗？不是即便在还不知道如何阅读之前就是这样的吗？恳请你告诉我你为何就我们本性的损害提出如此高的赔偿要求，甚至就是由于它与畜类不同它就已经知道怎样讨论、探求灵魂的起源了；同时你使它在这方面如此不内行，以至凭人的天资而不相信神圣见证就不可能知道这一点。

第十五章［XI］——我们不可能比所写的更聪明。

同样，你在这个问题上是错误的，因为你选来解决你的这个问题的《圣经》的段落并没有证明你的观点。它们所要证明的是另外的事，没有它我们真的不可能走向虔诚的生活，即，我们有神作我们灵魂的给予者、创造者和形成者。但是他是怎样做的，是通过吹气，一个一个创造，还是让它们从父母那里继承过来，这些经文都没有论及——唯一的例外就是他所赐给的第一人的灵魂。请认真阅读我写给神的仆人、我们的弟兄莱那图的信①；因为我已经在那里向他详尽地指明了，所以这里没有必要

①　见本书第一卷十七章［XIV］及以下。

重复我的证明。但是你希望我像你一样在理论上要有明确的定论，从而把我推入你自己所陷于的这些困境。因为陷入这些困境，你就说了许多违背公教信仰的大胆的话；然而，你若能真诚而谦卑地反观思考一下，就必然会明白，如果你只知道如何在你的无知上保持自然和一致，你的轮廓就已经构画出来了；也会明白如果你能保持这种得体，这种好处仍然向你开放。既然理解力使你如此喜欢人性（一点没错，如果我们的本性没有它，那么就我们的灵魂来说，我们就会与无理性的野兽无异），我恳请你要明白你所不明白的事情是什么，免得你什么都不明白；不可看轻那些明白自己不明白的是什么的人，这样的人才可能达到真正的明白①。然而，关于启示的《诗篇》："但人居尊贵却不明白；他可以比作没有理性的畜类，与它们无异"②，要研读并理解这些话，这样你就会宁愿以谦卑的灵保护自己，免得被人伤害，而不是傲慢地把它扔向别人。这段话是指那些只认为住在肉身里的生活才是值得活的生活——没有死后的盼望——的人就像"畜类"一样；它并不是指那些从不否认自己对真正知道的东西的认识，也常常承认对他们真正不知道的东西的无知的人；事实上，这样的人是知道自己的弱点，有自知之明的，而不是对自己的力量过于自信。

第十六章——无知比错误好。对永生的预定，对永死的预定。

我的孩子，不要让老年人的胆怯得罪你年轻人的自信。就我来说，说实在的，如果我表明不能胜任理解我们现在所讨论的灵魂起源问题这个任务，无论是在神的教导下，还是在某个属灵教师的教导下，那我更要维护神公义的旨意，这样，我们宁愿保持在这一问题上的无知，如在许多其他

---

① 这种为起到修辞效果而重复某一个词的方法是我们作者的一个特点（也是在他之前的使徒保罗的特点）。

② 《诗篇》49∶12—13。

问题上那样，而不是草率地对极为晦涩、我既不可能使别人理解、也不能使自己明白的问题，或者在显然有助于某些异端分子的目标的问题上妄下断言。这些异端分子总是企图说服我们相信婴儿的灵魂是全然无罪的，其原因竟然就是这样的罪只能报应它的主，即神，因为神把无辜的灵魂派给罪恶的肉身，强迫它们（他借助于它们预先知道没有预备重生的水洗）成为有罪的，却没有为它们准备能防止他们招致永劫的洗礼之恩典。毫无疑问，事实是这样的，数不胜数的婴儿灵魂在未受洗之前就离开了肉身。神禁止我去徒劳地淡化这一严酷的事实，说你所说的话："灵魂该受到肉身的玷污，成为有罪的，但它原本是无罪的，因此可以恰当地说它招致了这种应得的惩罚。"又说："就算没有洗礼，原罪也可得赦免。"还说："就是天上的国，最终也要给予那些不曾受洗的人。"如果我不担心说出这些以及类似的可恶的话违背信仰，我就很可能也不担心在这个话题上发表一些明确的论断。然而，我不独自讨论、断言灵魂这个我所不了解的话题，而只是坚持使徒最直接教导我们的话，这岂不是要更好吗？使徒说过，因一人的过犯，凡从亚当生的都被定了罪，但只要在他们的身体死之前在基督里重生，一如他所命定的那样，他就预定要给他们永生，对于他们来说，他是最仁慈的恩典给予者；而对那些他预定要得永死的人，他也是最公义的惩罚给予者，不仅因为他们因放纵自己的意志所犯的罪，也因为他们与生俱来的原罪，即使如婴儿那样，自己没有犯任何罪，也要因某种原因受到惩罚。这就是我在这个问题上的明确观点，好叫神隐蔽的事保守自己的奥秘，没有损害我自己的信仰。

第十七章　[ⅩⅡ] ——关于灵魂要讨论的两重性问题；
　　　　　　　　　　　它是"体"吗？它是"灵"吗？
　　　　　　　　　　　什么是体。

既然主恩准我，我就必须回答你的另一个断言，在你论到灵魂时，你又提到我的名字，说："我们不会像这位才华出众、学识渊博的奥古斯丁主教那样，让它成为无形体的，并且是一个灵。"① 因此，我们首先要讨论这样的问题，灵魂是否被认为是无形体的，如我所说的；或者如你所主张的是有形体的。其次，我们的《圣经》里是否把它称为灵——但不是整个，而是它自己独立的部分也可以恰当地称为灵。好了，在此之前我想要知道你是如何定义"体"的。如果不是由血肉之肢体构成的东西就不是"体"，那么地不可能是体，天空不是，石头不是，水不是，星辰不是，所有诸如此类的都不是。然而，如果"体"就是由部分构成——部分可以有大有小，占据或大或小的空间位置，那么我刚刚提到的所有这些东西都是体；空气是体，可见的光是体，当使徒说"有天上的形体，也有地上的形体"时，他所指的一切事物都是体。

第十八章——第一个问题，灵魂是否有形体；
气息和风不过就是空气的运动。

灵魂是否就是这样的一种实体，这是一个极为微妙、十分棘手的问题。你诚然果断——为你的这份果断我要大大祝贺你——地说，神不是形体；但你又令我有几分担忧地说："如果灵魂没有形体，就会（如有些人所喜欢认为的）成为空洞的虚无，成为空气一样的无用实体。"从这些话来看，你似乎相信，凡没有形体的东西就是一种空洞的实体。果真如此，你怎么敢说神是没有形体的呢？难道不怕得出结论说神是一种空洞的实体？然而，既然神没有形体，如你刚刚承认的；如果说神是空洞的实体是渎神的，那么并非没有形体的东西都是空洞的实体。因而，一个人若说灵魂是无形体的，并不必然意指它的

---

① 这里的回答似乎使人想到诸如《帖撒罗尼迦前书》5∶23 的经文（见以下第十九章和三十六章），意思似乎是说，有时候整个里面的人被称为灵，有时候灵与魂相区别。

实体是空洞而虚妄的，因为他承认神——神当然不是空洞的存在——同时也是无形体的。但要注意我的真实观点与你所设想的我所说的话之间是迥异的。我并没有说灵魂是一种像空气一样的实体；我若是这样说的，那我就是承认它是一种形体。因为空气是一种形体，凡明白自己在说什么的人，无论何时，只要论到形体的实质，都是这样说的。但是你因为我称灵魂是无形体的就想当然地认为我不仅断言它是空洞的，而且作为这样的论断的结果，认为它是"一种空气一样的实体"。然而我必然说过，它是没有形体的，而空气有形体，也说过充满空气的东西是不可能空的。你自己关于袋子的比喻竟没有使你想到这一点。给袋子充气时，压入里面的不就是空气吗？因而它们远非是空洞的，反而因为膨胀变得非常沉重。但也许气息在你看来是一种不同于空气的东西，其实你的气息不过就是空气的运动，这可以从摇动扇子看出来。关于空的器皿，就是你可能认为是空的器皿，你把它们口子朝下垂直放入水中，由此可确定它们其实是满的，而不是空的。你看到没有一点水能进入器皿里面，因为它们里面充满了空气。如果以相反的方式，把它们口朝上或者斜着放入水中，空气就从口子跑出来，水就从口子灌入里面。当然用实验演示比用语言描述更能说明这个道理。但这里我们就不再纠缠这个话题了。无论你关于空气的性质怎样看待，认为它是有形体的，抑或无形体的，你都不应想当然地以为我说了灵魂是一种像空气一样的东西的话；我说的是灵魂是完全无形的。你也承认神是这样的，而不敢把他描述成一种空洞的实体，不得不承认他的实体是不变的，且全能的。既然我们承认神是无形体的，同时否认他是一种空洞的虚无，那么我们为什么害怕一旦承认灵魂是无形体的，就会把它看成是一种空洞的虚无呢？造出一种无形体的灵魂是无形体之存在的能力所及的，正如永生的神造出活生生的人一样；尽管神并没有把他不变和全能的属性传给可变的低级得多的受造物。

第十九章 ［ⅩⅢ］——灵魂是否是一个灵。

再说，你为何把灵魂说成是一个形体，却拒不认为它是一个灵，这一点我也不明白。因为如果认为它不是灵的原因是使徒把它与灵分开来称呼，说："愿你们的灵与魂与身子得蒙神的保守"①，那么同样可以据此说它也不是形体（身子），因为他也把魂与身子分开来称呼。如果你断定说，虽然魂与形体分开来称呼，但它们是一回事，那么你也应当承认魂与灵虽然分开来称呼，也应当视为同一个东西。说实在的，魂有更大的权利要求你把它看作灵，而不是体；因为你承认灵和魂是属于同一个实体的，但否认魂和体是同一个实体。既然魂的本性不同于体的本性，那你是根据什么原则把魂视为体；既然魂的本性等于灵的本性，你又缘何要说魂不是灵？反过来说，如果灵不是体，而魂是体，那么魂和灵就不是同一个实体。然而，你又认为它们两个（尽管相信它们是两样不同的东西）具有同一个实体。这样看来，如果魂是体，那么灵也是体；因为不可能在别的条件下可以认为它们具有完全相同的本性。根据你自己的原则，使徒的话"你们的灵、魂和身子"必须意指三种形体；然而，身子类似于肉身，是另一种本性；在这三种形体中——你可能会这样称呼它们——一个是不同的实体，另两个是相同的实体，人就是由这三者构成的一种东西和存在。但你虽然这样说，却不会承认具有同样实体的两者，即魂和灵统称为灵；而具有不同实体的另两者，你却认为它们可以统称为体。

_____

① 《帖撒罗尼迦前书》5：23。

第二十章 ［XIV］——形体没有领受神的像。

　　不过这一切我都一笔带过，免得我们之间的讨论降级为名称上而不是实质问题上的争论。接下来我们来看看里面的人究竟是魂，或者是灵，或者是两者。然而，我注意到，你在作品中已经表述了对这个问题的意见，把内在的人称为魂。论到这一点你是这样说的："因为实体是凝结的，是不可能领会的，但可以在因自己的本性力量和旋转而转动、聚积的身体里面产生另一种形体，从而开始出现一个内在的人，它因为成形时有一张有形的外皮包裹，所以它的外貌是照着外在的人的样子造的。"由此你得出以下的结论说："因而，神的气息造出了魂；是的，出于神的气息成了魂，一个形像，其自身的本性是实体的，有形的，就像它的身子，并与它的形像一致。"然后你进而论到灵，说"这个出于神的气息的魂若没有一种最内在理性和智性，就不可能存在，这种东西就是灵"。就我对你的表述的理解，你的意思是说内在的人就是魂，最内在的就是灵，似乎后者低于魂，如同魂低于体一样。情形如何是这样的呢：正如体接受另外一个体充满它自己的内腔，也就是魂（如你所认为的）；所以反过来，必须认为魂的内腔也是空的，这样就能接受第三个体，就是灵；因而整个人就是由三部分外在的、内在的和最内在的组成。请问，当你郑重声称说魂是有形体的时，是否意识到随之而来的是多大的荒谬吗？我恳请你告诉我，这两者中间哪一个在知识上渐渐更新，正如造他的主的形像[①]？是内在的人，还是最内在的人？说实在的，就我来说，我不知道使徒除了内在的人和外在的人之外，还知道在内在的人之内还有什么另一个人，即最内在的人。但你必须决定哪一个要按神的形像得到更新。里面的人既然已经得到了外面的人的形像，他

---

　　① 《歌罗西书》3∶10。

又如何接受神的形像？如果内在的人充满外在人的肢体，并且凝结在一起（这是你所用的的术语，似乎一个模制的像从由尘土变厚的软泥中浇铸出来），如果已经印在它上面，或者毋宁说出于身体的该形状必须保留在那里，它如何能按神的形像更新呢？它难道要有两种形像——来自于上面的神的形像，来自于下面的身体的形像——如钱币那样，"有头有尾？"① 你是否要说，魂受了体的像，而灵取了神的像？似乎前者与体毗邻，后者与神相近，因而事实上是最内在的人而不是内在的人照着神的形像更新。然而这样的托词是无济于事的。因为如果最内在的人完全充满魂的各个部位，就像魂里面的人充满身体的各个肢体；甚至它现在已经藉魂接受了体的形像，就像魂一样，那么只要前述的身体的形像仍然印在这上面，它就绝不可能再接受神的形像，除非像我刚刚引用的钱币的例子，上面是一种样式，下面是另一种样式。当你把灵魂当作形体性实体来考虑的时候，无论你愿意与否，你都会得出如此荒谬的结论。然而，连你自己也极为正确地承认，神不是形体。那么一个形体怎能接受他的形像？"弟兄们，我劝你们，不要效法这个世界，只要心意更新而变化"②；不可怀有"体贴肉体的，那就是死"。③

第二十一章 ［XV］——认知和形式属于灵魂也属于身体。

但你说："如果魂是无形的，那么财主在阴司所看到的是什么？他当然认识拉撒路（Lazarus）；但［不］知道亚伯拉罕。亚伯拉罕是久远之前的人，他从哪里得到关于他的知识？"我想，由此可知你认为一个人没有身体形式是不可能被认得和知道的。因而，要知道你自

---

① Caput et Navia，直译是头和船，钱币的一面有杰纳斯（Janus）的头，另一面是一艘船。

② 《罗马书》12：1-2。

③ 《罗马书》8：6。

己，我想你得常常站在镜子前面，免得忘了自己的形像，就无法认出自己来了。但我要问你，人了解谁不比了解自己多，谁的脸不比他自己的脸看得多？如果没有形体，知识就不可能增加（如你所说的），也就是说，如果唯有形体才能被认识，那么谁还能认识神呢？因为即便是你也肯定他是无形体的。然而，当基督徒在讨论这样宏大而困难的话题时，怎能对默示的话语如此漫不经心，以至于说出"如果灵魂是无形的，它必没有形式"这样的话来？你忘了在那话里你所念到的"道理的模范？"[1] 你是否也忘了经上论到基督耶稣，说他还未穿戴人性之前"本有神的形像？"[2] 既然你听到"神的形像"，而神你承认是无形体的，那么你怎能说"如果魂是无形体的，它必没有形式？"你这样说，似乎形像只可能存在于形体之中。

第二十二章——名称并不暗示形体。

你还说，"形式一旦没有分别，名称也就不再给予；也就是说，哪里没有人格的指称，哪里就没有名称的给予"。你的目的是要证明亚伯拉罕的灵魂是有形体的，因为他能够被称为"你亚伯拉罕"。我们已经说过，即便没有形体，也有形式。然而，如果你认为没有形体就没有名称，那我得恳请你数一数在以下经文里出现的名称："圣灵所结的果子，就是仁爱、喜乐、和平、忍耐、恩慈、良善、信实、温柔、节制"[3]，并且告诉我你是否不认识这些名称所指的东西，或者你是否能够辨别得出一些形体的轮廓来。比如，仅就仁爱来说，它的各部分是什么，它的形状、颜色怎样的？请你告诉我。如果你自己不是头脑空洞的人，你就不可能认为这些属性是空洞的东西。然后你又说："恳求其帮

---

① 《罗马书》6:17。

② 《腓立比书》2:6。

③ 《加拉太书》5:22—23。

助的人的外表和形像必然是有形体的。"请人们来听听你说的是什么话；谁也不可去恳请神的帮助，因为没有人可能在神那里看到什么有形体的东西。

第二十三章 ［XVI］——不可把比喻的话按字面解。

你说"简言之，这个寓言里的灵魂是有各个部位的，似乎它真的是一个形体"。你会认为，"通过眼睛可以明白整个头"，因为经上说"他抬起眼睛"。你还说，"舌头就意味着下巴，手指就意指手"，因为经上说："打发拉撒路来，用指头尖蘸点水，凉凉我的舌头。"① 但为了不至于自相矛盾地把有形体的属性归于神，你说，"这些词必须理解为无形体的功能和权势"，因为你极为正确地坚持认为，神是没有形体的。那么究竟为什么这些肢体的名称在神不是指形体，而在灵魂就是指形体？是否当这些词论到受造物时，就必须按字面意思理解，而指称神时就只能从比喻和象征意义上领会？那么你得给予我们真实的翅膀，因为造物主是不会说"但愿我能像鸽子一样展开翅膀"②，说这话的唯有人这种受造物。而且，如果因为寓言里的财主叫着说"凉凉我的舌头"，就认为他有真的舌头，那么是否可以因为经上写着说"生死在舌头的手里"③，就说我们的舌头——即使当我们还在肉身里的时候——拥有真实的手？我想，就是在你看来，罪既不是一种受造物，也不是一种形体，这是不证自明的，那么为何说它有脸？因为你岂没有听到《诗篇》作者说："因我罪过的脸，我的骨头也不安宁？"④

---

① 《路加福音》16：24。
② 奥古斯丁对《诗篇》139：9 的解释。
③ 《箴言》18：21。和合本《圣经》译为："生死在舌头的权下。"——中译者注
④ 《诗篇》38：3。和合本《圣经》译为："因我的罪过，我的骨头也不安宁。"——中译者注

第二十四章——亚伯拉罕的怀指什么意思。

至于你所认为的"所提到的亚伯拉罕的怀是有形的",以及你进一步指出的"由此意指他的整个身体",我得说你必会被人认为是（即使是在这样的话题上）在开玩笑，搞笑，而不是严肃认真的。因为你不可能愚蠢到认为一个人形体上的胸怀里可以接受如此多的灵魂；不仅如此，用你自己的话说，"拥有众天使像带拉撒路那样带到那里去的众多有功（meritorious）的身体"。除非你刚好认为唯有他的灵魂配在所说的怀里找到归宿。如果你不是在开玩笑，也不希望犯幼稚的错误，那么就必须明白"亚伯拉罕的怀"是指遥远而独立的和平安息之处，就是亚伯拉罕现在所在的地方；对亚伯拉罕所说的话①也不只是指他个人，而是指神命定他作多国之父②，立他为最初的首要的信心之榜样，叫人效法；甚至如神希望自己被称为"亚伯拉罕的神，以撒（Issac）的神，雅各的神"一样，尽管他乃是不可胜数之群的神。

第二十五章［XVII］——脱离身体的灵魂可以自认为有体的样式。

然而，你万不可以为我说这一切是要否认死人的灵魂就像一个睡着了的人一样，有可能在他比喻的身体里想或善或恶的念头。在梦里，当我们遭受什么艰难困苦时，我们当然还是我们自己；如果这种困境在我们醒着时没有消失，那么我们就经历极大的痛苦。但

---

① 《路加福音》16∶24。
② 《创世记》17∶5。

认为我们在梦里从这里跑到那里，或者从这里飞到那里的是真实的
身体，那是对这样的话题只有过漫不经心的思考的人才会有的想
法。事实上，主要正是由这些幻想的景象证明了灵魂是无形体的；
除非你决定把我们在梦中经常看到的东西（除了我们自身之外），
诸如天空、大地、海洋、太阳、月亮、星辰、河流、山脉、树木、
动物，都称为形体。尽管这些幻象非常像形体，但凡把它们看作形
体的，就是愚蠢到了不可思议的地步。那些显然具有神圣意义的现
象，不论是在梦中看到的，还是在出神状态看到的，也都具有这样
的性质。谁能找到或者描绘出它们的起源，或者构成它们的质料？
毫无疑问，这是属灵的，而不是属形体的。这些看起来像形体，但
实际上不是形体的事物，当人清醒时在他们的思想中形成，然后深
深留在他们的记忆里面，后来通过某种神奇而难以理喻的过程，它
们从这些神秘的深处钻出，在我们的回想中显现出来，呈现在我们
眼前，似乎是触手可及的。因而，如果灵魂是一个物质实体，就不
可能在它思想的范围里，在它记忆的仓库里包含如此多的东西，这
样众多的实体；根据你自己的界定，"它自己有形的实体没有超出
这一外在的形体"。既然它自身没有广延性，那有什么能力使它拥
有大量形体、空间和区域的形像呢？如果它实际上是以它自身的体
的样式显现出来的，甚至当它没有体的时候也是如此，那是怎样的
一种怪事？因为它绝不会在梦中与自己的身体一起显现，它乃是以
比喻意义上的自己的身体从这里跑到那里，从熟悉的地方跑到不熟
悉的地方，看到许多悲欢离合。然而，我想你自己肯定不会放肆到
认为灵魂在梦中看起来拥有的肢体和身体的样式真的是形体。否
则，就可以说，它所登的是真实的山，跨入的是真实的房子，所靠
的是真实的树，真的枝条和树干，它幻想自己在喝的是真实的水。
如果灵魂本身是有形体的，那么它所熟悉的一切东西都无疑是形
体，似乎都是有形的，因为它以体的样式在它们中间漫游。

第二十六章［XVIII］——圣培帕图亚（ST. Perpetua）
在一些梦里似乎变成了男人，
并与一个埃及人角力。

我们必须留意对殉道者的异象的各种各样的解释，因为你打算专门从中拿一些来作你的证据。比如，圣培帕图亚似乎在梦中变成了一个男人，然后与一个埃及人角力。这里，谁会怀疑在那看起来像是形体的样式里面的正是她的灵魂，而不是她的身体，因为她的身体仍然保持她作为女子的本性，与她的感官一起躺在床上沉睡，而她的灵魂则在一个比喻的男人身体里角力？你要对此说些什么呢？说那男性的样式是真实的身体？或者说尽管它拥有身体的表象，但根本不是身体？请作出你的选择。如果它是身体，那为什么不保持自己的性别？因为在那女人的肉身上找不到男性的生殖能力，从而通过诸如你所说的"凝结"这样的过程可以形成这个比喻的男人身体。如果你愿意，我们要得出结论说，因为她的身体在她入睡时仍然活着，所以，尽管她的灵魂在争战，她仍然保持自身的本性，当然包括属于活着的她的全部肢体，并且仍然拥有她原有的形像和外貌。她没有放弃自己的关节和肢体，那是死了才会放弃的；她也没有使她早已接受其固定形式的身体的各个部位逃离换位权能，这是从死神生发出来的能力。那么，她的灵魂从哪里得到那男人的身体，让她在这样的身体里与对手角力？然而，如果这［男人样式］尽管看起来似乎真的有感知觉，感受到真实的争战和真实的快乐，但它不是形体，那么你难道还不能由此明白，灵魂里可以有某种类似形体的实体，但灵魂本身不是形体？

第二十七章——身体受伤时灵魂是否也受伤？

如果这样的事出现在死去的人中间，灵魂在他们中间认出自己当然不是由于身体，而是身体的类似物，那又怎样呢？只要我们在梦里的时候受苦，尽管受苦的只是类似于肢体的东西，而不是真的肢体，但所受的痛仍然不仅是相似的，而且是真实的；快乐的感受也同样如此。然而，由于圣培帕图亚还没有死，你可能不愿意从那样的条件为自己立下一条明确的规则（尽管它与这个问题极为有关），就是关于我们在梦里所拥有的身体的类似物应该有什么性质的问题。如果你认为它们像身体，但不是真的身体，那么整个问题就得到了解决。但她的兄弟狄诺克拉底死了；她看见了他并他活着时所遭受的导致他死亡的伤害。真不知道你为何如此竭尽全力地表明，当肢体被截去时，不可认为灵魂也遭受了同样截肢的伤害，你的真实意图究竟是什么呢？请看，狄诺克拉底的灵魂遭受了伤害，迫使它离开它所居住的身体。所以，你所说的"当身体的肢体被截去，灵魂就缩回来，免受打击，并在凝结之后转向其他部位，这样，它的任何部分都没有因身体的截肢而截去"这样的观点怎么能是对的，就算人失去肢体时是睡着了，处于无意识状态？你把如此巨大的警觉归给灵魂，甚至在它不知道的时候伤害落到肉体的哪一部分上，它沉入于梦中的异象，就能始终并且是本着一种天生的直觉使自己避开，从而免于任何打击、伤害或肢体的毁损。然而，你尽可以尽你所能，搜肠刮肚回答这个很自然的问题，灵魂怎样缩回它自己的部分，守在自身里面，无论身体的哪一部位受到截肢，它自身不会遭受任何截肢或分裂；但我忍不住要请你看一看狄诺克拉底的例子，并解释一下为何他的灵魂没有脱离他的身体所受到的首先伤害的那一部分，就是在他的身体死了之后，也没有避开从他脸上可以明显看出来的痛苦？我们若是认为所论到的现象应当是身体的类似物，而不是真实的身体，这样，那事实上没有受伤的看起来似乎受了伤，同样，那根本不是身体的看起来穿着形体，你是否会间或感到高兴呢？如果灵魂确实可能被那些伤害身体的人所伤害，我们岂不是有充分的理由担心它也可能被那些杀害身体的人所杀害？然而，主亲自十分明确地宣称这是不可能发生的事①。狄诺克拉底的灵魂无论如何不可能因为杀死他身体的打击而死亡；它的伤害也只是表面上的。它既是无形的，就不可能像身体那样真的受伤；但它既拥有身体的样式，也就分有身体损伤的相似物。我们还可以进一步说，灵魂在它不真实的身体里感受到真实的苦境，这由身体损伤的影子体现出来。他藉着他圣姐妹的祷告得以解脱的正是这样的真实苦境。

第二十八章——灵魂因身体的不全而受损吗？

你又说："灵魂从身体获得形式，并随着身体的生长而生长、延伸。"你这话是什么意思呢？有没有想过如果一个年轻人或老年人在婴儿时期就被截去了胳膊，那他的灵魂该是怎样的畸形？你说："灵魂的手缩回来，就不会与身体的手一同被截去，并通过凝结缩入到身体的其他部位中。"如此说来，前述的灵魂的手臂，无论它缩在哪一部位，必然始终保持它当初接受身体形式时的长度，因为它已经失去了生长的形式，这种形式原本可以使它获得同样的扩展。因而，婴儿时代就失去了手臂的年轻人或老年人的灵魂其实有两只手（因为缩回来的那只手没有随身体上的手的截去而截去），但其中一只是成人的手，年轻的或年老的（根据我们的假设），另一只却只是婴儿的手，就是保持着截肢发生时的模样的手。请相信，这样的灵魂不是按身体的模型和样式造的，只是在错误的畸形印子下虚假形成的。在我看来，你若不是在神的帮助下全面而冷静地检查那些人梦中的异象，并由此相信有些形式不是真实

---

① 《马太福音》10：28。

的身体，只是身体的类似物，就不可能脱离这样的错误。尽管我们认为类似身体的那些"物体"是属于同一类的，但就死者而言，我们可以根据睡着的人的情形对它们作出事后推测。因为《圣经》把那些死了的人称为"睡着了"① 不是毫无目的的，就是因为在一定意义上"睡眠类似于死亡"②。

第二十九章 ［XIX］——灵魂离开时还穿着身体的衣服吗？

说实在的，如果灵魂是体，它在梦里看到自身所拥有的形式也是一种有形体的像，因为它是从包裹它的身体得到体现的；任何一个人，即使失去了一个肢体，也不会在梦中看到自己缺少被截去的肢体，尽管实际上是缺少的。相反，他总是以完整无缺的形象出现，因为灵魂中没有哪一部分被截去。但由于人们有时看见自己是完整的，有时又有残缺的，当这成为他们真实的困境时，这样的事实不就是表明灵魂，无论它在梦中看到的别的东西，还是所拥有的身体，都不是真实的，而只是相似物吗？然而，灵魂的喜怒哀乐都是真实的情感，不论是在现实的还是在幻想的身体里感受到的。你自己岂不是说过（说得一点没错）："生活必需品和服饰不是灵魂所缺乏，只是身体所需要的？"那么财主为何在阴司里渴望一滴水？③ 为什么撒母耳（Samuel）死后（如你自己所注意到的）还身穿他平时的衣服出现？④ 前者是否想要通过水这种必需品恢复毁灭的灵魂，就像恢复毁灭的肉身一样？后者是否在离世时穿戴着衣服？就前者来说，有一种真实的痛苦折磨着灵魂，但需求食物的不是真实的身体。后者显现为穿着衣服，但不是真实的身体，而只是灵魂拥

---

① 《帖撒罗尼迦前书》4：13。

② 维吉尔（Virgil），"Consanguiceus lethi sopro"，睡眠是死亡自己的兄弟。

③ 《路加福音》16：24。

④ 《撒母耳记上》28：14。

有穿着衣服的身体的类似物。因为尽管灵魂可以伸缩，以适应身体的各个部位，但它并不同样改变自己去适应衣服，使自己的形式与它们相配。

第三十章——认知必须有形体吗？

谁能勾画出灵魂甚至是恶灵离开败坏的身体死去之后拥有怎样的认知能力，从而能够藉着某种内知觉去观察、认知别的像它们一样的恶灵，或者善灵，无论处于实际上不是形体而是形体类似物的状态，还是处于心灵的或善或恶的情感中——其中不可能出现任何形体的轮廓？为何会出现寓言里的财主虽然备受折磨却认出"父亚伯拉罕"这样的事？[①] 要知道他从来不曾见过亚伯拉罕的脸和样子，他的无形体的灵魂只能领会亚伯拉罕身体的类似物。但他若不是有方法能知道某个人的生活和性格，这些既不是物质性的，也没有颜色的东西，谁又能恰当地说他认识这个人呢？正是在这个意义上，我们肯定比别人更了解自己，因为我们自己的意识和性格都呈现在我们面前。我们能直接感受到这一点，并且我们所看到的不是比喻意义上的身体。但我们不能在别人身上体察到我们本性中的这种内在品性，即使他站在我们面前；虽然他离开了，我们也能回忆起他的样子，能认出它们，并想到它们。然而，我们自己的特征，我们不可能以同样的方式回忆、认知和想象；但我们仍然可以完全正确地说，我们对自己的了解胜过对别人的了解，十分显然，这里存在着关于人的更强大更正确的知识。

第三十一章 ［XX］——灵魂里有不同的知识模式。

因而，灵魂里有一种功能使我们能认识真实的形体，我们是通过五

---

① 《路加福音》16：23。

大感觉器官去实现这一功能的；还有一种功能使我们能辨认这些无形体的身体类似物（由此我们也可以对自己形成一种看法，就像对身体的看法一样），还有一种功能使我们能够深入地洞察这种功能所对应的对象，获得更可靠更强大的知识，这些对象，像信心、盼望、仁爱，既不是有形体的，也不是身体的类似物，而是没有气质、情欲，以及诸如此类的东西。在这几种功能中，我们应当对哪一个更关注，在一定程度上更熟悉，从而在按自己的形像造我们的神的知识上获得更新？不就是我刚刚提到的这第三种功能吗？在这里，我们必体会不到性别的差异，也分不出外观。

第三十二章——给灵魂的各个部分性别但整体上
又没有性别这是自相矛盾的。

因为灵魂的样式，不论有男性化的还是女性化的，各个肢体都具有男女的不同特色，绝非只是身体的假象，而是真实的身体，不管你愿意与否，总是或男或女，明确地显现为一个男人或一个女人。但如果你的观点是对的，灵魂是体，活的体，那么它有隆起而下垂的双乳，却没有胡子，有子宫，以及所有女性的生育器官，却不是一个女人。如是，我这样说岂不是更加符合真理：灵魂确实有眼睛，有舌头，有手指，有其他所有身体上的器官，但总的来说，它只是身体的假象，不是真正的身体？我的话可以由大家来验证，每个人都可以在自身身上证明这一点，只要他在心里把他不在场的朋友的形像清楚地显现出来；当然，他只要回想起自己和其他人的样子，这样的事在他的梦中就会出现，由此就可以证明我说的话。然而，就你来说，整个自然界都不可能出现如你所设想的如此荒谬怪异的例子，哪里有一个女人有着真实而活生生的身体却不是女性的例子？

第三十三章——不死鸟死后复活。

你所论到的不死鸟与我们面前的这个话题毫无关系。因为不死鸟如果真如人们所想象的那样死后复生，那么它象征的是身体的复活，与灵魂的性别无关。不过，我想，你是认为如果你不跟着年轻人的风尚大谈特谈不死鸟，你的论述就会显得完全似是而非。但你是否在你的鸟身上看到雄性的生殖器官却不是一只雄鸟的，或者看到雌性的生殖器官却不是雌鸟的？我恳请你想想你所说的究竟是什么——你想要构建什么样的理论，并举荐给我们使我们接受。你说，灵魂贯穿身体的各个肢体，通过凝结而变得坚硬，并且接受了整个身体从头顶到脚趾，从最里面的骨髓到最表面的皮肤的完全形状。若这样，就女性身体来说，灵魂必接受了女性身体的一切内部器官，却不是一个女人！请问，为什么一个真实的活生生的身体里所有的器官都是女性的，整体上却不是女人？为什么所有的器官都是男性的，结果却不是男人？谁能如此放肆地相信、承认并教导这样的观点？灵魂从来不生产吗？当然，骡子和母骡不是一雄一雌。没有肉身的灵魂就不可能同居吗？被阉割的人就有这种缺乏，然而，尽管他们失去了这种过程和活动，他们的性别却没有除去，他们身上仍然保留着作为男人的一些痕迹。没有人说过阉人不是男人。按你的观点，结果会怎么样？即使是阉人的灵魂也未有受损害的生殖器官，根据你的原则，就是当这些器官从身体结构上完全除去之后，也必在它们的灵魂里保持完全。因为你说，当肉体的某一部分被截去时，灵魂知道如何缩回自己，从而那截肢时已经除去的形式并没有失去；但尽管灵魂因凝结贯穿全身，却可以以极快的动作缩回来，使自己藏在里面，从而保证绝对安全；然而，那真的不可能是另一世界的男人，把男性的生殖器官的整个附件都带到那里，并且如果它不再有别的身体标记，仅仅因为那些器官而是男人。我的孩子，这些观点不包含任何真理性的东西；

如果你不承认灵魂有性别，那它就不可能是一个形体。

第三十四章［XXI］——先知的异象。

并非每一种身体的像都是身体。一入睡你就可以看到这一点；但醒来之后，要仔细辨别你所看到的东西。因为在你的梦里，你看起来似乎带着一个身体，但它其实并非你的身体，只是你的灵魂而已；它也不是真实的身体，而是身体的一个像而已。你的身体正躺在床上，只是灵魂在行走；你的舌头必缄默不语，只是你灵魂的舌头在梦中说话；你的眼睛必紧紧闭着，但你的灵魂醒着；当然，你伸展在床上的肢体必是活的，而不是死的。结果，如你所认为的，你灵魂的凝结形式，可以说，还没有从它的外皮里抽出来，从中可以看到你身体的完整的像。你在《圣经》里读到的先知的异象里的那些景象就属于这类形体，虚假的，不是真实的身体，只是看起来像身体一样，只是你并没有理解先知的这些异象；它们也代表了要在时间中——过去、现在、将来——发生的事。你在这些问题上犯错，不是因为它们本身有欺骗性，而是因为你不按应有的方式去理解它们。在《启示录》的异象里，可以看到"被杀之人的灵魂"①，还看到"有羊羔站立，像是被杀过的，有七角"②；还有马和其他动物都完全一致地从比喻意义上描述③；最后，天上的星辰坠落在地，地象书卷被卷起来④；尽管如此，世界却没有真的摧毁。因此，只要我们能明智地理解所有这些事，虽然我们说它们确实是异象，但我们不会称之为真实的形体。

---

① 《启示录》6：9。
② 《启示录》5：6。
③ 《启示录》六、九章。
④ 《启示录》6：13—14。

第三十五章——天使以真实的形体向人显现吗？

然而，如果对这类形体的像认真深入地讨论，那会使篇幅变得太过冗长。每当天使——善天使或恶天使——以人的样式或别的什么物体的样式出现的时候，是否就是以这样的方式出现的①；或者他们拥有真实的身体，所以以这种真实的状态显现出来；再者，是否他们出现在人的梦中，或者人在出神中看到他们时，他们不是以身体的形式，而是以身体之像的形式出现，而显现给醒着的人时则是可以看见的、并且如果需要还可以切实地触摸得到的真实身体。诸如此类的问题，我想都不是本书所要考察和全面讨论的。到此已经足以可以提出灵魂的无形本性了。如果你还要固守你的观点说，它是有形的，那么首先你必须界定"形体"是指什么，以防万一到了最后才发现我们在问题本质上是一致的，却不适用于它的名称，徒劳无益。然而，如果你认为灵魂里的体就是所有有识之士为称"形体"的那些实体——我指的是占据一定空间，小的占据小空间，大的占据大空间，有不同的长、宽、高的实体——那么你就会陷入荒谬的结论，我放胆认为到此时你应该能够明智地看到这一点。

第三十六章 ［XXII］——他继而论到灵魂的第二个问题，它是否称为灵。

剩下来我要表明的是，尽管准确地说，"灵"是指灵魂的一部分，而不是全部——甚至如使徒所说的："你们的灵与魂与身子"②；或者根

---

① 即以真的幻象，而不是以真实的形体出现。

② 《帖撒罗尼迦前书》5：23。

据《约伯记》里的更为意味深长的话："你要把我的魂与灵分离"①，——然而整个魂也被称为灵；当然这个问题看起来更像是关于名称的，而不是关乎实体的。既然一个确定不移的事实是，魂里有某种东西可以准确地称为"灵"，也可以同样恰当地称为"魂"（这一点是毫无疑问的），那么我们目前的争论就不是关乎问题本身的②；主要因为我这边肯定承认，你那边也会说，称之为灵（我们藉此推论和理解）是恰当的，但这些东西是以不同的名称指代的，如使徒所说"你们的灵和魂和身子"。然而，该使徒显然还把这灵称为"心"，如他说："这样看来，我以内心顺服神的律，我肉体却顺服罪的律了。"③ 这话的含义就是他在另一段里所表达的："因为情欲和圣灵相争，圣灵和情欲相争。"④ 他前一处用"心"这个词所意指的必须理解为就是他在后一段里用"灵"来称呼的。不是如你所解释的"意指整个心是由魂和灵构成的"，我不知道你是从哪里得来这样的一个观点。事实上，对于我们的"心"，我们通常理解为就是我们的理性和理智能力；因而，当使徒说："又要将你们的心里的灵改换一新"⑤，他的意思不就是说要将你们的心更换一新吗？所以，"心里的灵"不是别的，就是指心，正如"肉身里的体"不是别的，就是肉身一样，如经上所写的："脱去肉身里的体"，使徒就是把肉身称为"肉身里的体"。⑥ 说实在的，他还从另一角度把它描述为人的灵，但与心完全不同。他说："我若用方言祷

---

① 《约伯记》7：15。和合本《圣经》里没有这样的英文翻译。——中译者注

② 比较《论上帝之城》xiv，2，6 和《论三位一体》x. 11，18。奥古斯丁否认亚波里拿留（Appollinaris）以前的希腊教父的关于人的三分法（trichotomy），坚持认为魂和灵构成一个单一的统一体，这个统一体就它是身体的形成和给予生命原则来说，它的灵性本质就是魂（anima）；就它是理性思想的力量来说，则是灵（spiritus）。

③ 《罗马书》7：25。

④ 《加拉太书》5：17。

⑤ 《以弗所书》4：23。和合本《圣经》译为："又要将你们的心志更换一新。"——中译者注

⑥ 《歌罗西书》2：11。和合本《圣经》译为："脱去肉体情欲。"——中译者注

告，是我的灵祷告，但我的心没有果效。"① 然而，我们这里不是要谈论与心不同的灵，因为这涉及一个与它本身有关的非常困难的问题。事实上，《圣经》从许多角度、不同的意义上提到灵；但我们现在正在讨论的这一意义，即我们藉此运用理性、智性和智慧，我们双方都承认，它之被称为灵（这样称呼的确是恰当的）是指它不包括整个魂，而是魂的一个部分而言的。然而，如果你争辩说，魂不是灵，因为悟性（understanding）才被明确地称为"灵"，那么你也很可能否认把雅各的全部子孙称为以色列，因为除了犹大，后来在撒马利亚（Samaria）组建的十大支派都分别被明确地称为以色列。只是我们还有必要在这个话题上纠缠不清吗？

第三十七章［XXIII］——"灵"这个词的广义和狭义。

为了使我们的解释更加清楚，更容易明白，我恳请你注意《圣经》里叙述在我们主死时的一个事件时是怎样把魂定义为灵的，"他低下头，将灵交付神"。② 当你听到或念到这样的话时，你得明白，这是以部分来指代整体，并且不是因为魂也可以称为灵。但为了能够更加轻松地证明我所说的话，切实要求你极为迅速而便捷地作我的见证。因为你已经界定了灵，认为畜类显然是没有灵，只有魂的。动物之所以称之为非理性的，就是因为它们没有理解和推论的能力。所以，当你告诫人要认识自己的本性时，你是这样说的："由于良善的神造一切东西都不是没有目的的，他亲自造人为一种理性的动物，能够理解，赋有理性，因有感知觉而显得生动活泼，因而能够对一切缺乏理性的事物作出明智的安排和分配。"你的这些话明确指出了非常正确的道理，即人是有理

———————

① 《哥林多前书》14∶14。和合本《圣经》译为"但我的悟性没有果效"，即把 mind 译为"悟性"。——中译者注

② 《约翰福音》19∶30。和合本《圣经》译为"将灵魂交付神"。——中译者注

性、能够理解的存在物，动物没有理性，当然就不可能理解。与此相一致，你还引用了一段经文，并采纳它的说法，把没有理解力的人比作畜类，当然畜类是没有智力的①。《圣经》另一处也有类似的话，说："你不可像那无知的骡马。"② 果真如此，我也希望你注意当你试图把灵与魂相区别时，你是在什么意义上界定和描述灵的。你说："这魂是从神的气息来的，它不可能没有一种内在的属于它自己的感知和智力，而这就是灵。"稍后一点你又说："虽然魂赋予身体生命，但由于它拥有感觉、智慧和精神（vigous），所以必然需要一个灵。"再后一点你还说："魂是一回事，灵——就是魂的智慧和感觉——则是另一回事。"在这些话里你足以清楚地指出了你所理解的人的灵是什么意思，它甚至就是我们的理性能力，使魂运用感觉和智力——确切地说，不是通过身体感官获得的感知，而是形成观点的内知觉的活动。由此毫无疑问，我们置于没有理性的动物之上，因为它们是没有理性的。这些动物也就没有"灵"，即智力和一种理性、智慧的知觉，唯有"魂"。正是论到这些经上有话说："水要多多滋生拥有生命之魂的爬行的造物"③；又说："地要生出活的魂来。"④ 为了使你完全而清楚地相信，《圣经》里所使用的"魂"也称为"灵"，无理性动物的魂也有灵的称呼。当然，畜类没有你，我亲爱的弟兄所定义的与魂相区别的灵。因而很显然，无理性的动物的魂可以在灵的广泛意义上称为"灵"；如我们在《传道书》里所念到的："谁知道人的灵是往上升，兽的灵是下入地呢?"⑤ 同样，讲到洪水的毁灭性，《圣经》见证说："凡在地上有血肉的动物，就是飞鸟、牲畜、走兽，和爬在地上的昆虫，以及所有的人都死了；凡有生命之灵

---

① 《诗篇》49：12。
② 《诗篇》32：9。
③ 《创世记》1：20。和合本《圣经》为："水要多多滋生有生命的物"。——中译者注
④ 《创世记》1：24。和合本《圣经》为："地要生出活物来"。——中译者注
⑤ 《传道书》3：21。和合本《圣经》译为："兽的魂是下入地"；着重号为原作者所加。——中译者注

的都死了。"① 这里，如果我们撇开一切转弯抹角的可疑论述，就可明白在其一般意义上，"灵"与"魂"是同义的。从这个词的最广泛意义上讲，甚至神也可称为"一个灵"②；狂风暴雨虽然是物质性的，但《诗篇》作者也称之为最狂暴的"灵"③。由此，你必不会再否认魂也可以称为灵；我想，我已经从《圣经》引证了足够的证据，确保你承认在这些段落里讲到的无理性的野兽的魂，就是没有悟性的魂，就是所指称的灵。其实，如果你能理解并明智地思考我们关于灵魂的无形体性所展开的讨论，你就不会再有任何理由反对我所说的我相信魂不是体，而是灵的话——既因为它显然不是有形体的，也因为在一般意义上它就被称为灵。

第三十八章［XXIV］——再次指出维克多的主要错误。

如果你拿到这些我为回应你的观点以真心而诚挚的兴趣写下来的书卷，并以同样的爱心去阅读它们；如果你记得你自己在你第一卷书的开头所说的话，并且"你的任何观点只要在人看来是荒谬的，就不会急急地坚持"④，那么我请求你要特别注意我在本著作的前一卷里所告诫你的那十一个错误⑤。不可说："灵魂是神这样造出来的，不是从虚无，也不是从另一种存在物，而是从他自己的本性中造出来"；或者说："如给予灵魂的神自身是永恒存在的，他也永恒给予灵魂"；或者"灵魂在未入肉身之前曾有的事工因肉身失去了"；或者"灵魂藉肉身恢复原状，并藉它该受其玷污的肉身获得重生"；或者"灵魂在犯罪之前就

① 《创世记》7：21—22。和合本《圣经》最后一句译为："凡在旱地上、鼻孔里有气息的生灵都死了。"——中译者注
② 《约翰福音》4：24。
③ 他似乎是指《诗篇》55：8。
④ 见本书第二卷二十二章［XVI］。
⑤ 见本书第三卷，倒数第二章。

该成为有罪的"；或者"未受重生之洗礼就死去的婴儿也可以得赦免其原罪"；或者"主预先定下要受洗的人可以偏离他的预定，或者未等到万能者的预定在他们身上应验就死去"；或者"正是论到那些未受洗就离去的人，《圣经》说：'速速带他离开，免得邪恶改变了他的悟性,'等等"；或者"有一些住所在神的国的外面，属于主所说的他父家里的'许多住所'"；或者"基督的身子和血应当代表那些没有受洗就离开身体的人献上"；或者"凡未受基督的洗礼就死去的人，可以暂时进入乐园，随后甚至可以获得天国的恩福"。总而言之，我的孩子，请特别注意这些观点；并且既然你希望克服错误，就不要以"维克提乌"这样的别名为荣。当你实在不知道某个话题时，就不要装作知道；要得到真正的知识，就当学会怎样成为无知。我们犯了罪，因为我们假装对"神奥秘的事"无所不知，对不知道的事随心所欲地构建理论，把它们当作知道的事，制造并维护各种谬误，似乎它们是真理。至于我所无知的问题，即人的灵魂是每一次出生都重新创造的，还是从父母传下来的（但这种无知因我的信念得到一定的弥补，因为我相信它们当然是神圣造主所造，只是不是从他自己的本质中造的，在这一点上动摇就意味着不敬神），我想，你此时必会相信，这根本不应当受到责备；倘若要责备，也应当由一个能够以自己的学识完全解决这个问题的人来责备。至于我的其他观点，灵魂拥有非形体的身体之幻象，但这些像并不是身体本身；魂在一般意义上确实被称为灵，这并不损害两者之间的区别，等等，也同样如此。如果非常遗憾，我并没有真正说服你，那我就让我的读者来判断我所提出的证据是否应当令你信服。

第三十九章——最后的告诫。

如果——这是很可能的事——你想要知道我是否认为你的书上还有别的许多观点需要改正的，就请你到我这里来，这不会很麻烦——不是作为一个学者到老师这里来，而是作为一个正值当年的青年到一个满了年岁的人这里来，作为一个年富力强的人到一个年老体衰的人这里来。虽然你不应当出版这些书，但一个人受到责备——只要他亲口承认他的改正是公正的——总比得到某个维护错误的人的赞美具有更大更真的荣耀。虽然我不愿意相信，所有听过你诵读前述书卷并尽情赞美你的人，或者原先就坚持正统教义所否弃的观点，或者受你诱导接受这样的观点，但我仍然忍不住要想，他们敏锐的思维是否被你汹涌澎湃的演讲技巧所迷惑而变得迟钝了，从而未能对你论述中的内容给予足够的注意；否则，当他们无论如何能够明白你所说的意思时，他们赞美你与其说是因为你说出了清晰的真理之言，还不如说因为你语言的流畅，技艺的娴熟，智力的丰富。从将来的角度看，年轻人的口才通常都会获得赞美、名声和善意的关注，但缺乏一个学识渊博的导师所有的成熟练达和忠实可信。所以，你若要获得真正的智慧，使你所说的话不只是愉悦人，还能教化人，你就必须在心里除去别人的危险掌声，对自己的话时刻保持警醒。

译名对照表

A

Abraham，亚伯拉罕

Adam，亚当

Ambrose，安波罗修

Amen，阿们

Amos，阿摩司

Antony，安东尼

Apollinarian，亚波里拿流派

Appollinaris，亚波里拿留

Apollo，阿波

Arabia，阿拉伯

Assyria，亚述

Athens，雅典

Augustine，奥古斯丁

Augustus Caesar，奥古斯都·凯撒

B

Babylon，巴比伦

Barnabas，巴拿巴

(*Book of Ecclesiasticus*)，《便西拉

智训》或《教会经典》

Caesar，凯撒

C

Caesarea，凯撒利亚

Calneh，甲尼察

(*Canticles*)，《所罗门之歌》

Cato，加图

Carthage，迦太基

Cicero，西塞罗

Christianus，克里斯提安

Claudian，克劳狄族人

Cornelius，哥尼流

Cyprian，居普良

D

Daniel，但以理

David，大卫

Dinocrates，狄诺克拉底

E

Elijah，以利亚

Elisha，以利沙

Esau，以扫

Esther，以斯帖

Eusebius，优西比乌

Eve，夏娃

Ezekiel，以西结

G

Gideon，基甸

Gath，迦特

H

Habakkuk，哈巴谷

Hagar，夏甲

Haggai，哈该

Halleluia，哈利路亚

Ham，含

Hamath，哈马

Hesiod，赫西奥德

Hilary，希拉流

Hosanna，和散那

Hosea，何西阿

I

Isaiah，以赛亚

Ishmael，以实玛利

Issac，以撒

J

Jacob，雅各

Jeremiah，耶利米

Jericho，耶利哥

Jerome，耶柔米

Jerusalem，耶路撒冷

Joel，约珥

Jonah，约拿

Jordan，约旦

Joseph，约瑟

Joshua，约书亚

Judea，犹大

Julius Caesar，朱利乌斯·凯撒

Jupiter，朱庇特

K

Kedar，吉达尔

King of Salem，撒冷王

King Ptolemy，托勒密王

King Saul，扫罗王

L

Lactantius，拉克唐修

Lazarus，拉撒路

Lebanon，黎巴嫩

Lot，罗得

Lucifer，金星

Luke，路加

M

Malachi，玛拉基

Mark，马可

Mauritania，玛勒泰尼

Melchizedek，麦基洗德

Mercury，墨丘利

Micah，弥迦

Mountain of Samaria，撒马利亚山

Mount Sinai，西奈山

Mose，摩西

Muse，缪斯

N

Nahum，那鸿

Nathanael，拿但业

Nazareth，拿撒勒

Neptune，尼普顿

Nicodemus，尼哥底因

Noah，挪亚

Nun，嫩

O

Obadiah，俄巴底亚

Olympiads，奥林匹亚竞技会

On Christian Doctrine，《论基督教教义》

On Sacraments or Philosophy，《论圣礼或哲学》

Optatus，俄帕塔图

P

Paul，保罗

Pelagian heresy，佩拉纠异端

Perpetua，培帕图亚

Peter，彼得

Pharisees，法利赛人

Philemon，腓利门

Philistines，非利士人

Philip，腓利

Plato，柏拉图

Priscillianist，普里西利安主义者

Pythagoras，毕达哥拉斯

R

Racha，拉卡

Renatus，莱那图

Retractations，《订证录》

Rome，罗马

S

Samaria，撒马利亚

Samuel，撒母耳

Saul，扫罗

Sect of the Rogatian，罗格派

Shem，闪

Shunammite，书念

Silas，西拉

Simplicius，辛普里丘

Sinai，西奈

Sion，锡安

Sodom，所多玛

Solomon，所罗门

Song of Solomon，《所罗门之歌》

T

Tertullian，德尔图良

Tichonius the Donatist，多纳图主义者提科纽

Timothy，提摩太

Titus，提多

Tobit，多比

Tylor，泰勒

Tyre，泰尔

V

Venus，维纳斯

Vincentius Victor，维克提乌·维克多

Victorinus，维克托利

Virgil，维吉尔

W

Wisdom of Solomon，《所罗门智训》

Z

Zechariah，撒迦利亚

Zephanaih，西番雅